科学的リテラシーを育成する理科教育の創造

鶴岡 義彦 編著

大学教育出版

はじめに

　我が国の理科教育は、明治に始まる。学校での科学教育の始まりの時期としては、イギリスやドイツなど欧米とほとんど変わらない。しかし、日本では反対する勢力もなく上からの導入であったため、教育的価値について掘り下げた検討がなされなかった、と言われる。

　さて本書は、「科学的リテラシー」をタイトルに含む書物、いわば論文集である。この言葉が、日本で普及したのは、1990年代におけるアメリカのProject 2061と科学教育スタンダードの紹介、そして今世紀に入ってからのOECD-PISA調査によってであった。現在では、この科学的リテラシーは、世界の多数の国々における科学教育の目的・目標として位置づけられている。

　本書では、科学的リテラシーに着目し、この言葉の意味を歴史的に探る。またそれを実現するための基盤として、日本の理科教育の弱点をはじめ、理科教育を多角的に検討する。そして、次代に生きる市民の科学的リテラシーを育成できるような理科教育に向けて、いくばくかの提言・提案を行う。

　科学的リテラシーの概念は、既に数十年以上の歴史を持つため、恒に全く同じ意味をもつとは言えない。しかし、少なくとも、純粋自然科学の知識の理解といわゆる探究の方法を体得する（体験的に体で覚える）こと以上の豊かで深い意味をもつ。そして科学技術が深く絡みこまれた社会問題が山積する時代に生きていく市民・社会人の育成を目指している。高校進学率は、1974年に90%を超え今や99%に迫る。そして間もなく18歳への成人年齢の引き下げがなされる。我々は、初等中等教育の間に、科学・技術時代の社会に主体的に参画していく市民の基盤づくりを支援していく必要がある。

　本書は、論文集であり、それぞれの執筆者の立場・スタイルを尊重している。そのため、それほど鮮明なストーリーでは統一されていない。読者の皆さんには、興味を持たれた章からお読みいただければ幸いである。

令和元年5月

編者　鶴岡義彦

科学的リテラシーを育成する理科教育の創造

目　次

はじめに ……………………………………………………………… i

序　章　理科教育の価値、教育界の動向、そして科学的リテラシー ……… 1
　　1. 理科教育の価値・目的　1
　　2. 教育界の新たな動向と理科教育　5
　　3. 科学的リテラシーへの注目　9

第 I 部　科学的リテラシーの誕生と展開

第1章　アメリカにおける初期の科学的リテラシー論 …………… 14
　　1. 初期科学的リテラシー論の位置：序を兼ねて　14
　　2. 科学的リテラシーの語義と構成要素　16
　　3. 科学的リテラシー論者の新カリキュラム批判とその背景　21
　　4. 本章の結語　27

第2章　科学的リテラシーとSTS教育との結合 …………………… 32
　　1. 科学的リテラシー論とSTS教育との結合に向かって　32
　　2.「新カリキュラム」の第2世代に見るSTS教育の源流　36
　　3. STS教育の2つの立場　44

第3章　プロジェクト2061と全米科学教育スタンダードおよびOECD-PISA
　　　　……………………………………………………………… 50
　　1. プロジェクト2061　50
　　2. 全米科学教育スタンダード　52
　　3. OECD-PISA　54

第4章　英国「21世紀科学」における科学論的内容の取り扱い ……… 61
　　1. 問題と目的　61
　　2. 科学的リテラシーと科学論的内容　63

3. 英国科学教育と「21世紀科学」　*66*
　4. IaSの具体的事例とその特徴　*74*
　5. 結論　*82*

第Ⅱ部　我が国における科学的リテラシーの現状と課題

第5章　高校共通必修科目・理科Ⅰ「人間と自然」に対する履修者と教師による評価 …………………………………………… *86*
　1. 「理科Ⅰ」の特色と本研究の目的　*86*
　2. 2つの調査の概要　*88*
　3. 調査結果及び考察　*89*
　4. 結論　*100*

第6章　純粋自然科学の知識があればSTSリテラシーもあると言えるか ……………………………………………………… *104*
　1. はじめに　*104*
　2. 調査方法　*106*
　3. 分析方法　*111*
　4. 調査の結果及び考察　*112*
　5. おわりに　*119*

第7章　日本におけるSTS教育に関する研究・実践の傾向と課題 …… *128*
　1. はじめに　*128*
　2. STS教育研究・実践の分析　*128*
　3. 日本のSTS教育研究・実践の時系列的な傾向の分析　*130*
　4. 日本のSTS教育研究・実践の個別の視点の分析　*135*
　5. STS教育の課題　*146*
　6. おわりに　*150*

第Ⅲ部　科学的リテラシー育成を目指した理科教育の諸考察

第8章　小学校「風とゴムの力の働き」の問題点と改善の方策 ― 主としてエネルギー・エネルギー問題の視点から考える ― ………… *154*
1. 序言　*154*
2. 学習指導要領等における単元「風やゴムの働き」の位置づけ　*155*
3. 問題の所在と改善の方向性　*159*
4. 本単元の改善方策　*160*
5. 結語　*164*

第9章　STS教育プログラムの開発・実践と生徒の意思決定の変容過程　*168*
1. 研究の目的と方法　*168*
2. プログラム「ヒトクローンは是か非か」の開発と実践　*171*
3. プログラム実践の前後における意思決定の変容　*175*
4. 生徒個々人レベルの意思決定変容過程　*182*
5. 総括　*191*

第10章　理科教育における生命倫理の授業開発 ………… *193*
はじめに　*193*
1. 授業構築の柱　*198*
2. 授業の概要　*202*
3. 作成した授業案と授業用プリント　*203*
おわりに　*209*

第11章　責任ある環境行動で必要となる科学的リテラシー ………… *211*
1. レイチェル・カーソンの警告　*211*
2. 責任ある環境行動とは　*212*
3. ケーススタディ：プラスチック汚染問題　*215*
4. プラスチック汚染問題を事例とした科学的リテラシー　*217*

5. 責任ある環境行動で必要となる科学的リテラシーを考える　*220*

第12章　3.11以後のSTSリテラシーとその育成 …………………… *224*
1. はじめに　*224*
2. 科学的リテラシーの洗礼　*226*
3. 科学や理科を外から見る視点　*227*
4. 初等教育実践とその先祖捜し　*228*
5. 科学的リテラシー／STSリテラシーの拡張　*231*
6. 東日本大震災後の実践提案と試行　*235*
7. おわりに　*241*

第Ⅳ部　科学的リテラシーを育成する参加型手法の提案

第13章　意思決定・合意形成を促す学習プログラムの必要性と参加型手法からの示唆 ……………………………………………… *246*
1. はじめに　*246*
2. 参加型手法の登場　*247*
3. 日本への導入可能性　*250*
4. 学校教育から見た課題と現状　*253*
5. 学習プログラムの必要性　*255*
6. おわりに　*257*

第14章　参加型手法「コンセンサス会議」を活用した「生殖補助医療の法制化」についての学習プログラムの開発と実践 ……………… *260*
1. はじめに　*260*
2. コンセンサス会議とは　*260*
3. コンセンサス会議の標準的な手続き　*261*
4. コンセンサス会議を教育で活用するための簡略化　*263*
5. コンセンサス会議を応用した学習プログラム「生殖補助医療の法制化」

の開発　*265*
　6.「生殖補助医療の法制化」のコンセンサス会議の実施にあたって　*267*
　7. おわりに　*270*

第 15 章　参加型手法「シナリオワークショップ」を活用した「未来のエネルギー政策」についての学習プログラムの開発と実践………… *277*
　1. はじめに　*277*
　2. シナリオワークショップとは　*277*
　3. シナリオワークショップの標準的な手続き　*278*
　4. シナリオワークショップを教育で活用するための簡略化　*280*
　5. シナリオワークショップを応用した学習プログラム「未来のエネルギー政策」の開発　*281*
　6.「未来のエネルギー政策」のシナリオワークショップの実施にあたって　*286*
　7. おわりに　*288*

第 16 章　参加型手法「市民陪審」を活用した「人工甘味料」についての学習プログラムの開発と実践 ……………………………………… *291*
　1. はじめに　*291*
　2. 市民陪審とは　*292*
　3. テーマとした「人工甘味料」について　*293*
　4. 学習プログラムの概要　*293*
　5. 学習プログラムの試行結果と考察　*296*
　6. おわりに　*301*

第 17 章　参加型手法「フューチャーリサーチ」を活用した「デザイナー・ベビー」についての学習プログラムの開発と実践…………… *304*
　1. はじめに　*304*
　2. 学習プログラムの開発手順　*306*
　3. 学習プログラム・教材冊子の内容　*306*

4. 学習プログラムの試行結果と考察　　*310*
    5. おわりに　　*316*

おわりに……………………………………………………………… *318*

執筆者一覧…………………………………………………………… *319*

序　章
理科教育の価値、教育界の動向、そして科学的リテラシー

鶴岡義彦

1．理科教育の価値・目的

　ここで言う理科教育とは、初等・中等学校における科学教育である。理科教育は意図的・組織的な行為であるから、その意義・目的が問われる。そして理科教育は歴史的社会的な営為であるから、その価値・目的も歴史的社会的に論じられるものであって、いつどこであっても不変ということにはならない。
　近年における我が国の場合、文部科学省が、中央教育審議会を組織して、教育の方向性を諮問する。中教審は、現代と近未来の社会を見据えて、その中に生きる理想的な人間の姿を描き、答申する。その答申を基礎として学習指導要領が作られる。学校を建て教員を雇うために公的な予算を投入する。それ故、理科教育に対しても国家・社会の要請が働いている。
　一方で、児童・生徒に視点を置くと、彼ら・彼女らの自己実現が強調される。国家・社会の立場と学習者個々人の立場とは、必ずしも一致はしない。例えば、科学技術創造立国実現のために、優秀な科学者・技術者を大量に養成したいという場合、国家・社会としては、そうした人材の数量と質とが大事だが、個々人から見れば、自分が科学者になるのか、技術者になるのか、それともいずれでもなく、作家になるのか等といったことが問題となる。
　現実の理科教育では、国家・社会の立場と個々人の立場との両方を十分に考

慮して行われなければならない。国家・社会と言ったが、現代では、国家を超えた地球市民という視点も大切となっている。こうしたことを考えると、改めて教育研究・理科教育研究の難しさも重要性も理解できる。

　筆者は、現在、理科教育の価値・目的を大別して次の4観点から捉えている。
① 　日常生活を円滑に送るための基礎を養う。
② 　科学・技術系職業人の基礎を養う。
③ 　民主社会の市民性の基礎を養う。
④ 　科学を味わえる文化人の基礎を養う[1]。

　これら4観点は、科学技術の時代と言われる現代社会、そして民主主義を是とする社会を前提として導き出したものである。それらはそれぞれ、現代人を、日常生活人、(理系)職業人、民主的社会人、及び文化人という4つの角度から捉えたものということもできる。

　衣食住などを中心とした日常生活を安全・健康にかつ合理的に送るうえで、科学的な知識や思考は寄与する。部屋に観葉植物を置けば室内の二酸化炭素などを吸収してくれる。故障した家電製品の点検・修理の際に、物理の知識はいくらか使える。ゴミは分別して出した方が、処理しやすいことも理解できる。これらは、日常生活者にとっての実用的な価値である。理科学習の成果を、それほど自覚的に活用してはいないので、これらの価値を強く実感することは少ないとはいえ、否定しえない価値である。

　理系職業に向けた基礎づくりは、最終的には科学者・技術者に対する理科教育の価値である。第二次大戦後、経済が疲弊し、衛生状態が悪化した日本を先進工業国にまで発展させ、世界的な長寿国に押し上げた力の源の1つは、科学・技術であり、その教育であると言い得る。日本は資源小国である。そして現代は、科学・技術力が世界の中における日本の地位を大きく左右する。「知識基盤社会」とは、まさにそのような現代社会を指す。一定程度の科学者・技術者の養成は必要であり、その基礎づくりとして理科教育の役割は大きい。学習者個々人から見れば、適した職業の探索・発見の機会である。教師は、国家社会からの要請だけでなく、学習者にも目を向け、彼ら・彼女らのキャリア形成に寄り添いながら教育に当たる必要がある。

なお、一言付け加えたい。それは一見したところ理系と思えない多くの職業にも科学が関連していることである。作家は通常理系職業人とは言われない。しかし『日本沈没』[2]や『猿の惑星』[3]など、科学知識を生かした小説は少なくない。また裁判官、検察官、弁護士なども理系職業人とは言われないが、法曹向けの雑誌『ジュリスト』には、健康・医療問題や環境・エネルギー問題関連の特集がしばしば組まれる[4]。これは、一見して理系と言える職業ばかりでなく、かなり多様な職業において科学知識が必要であることを教えてくれる。

　さて、我々が是とする民主社会は、知的で主体的に参画する市民の存在を強く要請する。そして現代は、科学技術時代である。前述の『ジュリスト』の特集テーマから明らかなように、科学・技術が深く関連した社会問題、いわばSTS問題（Science-Technology-Society issues）が山積している。遺伝子組換え技術による食糧の増産と安全性、生殖補助医療がもたらす福音と倫理、原発によるエネルギー供給と安全性の問題などをどう受け止めどう方向づけるかは、現世代のみならず次世代以降の生存・生活をも左右する重大テーマである。もちろん我が国のみならず世界的な問題でもある。

　こうした問題への対応は、科学者・技術者のみに任せることはできない。それは、テクノロジー・アセスメントとかインフォームドコンセント、あるいはサイエンスコミュニケーションといった言葉の流布からも理解できるだろう。我が国の科学技術政策の根幹に位置する第V期「科学技術基本計画」の第6章は「科学技術イノベーションと社会との関係強化」と題され、次のように述べている。

　　　科学技術と社会とを相対するものとして位置付ける従来型の関係を、研究者、国民、メディア、産業界、政策形成者といった様々なステークホルダーによる対話・協働、すなわち「共創」を推進するための関係に深化させることが求められる[5]。

　かくして、民主社会の市民は、科学的知識を身に付けるとともに、科学と技術の本質的特性についてある程度理解することが求められる。ここで、理科教育関係者は、教育政策に目を向けるだけでなく、科学技術政策にも関心を持つ

必要があることに留意しておきたい。

　理科教育の価値・目的の第4の観点は、科学を味わえる文化人の基礎づくりである。かつて「二つの文化」[6]という指摘があったが、科学は文化である。2008年告示の小学校や中学校の学習指導要領に、理科の目標として「科学的な見方や考え方を養う」とあるように、科学は見方や考え方に関わる、つまり精神に関わるものである。教師や科学館スタッフなら、科学を学ぶ子ども達の、時に真剣な・時に感嘆する表情や行動を目の当りにして、科学が精神に深くかかわることを確信しているに違いない。また、2003年に創刊された『大人の科学マガジン』[7]には、一定の購読者が存在する。必ずしも科学・技術を職業としない大人が嬉々として買って帰るのである。いわば趣味としての科学・技術であり、それらが精神的充実感を与えてくれるものとなっている証拠の一つと言えよう。また、わが国はアマチュア天文家の宝庫であり、彼らは天体現象について実に詳しい。平均的な理科教師に勝る知識や技能を持っている。彼ら・彼女らは、自然現象そのものだけに惹かれるのではなく、科学的な理解をもって現象を推論したり解釈したりすることに精神的な充足感を覚えているのである。

　2009年は世界天文年であり、またダーウィン生誕200年でもあった。ガリレイは宇宙に目を向け、太陽中心説(地動説)の流布に貢献した。ダーウィンは、生物界の多様性と系統性とに着目して、自然選択を中心とする生物進化説を唱えた。彼らの業績は、自然観を変えるとともに、地球観あるいは人間観にも大きな影響を及ぼした。このように、科学はものの見方・考え方に大きな変容を与える。ダーウィン自身も、生物研究・進化研究とともに、自らの生物観・自然観を、キリスト教の創世記的なものから自然選択による進化的なものへと変容させたのであった[8]。奴隷解放宣言のリンカーンは、奇しくもダーウィンと生誕年が同じだが、進化学説をはじめとする生物学は、人種差別の撤廃に対して、間接的にではあれ貢献してきたと言えるだろう。更にまた、職業基礎教育の箇所で指摘したように、科学は他の学術・文化と相互作用している。科学と文学との関係の具体的事例は、科学教育に造詣の深い渡辺正雄の研究に詳しい[9]。

科学を学んだり研究したりすることは、一定の条件下では知的な喜び・精神の充足を与えてくれる。また、科学が文化・社会に与えてきた影響を、広い視野・長い時間軸でしみじみと味わうことができる素養を培うことは、成熟した文化国家の国民に相応しいものであると言えよう。

　以上簡単に述べてきたが、理科教育の価値・目的は、少なくとも4観点から捉えることができる。そして、いずれも、初等・中等段階の理科教育において尊重されるべき観点であると考えられる。

2. 教育界の新たな動向と理科教育

　第二次世界大戦直後には、いわゆる生活単元・問題解決学習が広まり、とりわけ小・中学校レベルでは、日常生活・近隣社会におけるリアルな問題を取り上げ、あるいはそれを通して、改善・解決しようとの姿勢が見られた。しかしそのための知識にはそれほどの体系性はなかった。昭和30年代に入ってからは体系性・系統性をもった知識が重視されたが、次第に現実の生活・社会からは離れていった。その後は、科学的知識の他に、小学校流にいえば自然の調べ方・調べる力、中等教育段階なら探究の方法・能力をも理科教育の視野に含みこまれてきた。そうした方法や力は、実験・観察等を行うことを通して体験的に身に付けること、いわば体で覚えることが重視されてきた。

　2008年（小・中学校）・2009年（高校）告示の学習指導要領以降は、理科に限らず、「習得・活用・探究」や「実社会・実生活との関連付け」の重視が打ち出された。この中で、活用や探究では、習得した基礎的な知識・技能を新たな場面・現実生活場面へと適用する視点が入ってきた。また自然災害に関する知見や環境教育的観点も重視しながら、持続可能な社会の構築への寄与を重視する姿勢が少しずつ入ってきた。

　我が国の理科教育は、昭和30年代以降近年に至るまで、割り切っていえば、自然現象の科学的知識・理解と探究方法を体験的に身に付ける（体で覚える）ことを二本柱として重視してきたと言ってよいだろう。理解したり身に付けたりする方法としては、体験的・帰納的アプローチを理想として掲げてきた。体

験的・帰納的なアプローチによって、概念や法則の発見・理解に到達させたいと考えてきた。また、学習意欲の喚起という面でも、実験・観察等を中心とする体験的・帰納的な手法こそ効果的だと捉えられてきた。しかし最近、少しずつ、得た知識・技能を使ってみるという側面（活用や探究の側面、演繹的な側面）、そして実社会・実生活との関連付けという側面にも目が向けられるようになってきたと言い得る。

さて2017年（小・中学校）・2018年（高校）改訂告示され、まもなく全面実施される最新の学習指導要領では、2008年2009年告示のものを継承しつつも、新たな視点が盛り込まれた。「社会に開かれた教育課程」や「主体的・対話的で深い学び」が、スローガンのような言葉として力説されている。

「社会に開かれた教育課程」とはどのようなことか。学習指導要領告示前、2015年夏の「教育課程企画特別部会における論点整理」によれば、そのポイントとして次の3点を挙げている。

① 社会や世界の状況を幅広く視野に入れ、よりよい学校教育を通じてよりよい社会を創るという目標を持ち、教育課程を介してその目標を社会と共有していくこと。

② これからの社会を創り出していく子供たちが、社会や世界に向き合い関わり合い、自らの人生を切り拓いていくために求められる資質・能力とは何かを、教育課程において明確化し育んでいくこと。

③ 教育課程の実施に当たって、地域の人的・物的資源を活用したり、放課後や土曜日等を活用した社会教育との連携を図ったりし、学校教育を学校内に閉じずに、その目指すところを社会と共有・連携しながら実現させること[10]。

一言で言えば、学校の教育課程は、社会や世界を視野に入れながら、これからのより良い社会を、現在の社会の構成員がともに手を携えて創り出していく役割を担うものとなるべきだ、というのである。これまでの理科教育はどうであったか。2008年に、実社会・実生活との関連付けが打ち出されるまでは、それほど広い視野は持っていなかったし、より良い社会の構築・創造に寄与しようとの姿勢は弱かった、といってよいだろう[11]。そして理科の場合、2008

年以降でさえ「実社会・実生活」という言葉は、概して「日常生活」という表現を多用してかなり狭く捉えられてきた。しかしこれからは、一層本格的に社会・世界を展望する時代になってきたと言えるだろう。

次に、「主体的・対話的で深い学び」であるが、先述の「論点整理」において、その意義として最初に述べられている点を2つ挙げれば、次のとおりである。

① 思考力・判断力・表現力等は、学習の中で、(中略) 思考・判断・表現が発揮される主体的・協働的な問題発見・解決の場面を経験することによって磨かれていく。身に付けた個別の知識や技能も、そうした学習経験の中で活用することにより定着し、既存の知識や技能と関連付けられ体系化されながら身に付いていき、ひいては生涯にわたり活用できるような物事の深い理解や方法の熟達に至ることが期待される。

② また、こうした学びを推進するエンジンとなるのは、子供の学びに向かう力であり、これを引き出すためには、実社会や実生活に関連した課題などを通じて動機付けを行い、子供たちの学びへの興味と努力し続ける意志を喚起する必要がある[12]。

「主体的・対話的で深い学び」は、主として「どのように学ぶか」に関するものであるが、ここでは、個々の知識・技能を繰り返し使いながら、それらを新たな場面でつなぎ合わせて活用しながら磨いていくこと、そして生涯にわたって学び続ける人を育成することの大切さが指摘されている。また、学び続けるための動機づけ（意欲・意志）の重要性が語られている。

なお、「社会に開かれた教育課程」と「主体的・対話的で深い学び」とを併せて読めば、「社会や世界」あるいは「実社会・実生活」は、教育課程が視野に入れてより良いものへと創りあげていくものであるとともに、学びの動機付けの源泉として位置づけられていると捉えることができる。

現実の社会・世界と学校教育の結びつきを重視するという点だけを見れば、現代は、昭和20年代の教育と一脈通じるものがある、と言えるだろう。もちろん、社会の中での科学・技術の位置は大きく変わってきている。昭和20年代の生活においては、科学の原理のいくつかが露わに目に見えた。風呂の湯は

上層部から温まったし、振り子時計の振り子は季節によってネジを巻いて長さを調節した。しかし今ではそんなことはない。日常の食卓には、納豆の原材料として「遺伝子組換えでないダイズ」などと書かれたりしている。手書きで文章を書くこともほとんどない。仕組みはわからないが、原子力発電所が莫大な電力を供給してくれるとともに、一たん事故が起これば生命や生活を脅かし底知れない不安を与える。科学・技術が社会の基盤となり、社会・世界の在り方・未来の方向性を大きく左右する力の源泉となってきている。こうした時代の教育関係者は理科教育に際して社会・世界とのつながりを忘れるわけにはいかない。児童・生徒達にも科学・技術と社会・世界との関連に関心をもって、より良い社会・世界の構築に参加・参画しようとの姿勢を培ってもらう必要がある。

「深い学び」のためには、理科の場合、既習の個々の知識や経験を結びつける必要がある。それは、単に一つの単元内で必要となるだけではない。複数の単元の知識や生活上の経験などとの関連づけも考えられる。小学校5年の秋に「果実や種子のでき方」を学び、6年の初めに、「植物の養分」を学ぶためにジャガイモの種芋（たねいも）を植え付けるとき、ホウセンカやツルレイシの種子（たね）とジャガイモの種芋との関連（共通点・差異点）に注意が働くような学びであって欲しい。種子も種芋も次世代の植物のもとになるものという意味では、大和言葉としての「たね」である。しかし種子は有性生殖の結果できたものであるのに対して、種芋は無性生殖（栄養生殖）のためのものであり、それから成長した植物はクローンである。つまり生殖・遺伝という観点から見れば大きな差異がある。人類は、動植物との長い付き合いの歴史の中で、家畜や作物の多様な品種を生み出したり、優れた形質を維持したりしてきた。種子と種芋との関連に目を向けるだけで新たな疑問が生まれたり、新たな知の世界が開かれたりする[13]。

「深い学び」においては、他者（友達や先人）の知識・経験・考えと自らのそれとを交流することも大切である。そのことによって互いの知識や考えは豊かになり洗練される。また、社会においては、個人の意思決定ばかりでなく、集団での意思決定・合意形成が必要な場面が増えるという点からも実に有意義な学習となる。高校生のうちに選挙権を持つ時代となり、2022年4月からは

成人年齢が18歳に引き下げられることが決定している。既に述べたとおり、民主社会の構成員は、知的であり主体的に社会に参加・参画する資質・能力が不可欠であるのだから。

そのためには、理科における知識や考えの関連づけも、独り物理学や生物学といった個別科学内に留まるだけでなく、自然科学全体、そして他教科等との関連、さらには適宜、現実世界との関連にまで踏み込むことが必要となる。また、社会の中における科学の位置・役割を考えるとき、それらの本質的な特性をも理解しておきたい。科学・技術は万能なのか・絶対なのか。出生前診断の知識や技術を推進すべきか否かについて唯一の正解はあるか、それは誰が決めるのか。原子力発電は推進するべきか、それは誰が決めるのか。こうした問いを考えるには、科学や技術の成果だけでなく、科学とは何か、技術とは何かを考えておく必要がある。科学や技術の知とはどのようにして生み出されるのか、限界はないのか、などについて考える機会に恵まれなくてはならない。

3. 科学的リテラシーへの注目

近年、教育界のみならず、広く世間においてさえ、「科学的リテラシー」なる言葉が知られるようになった。これは、OECDのPISA調査（Programme for International Student Assessment）の中に「科学的リテラシー」（scientific literacy）領域が含まれ、その結果が広く公表されるようになったからである。PISA調査は、世界的に義務教育が修了する段階の15歳を目安として、社会人としての素養を測ることを目指している。PISAは2000年から開始されたが、2006年には、科学的リテラシーを中心テーマ領域に据えて実施された。

PISA2006において、まず、次のように述べられている。「科学」ではなく「科学的リテラシー」という用語を使用することで、「伝統的な学校理科での知識を単に再生するよりもむしろ様々な生活場面の状況に合わせて科学的知識を適用する」ことに重点を置くという。そしてより具体的には、4つの能力に注目するという。

①　疑問を認識し、新しい知識を獲得し、科学的な事象を説明し、科学に関連ある諸問題について証拠に基づいた結論を導き出すための知識とその活用
②　科学の特徴的な諸側面を人間の知識と探究の一形態として理解すること
③　科学と技術（テクノロジー）が我々の物質的、知的、文化的環境をいかに形作っているかを認識すること
④　思慮深い一市民として、科学的な考えを持ち、科学が関連する諸問題に、自ら進んで関わること [14]

なお、①での知識には、科学的知識（自然界についての知識）のみならず科学についての知識が含まれ、後者には科学の本質的特性や科学的知識の力と限界などに関する知識が例示されている。②における科学の特徴としては、次のことが挙げられている。データの収集と活用、データの収集が着想と概念によって導かれること、主張される知識の暫定的性格、懐疑的な見方を受け入れる姿勢、論証の活用、現在の知識と過去の知識との関連づけ、証拠を獲得する際に用いた方法・手順を報告することなどである。③では、科学と技術とがともに人間の努力の賜物であること、科学と技術とは、目的やプロセス及び産物からみて別物だが密接し補完的であること、両者が社会と個々人に大きな影響を及ぼしていること、また我々は公共政策を通して科学と技術の方向性に影響を与えていることが指摘されている。最後の④では、科学的なトピックスに興味を持ったり、科学関連の諸問題について考えたり、技術や資源、環境に関する疑問に関心を持ったり、個人的な立場や社会的な立場で科学の重要性について熟考するような個々人が描かれている。

　こうしてみてくると、我が国における教育の動向、とりわけ「社会に開かれた教育課程」とか「深い学び」の力説と科学的リテラシーの目指すところには共通性が認められる、と言ってよい。ところが近年の理科教育界においてさえ、ただ単に科学的知識の習得を目指しているにもかかわらず、「科学的リテラシーの育成」を掲げた論述を見かけることがある。少なくともそれだけでは「科学的リテラシー」という用語を使うべきではないだろう。「科学的リテラシー」という言葉・概念の誕生は、1950年代のアメリカに遡るが故に、歴

史的な意味を帯びていることを忘れてはならない。またもちろん、時代や使う人々によってその意味内容にニュアンスの差があり得ることにも留意する必要がある。

　筆者らは、日本の理科教育の過去を振り返り、今後の理科教育を展望するとき、「科学的リテラシー」に注目する価値があると考えている。そこで、本書において、まず「科学的リテラシー」を歴史的に捉えてその核心的な意味を明らかにしたい。また、わが国における科学的リテラシーの達成状況や問題点を検討したい。そしていくつかの観点から科学的リテラシーを育成するための基盤づくりや手法について検討し、若干の提案をしたいと考えている。

注
1) 鶴岡義彦（2011）「理科教育の価値・目的を改めて問う時がきた」、『学校教育』No.1129、pp.6-13.
2) 小松左京（1973）『日本沈没』光文社カッパノベルス．
3) ピエール・ブール（1968）『猿の惑星』創元SF文庫．
4) 有斐閣の月刊誌。例えば、「臓器移植法改正」（2011年2月号）、「生物多様性のこれから」（2011年3月号）、「宇宙ビジネスの活性化に向けたルール形成」（2017年5月号）などがある。
5) 2016年1月閣議決定『科学技術基本計画』p.46.
　　https://www8.cao.go.jp/cstp/kihonkeikaku/index5.html（2018.12.25アクセス）
6) C.P.スノー（1967）『二つの文化と科学革命』みすず書房．
7) 学研『大人の科学マガジンシリーズ』は、雑誌と実験・工作キットとがセットとなっており、2003年4月に販売が開始されから2012年1月でVol.33となっている。その後はVolなし。特別編終版もあり、2018年12月には、『同 BEST SELECTION No.1 ピンホール式プラネタリウム』が出版されている。
8) M.グルーバー（1977）『ダーウィンの人間論 ― その発展とヒトの位置 ―』、講談社．
9) 渡辺正雄編（1974）『アメリカ文学における科学思想』、及び同編（1983）『イギリス文学における科学思想』、ともに研究社。
10) 文部科学省（2015）「教育課程企画特別部会における論点整理について（報告）」、pp.3-4.
　　http://www.mext.go.jp/b_menu/shingi/chukyo/chukyo3/053/sonota/1361117.htm（2018.12.25アクセス）
11) 2008年告示の学習指導要領において初めて、理科でも、持続可能な社会の構築への寄与が謳われた。なお、「総合的な学習の時間」の創設を提言した中央教育審議会答申（1996年

7月）が、日本社会や地球社会の抱える課題をも視野に入れようとした最初であろう。中央教育審議会「21 世紀を展望した我が国の教育の在り方について（第一次答申）」http://www.mext.go.jp/b_menu/shingi/old_chukyo/old_chukyo_index/toushin/1309579.htm（2018.12.25 アクセス）

12) 文部科学省、「教育課程企画特別部会における論点整理について（報告）」、p.17.
13) 鶴岡義彦（2010）「理科教育における言語活動の充実のために：言葉への繊細さ」、『日本科学教育学会研究会研究報告』、25（3）、pp.85-90. 小学校教員志望の学生でさえ、種子と種芋との共通点・差異点を正しく理解していない者が約7割に達する。
14) OECD、国立教育政策研究所監訳（2007）『PISA2006 年調査評価の枠組み』、ぎょうせい、pp.19-21.

第Ⅰ部
科学的リテラシーの誕生と展開

第1章
アメリカにおける初期の科学的リテラシー論

鶴岡義彦

1. 初期科学的リテラシー論の位置：序を兼ねて

　近年「科学的リテラシー[1]」やそれに類似する言葉が頻出してきたが、本章では、アメリカの1950〜1960年代における議論に焦点を当て、その意味を解き明かしたい。科学的リテラシーは、当時のアメリカで誕生した言葉であり、歴史的意味を背負っていると考えるからである。

　教育界で使用される用語は、しばしば、過去に使われた語義を無視して、新たな意味でつかわれることがある。しかしそれでは、累積性が損なわれ学問の成果が生かされにくくなる。過去に登場した用語は、それを踏まえたいし、新たな意味を付与する場合は、過去の使われ方に言及し、新たな意味を持たせる理由を示したうえで使用すべきである。

　さて、エイジン（Agin, M. L.）によれば、「1950年代末期及び1960年代を通じて、科学教育による生きて働く市民的資質の追及を表現するために夥しい成句が作られた。中でも科学的リテラシー（scientific literacy）は最も頻繁に使用されたものである[2]」。筆者の調査でも、1957年に科学的リテラシーに類似する表現が見いだされ、1960年代後半以降ではほとんど慣用句化した[3]。さらに、1971年には、科学教師と科学教育研究社がつくる諸学協会の連合体であるNSTA（National Science Teachers' Association）が、科学的リテラシーこそ科学教育の目標である、と宣言するに至るのである[4]。

ところで、科学的リテラシーという言葉が使われだした1950年代末期といえば、周知のとおり、PSSC、BSCS、CBA等のカリキュラム・プロジェクトが発足し、後期中等教育段階を手始めとした科学カリキュラム改革運動（curriculum reform movement）[5]が開始された時期とほぼ重なる。しかしながら、この運動によって産み出されたいわゆる「新カリキュラム」（new curricula）と科学的リテラシーとは、全く同一の流れの中にあるとは言えない。なぜなら、科学教育において科学的リテラシーの育成を力説する人々のほとんどは、「新カリキュラム」を批判しているからである。

我が国では、「新カリキュラム」については、1960年代の中ごろから紹介され、そして1970年代のわが国理科教育界・理科教育学界は、この影響下で、理科教育現代化を成し遂げようという盛り上がりを見せたのであった。しかしながら、「新カリキュラム」と同時期に生まれたにもかかわらず、それとは異質な面を持つ科学的リテラシーには、ようやく1990年代になって注目され始めたのであった[6]。これには、次の3つの出版物の影響が大きかった。即ち、①米国科学振興協会（The American Association for the Advancement of Science: AAAS）によるScience for All Americans[7]（1989）の発表と邦訳『すべてのアメリカ人のための科学』[8]（2005）の出版、②National Education Standard[9]（National Research Council, 1995）及びその邦訳本『全米科学教育スタンダード―アメリカの科学教育の未来を展望する―』[10]（2001）の出版、そして少し遅れて、③OECD-PISA（Programme for International Student Assessment）調査にかかわる『生きるための知識と技能2』[11]（国立教育政策研究所編、2004）である。

以上の点を踏まえて、本章では、科学的リテラシーなる言葉が最初に登場し普及したアメリカの1950～1960年代に狙いを定めて、その語義を解明する。その際、それとほぼ同時期に繰り広げられた科学カリキュラム改革運動とその具現化としての新カリキュラムとに対して、科学的リテラシー論者が批判的に捉えていた点に注目して、科学的リテラシー概念の歴史的意味を際立たせたいと思う。これらは、現代の科学的リテラシー論を理解する前提となるだろう。

2. 科学的リテラシーの語義と構成要素

(1) わが国における科学的リテラシーへの最初の注目

　既に述べたとおり、わが国における科学的リテラシーへの注目は、1990年代以降になってからであった。しかし、1970年代に注目した者がわずかに存在したこと、そしてそれは、初等教育段階のカリキュラム・プロジェクトSCIS (Science Curriculum Improvement Study) との関連においてであった。議論が前後するが、先にこの点に触れておきたい。

　後期中等教育段階から着手されたアメリカのカリキュラム改革運動は、1960年代に入って、次第に小・中学校段階のカリキュラム開発に及んだ。その中の1つ、カープラス (karplus, R.) らによるSCISは、科学的リテラシーの育成を掲げていた。わが国では、筆者の知る限り、このSCISとの関連で科学的リテラシーに言及した理科教育研究者が3名あった。そして彼らは、科学的リテラシーの訳語として、「科学的読解力」「科学的国語力」あるいは「科学的な能力技能」を充てた[12]。

　SCISにおける科学的リテラシー論を簡単に紹介しておこう。SCISでは、科学的リテラシーを、「科学的諸概念の機能的理解」あるいは「知識と技能と態度の混成体」と規定する。カープラスは、「科学的諸概念の機能的理解」について、次のように注釈を加える。すなわち、自然認識は自分自身の観察に基づいて獲得することが望ましいが、すべてについてそうすることは不可能だから、読書などによるセコンドハンドの情報をあたかも自ら獲得したかのように理解し使いこなせることが大切である。そのためには、科学の概念構造とコミュニケーションの手段を持たなければならない。

　SCISは、科学カリキュラム改革運動による新カリキュラムの一角を占めるが、情報化の度合いを強める現代社会を心に留め、メディアを通して科学に接する市民の育成を視野に入れていたことがわかる。それ故、「科学的読解力」や「科学的国語力」といった訳語が充てられたと考えられる。ここには、市民の基礎的資質・能力を対象とするPISA調査の柱の一つが読解力（読解リテラ

シー、Reading literacy）であることに一脈通じるものがあるとも言えよう。

（2）科学教育という営みにおける科学的リテラシーの位置

では、1950〜1960年代中心の科学的リテラシー論者に注目しよう。既に引き合いに出したエイジンもそうだが、科学的リテラシー概念の共通理解に大きな影響力を持ったペラ、オハーン、ゲイル（Pella, M.O., O'Hearn, G.T., and Gall, C.W.）も、科学教育というものが、次に示す3つの基本的な根拠に基づいて営まれていると述べる。

① 科学の諸分野の学者を準備すること
② 個々人に、技術的な職業ないし専門職に就くための素養を与えること
③ 全ての者に、市民としての豊かな資質の育成を目指す一般教育の一部として、科学の素養を与えること [14]

換言すれば、これらは科学教育の目的であり、それぞれ専門教育、職業教育、及び一般教育の目的に対応するということができる。そして、彼らは、これらのうちの③を、科学的リテラシーの育成と呼んでいる。

高等学校向け科学事例史集 HOSC（History of Science Cases）の開発者として著名なクロッパー（Klopfer, Leo. E.）も、「科学的リテラシーの育成はすべての生徒のための科学教育の目的である」[15] と言っている。その他、数多くの科学的リテラシー論者達は、この点ではまったく一致しているということができる。

さらに、彼らは、「今日及び予想し得る将来において、科学者やエンジニアは、アメリカの総労働力の5〜10％を構成する」に過ぎず、「90％以上の労働者は、直接科学に関係しない職業に従事する」こと、加えて主婦や母親は「不思議なことに『無職者』と呼ばれるが、ほとんど明らかにノン・サイエンティストである」ことを指摘する [16] などして、科学教育の最重要の目的が、すべての個人に関わる上記③にあることを力説する。

この点に関して、エバンズ（Evans, T.P.）による、scientific literacy と literacy in science との対比は興味深い。彼によれば、「literacy in science は、科学的な事実、概念及び概念体系を内容とするもので、scientific literacy

の一要素である。Literacy in science の必要な水準は、すべての人にとって同一でないことは明白である[17]」。つまり、literacy in science は科学活動の所産としての知識・知識体系であるが、scientific literacy は、それを一構成要素としつつ、さらに広範な内実を含むものとされる。科学知識の必要な水準は、科学者、技術者、政治家、営業部員、あるいは主婦などによって異なってよい。他方、scientific literacy は、ある程度の水準が万人に要求される、という。さらに、ウイットリン（Wittlin, A.S.）が、科学的学問のある特定の領域について完全な知識を持つことは科学者に任されて良いのであって、万人のための scientific literacy は、「優秀性（excellence）の基準ではなくて、ある程度の十分さ（adequacy）を求める」ものである[18]、と述べている。このように、scientific literacy は、市民として生活するに足る資質・能力であり、科学の所産としての内容的知識を超えたものとして捉えられている。「優秀性」は、カリキュラム改革運動においてしばしば使用された言葉だが、それと対比されていることに留意したい。

　ちなみに、筆者は、scientific literacy に対して、「科学リテラシー」ではなく、一貫して「科学的リテラシー」という訳語を充ててきた。それは、「科学リテラシー」には literacy in science に近いニュアンスが感じられるからである。

　ところで、科学的リテラシー論者は、一般教育の一部としての科学教育が育成すべき人間を、scientifically literate person と呼ぶ。Person は、citizen や individual などに置き換えられることがある。よって、科学的リテラシーとは、一般教育の一部としての科学教育によって育成されるべき scientifically literate person が身に付けているべき一定水準の資質・能力、と位置づけられる。それは、一般教育の目的と言い換えられる。

　なお、科学的リテラシーを一定水準の資質・能力と捉えれば、科学的リテラシーを持つ人とは、その水準に到達した人間の姿だから、一つの結果像と見ることができる。しかし、その水準に達したか否かを判定することはなかなかに困難であり、実際その当時、一定水準の詳細を明示した論者は見当たらない。そしてむしろ過程像と捉える論者が認められる。例えば、ドウズ（Daugs, D.P.）は、科学的リテラシーについて、「誕生に始まり、…そして死に至るま

で[19]」向上し続けると述べ、またハード（Hurd, P.D.）は、被教育者の成長と急変する科学技術社会とを考慮に入れて、scientific literacy に動的意味を付与して、scientific enlightenment という言葉を造り[20]、好んで使うことがあった。

元来、意図的教育は、時代ごとにその時代と近未来とを見据えて理想的人間像を描く。人間は成長し時代状況も変わるから、詳細かつ絶対的な姿を確定することはできない。しかしそれでもなお、理想像を描くのである。結果像か過程像かを截然とわけることは困難であるが、力点の置き方は今後の理科教育を構想するうえで大切な点である。

（3） 科学的リテラシーの構成要素

では、科学的リテラシーを持つ人とはどのような人であろうか。科学的リテラシーの内容を構成する基本要素について、論者の見解を吟味していこう。既に、エバンズによる literacy in science との対比において、科学的な基本概念や概念体系が含まれることが示されたが、それ以外の要素は何であろうか。

科学的リテラシーの構成要素の分析としては、1966 年に発表された、ペラ、オハーン及びゲイルの 3 名による研究結果が、それ以降の科学的リテラシー論をかなり方向付けることになった、と言っても過言ではない。彼らは、1946 ～ 1964 年の長期間において、豊かな市民的資質・能力の育成を目指す科学教育について論じた文献を抽出して、そうした市民的資質・能力の構成要素を検討したのであった。文献の抽出は、scientific literacy という言葉を使っていると否とにかかわらず行われた。このことからも、科学的リテラシーは、元来、一般教育・普通教育としての科学教育によって育成されるべき市民的資質・能力であったことがわかる。

さて、ペラらは、調査研究の結果として、科学的リテラシーの構成要素を次の 6 カテゴリにまとめた。即ち、(1)「科学と社会」との関係、(2)「科学の倫理」(ethics of science)、(3)「科学の本性」(nature of science)、(4) 科学上の「概念的知識」(conceptual knowledge)、(5)「科学と技術」との関係及び差異、そして (6)「科学と人文」(science and humanities) との関係、で

あった[21]。

　各カテゴリについて、筆者は何度か紹介・解説してきたので、ここでは若干の補足をするにとどめる[22]。「科学の倫理」とは、わが国で言う科学的態度とか科学的精神という言葉に近似する意味であるが、例えば生物愛護の精神は、通常含まれない。それは、自然科学は自然現象の解明をめざしており、生物愛護は科学から必然的に導かれる態度ではないからである。「科学の本性」とは、科学的な認識論・方法論に関わり、「科学とは何をしているのか」に対する回答に相当する。「概念的知識」と言うように、科学の所産たる内容的知識であるが、些末的なものではなく概念的、理論的な知識に力点を置いている。「科学と技術」では、両者の関係ばかりでなく両者の差異に留意している。「科学と人文」は、科学と文学、宗教、哲学などとの関係を指すが、「科学と文化」と言うほうが馴染みやすいかもしれない。

　さてペラ以外では、科学的リテラシーの構成要素を3区分した論者がいる。エイジンとクロッパーとである。エイジンは、科学の「所産」「過程」及び科学と「社会」との関連を挙げる[23]。クロッパーは、「主要な概念及び原理」「科学的探究の過程」及び「科学と一般文化との相互作用」の3つである。ここでは、各カテゴリの説明を割愛するが、エイジンとクロッパーによる3カテゴリはそれぞれ対応している。そして両者はペラらの場合より大くくりとはいえ、ペラらのカテゴリを内包している。三者のカテゴリの関係は次の表で示すことができる。

表1-1　科学的リテラシーの構成要素

論者と発表年	Pella, O'Hearn, and Gail, 1966		Klopfer, 1968 (Agin, 1967)
構成要素	概念的知識（conceptual knowledge）		主要な概念及び原理（科学の所産）
	科学の本性（nature of science）		科学的探究の過程（科学の「過程」）
	科学の倫理（ethics of science）		
	科学と人文（science and humanities）		科学と一般文化との相互作用（科学と「社会」）
	科学と社会（science and society）		
	科学と技術（science and technology）		

このように、科学的リテラシーは、ペラらの調査研究に基づいて打ち出された6カテゴリの理解・体得から構成される、ということができる。なお、6カテゴリに属す「理解・体得」に注目していただきたい。わが国で、科学の方法とか科学的態度とかいう場合、それらはもっぱら体得するもの、体験的に体で覚えるものという意味合いが強いと受け止められている。しかしここでの意味は異なる。「科学の本性」は科学の方法論に関わるが、例えば実験・観察の方法の体得だけを指してはいない。「科学における実験とは何か」と問う姿勢やその理解をも含むカテゴリである。「科学の倫理」は、科学的態度を体得する・身に付けるというだけではなく、科学の価値基準、科学者の行動規範を問い・理解するということも含むものである。科学的リテラシーには、科学を対象化して問うという、いわば「科学についての理解」(科学論的理解)をも包含していることを忘れてはならない。

3. 科学的リテラシー論者の新カリキュラム批判とその背景

(1) 科学者 ― ノンサイエンティスト間の意思疎通の不十分さ

　既に指摘したように、科学的リテラシー論者は、科学と社会・文化とのかかわりの理解を相当に強調するのであるが、この背景を2つの観点から探っていくことにする。第一は、科学者と科学者以外の人々・一般市民との間の意思疎通が欠落しているか不十分であるとの認識である。

　科学・技術時代と言われるにもかかわらず、科学者とノンサイエンティストとはいかなる関係にあるか。1959年、イギリスのスノー (Snow, C. P.) は、リード講演「二つの文化と科学革命[25]」において、科学的文化と人文的文化との隔絶および対立を指摘したが、アメリカにおいてそれも以前から、科学者とノンサイエンティストとの断絶についての論及がなされていた。例えば、1952年にデュボス (Dubos, R. J.) は、次のように指摘している。科学の力によれば「世界は理解しえぬものではない」という18世紀に流布していた信念が19世紀末期になると色褪せ、「実験科学はせいぜい、自然界の出来事やそれらの関係をある程度の正確さで記述し得るに過ぎない」と感じられるように

なり[26]、一般公衆は科学に対する興味を放り出してしまった。他方で、「科学者たちは、公衆とほとんど知的コンタクトを持たない専門的テクニシャン」となってしまったのである[27]。

またラビ（Rabi, I.I.）は、1959年の論文で、ノンサイエンティストが、科学に対して「理解する代わりに、恐怖と冷笑とを含んだ畏怖の念を抱く」ばかりであり、他方「科学者は、同じ大学の人々にさえ、次第に、別の惑星から来た人間——片方の手に抗生物質を持ち、他方の手では原子爆弾をまき散らす生物——と思われる」傾向があると嘆いた[28]。更にまた、ミード（Mead, M.）らが、ハイスクール生徒を対象として実施した科学者イメージ調査の結果も、それらを支持するものであった[29]。

このように、1950年代から、科学者—ノンサイエンティスト間の相互理解の不十分さを重大問題と指摘する声が高まりを見せるが、科学的リテラシー論者の大部分も同様の認識を持っていた。まずノンサイエンティストの科学観に関する指摘から見ていこう。マッカーディ（Mc. Curdy, R.C.）によれば、「科学は大抵技術と混同され、科学と技術とは、それらの道具やテクニックと混同されている」し、「科学教育か教養教育かのどちらか一方だけを履修することはできるが、両方の履修は全く不可能である」という考えが広まっている。こうした誤解は、「科学者を人間性と絶縁させ、『エッグヘッド』（the egghead）とか『フランケンシュタイン博士』とかいったイメージを生じさせるものである」が、これは科学に対する「未知による恐れと不信」に由来している[30]。

またオハーンは、「すぐれて否定的な科学観、そしていくつかの技術的発展、とりわけ人間の条件や環境諸要素を混乱させた技術的発展において出現した、科学に対する一種の『幻滅ないし不安』が見受けられる[31]」ことを指摘しているし、ハードも生徒たちの間に「反科学的感情」（antiscience-feeling）が広がっていると述べている[32]。さらにクッシュ（Kush, P.）は、「科学に対してしばしば抱かれている異様さ・疎遠さの感情[33]」に言及し、エバンズは、科学や科学者に対して流布したイメージを神話と呼んで批判し、科学を「人間の冒険的な営み」として理解することの必要性を力説したのである[34]。

以上は、ノンサイエンティストの側の問題であるが、科学者に対する批判も

行われている。ピメンテルは、次のように言う。現代は科学・技術が社会にあまねく浸透してきているにもかかわらず、ノンサイエンティストは「科学について知らなすぎ」、科学者は「科学の虜になっている[35]」。またハードが、「科学者は、自然界を探究し解釈することに興味を限定してきた」が彼らに視野の拡大を求める[36]。これらは、科学者が、一般市民や他領域の科学者と知的交流を持たない「専門的テクニシャン」になり下がった、というデュボスの見解と一致するものである。

一方でノンサイエンティストが科学にあまりに無知で、科学や科学者に対して誤ったイメージを抱いているかと思えば、他方の科学者は各人の狭い領域の虜になっている。かくて、「科学者とノンサイエンティストの知的懸隔に橋を渡す[37]」ことが重大な課題とされたのであった。

(2) 科学・技術に関連ある社会問題の出現と技術の両刃性

科学・技術時代の進展とともに、環境汚染、人口増加、食糧・エネルギー枯渇などの新たな社会問題が生じ、それらの解決が迫られることになった。しかも科学の成果の技術的適用は、プラスの効果もマイナスの効果も生みだし得るという両刃性を持つ。マイナスの効果を象徴するものは核兵器であるが、今日の社会的諸問題は非常に複雑化してきているため、広い視野を持たずに、「ある問題へ科学・技術を応用（あるいは局部的に応用）すると、しばしばはるかに大きな問題を結果する」ことになる。例えば、「寿命の延長と出生率の上昇とは、人口過剰、汚染、個人的自由の喪失、土地や原材料の不足の一因」となっているのである[38]。

こうした時代の市民には、科学の内容的知識のみならず、科学とはどういうものかを広い視野において理解することが必要とされる。ピメンテルは次のように述べている。自然科学の成果としての「環境についての知識の我々による利用は、結局のところ、価値判断に基づくのであって、$E=mc^2$ に基づくのではない。（中略）水素爆弾で都市を破壊するか、核エネルギー源を利用して砂漠の肥沃の地をつくるかの選択は、社会の領分に属すのである[39]」。それ故、社会の構成員すべてが、科学の限界、科学と技術との関連および差異を十分に

理解しなければならない。科学が「価値判断に言質を与えない」とはいえ、科学者は同時に市民であり、市民としては価値判断を下すことに参加しなければならない[40]。

かくして、科学・技術に深いかかわりを持つ社会的諸問題の出現は、科学を広い視野に据えて総合的に理解し、しかもそれを基盤として当該問題の解決に向けて主体的に参加する市民を強く求めることになったのである。

(3)「新カリキュラム」に対する批判

1950年代からカリキュラム改革運動がおこり、学問中心教育課程（discipline-centered curriculum）と呼ばれる「新カリキュラム」が続々と開発された。これらがすでに見てきた課題を解決するものであったならば、科学的リテラシーの育成が力説されることはなかったはずである。期待外れであったのは何故だろうか。

結論から言えば、学問中心教育課程では、教科内容が物理、化学など個別科学の内容に限定されたことと、「優秀性」が重視されすぎたこととが科学的リテラシー論者には不満なのである。ハードによる次のような、新カリキュラムに対する厳しい批判が、こうした不満を端的に示している。「これらのカリキュラム・プロジェクトの根底をなす教育上の基本原理は、本質的に見て、科学の見習生的定位（apprentice's orientation to science）のそれ―『科学者のようであること』―」である。こうしたカリキュラム改革の中には、人間の冒険的な営みとしての科学を社会的・文化的台座に据えたり、人間性という広いパースペクティブの下に吟味したりしようとの真剣な努力についてのいかなる証拠も見いだすことができない。実験活動は作業台に引きこもっていて、社会における重要で適切な関連を持つ諸問題を検討することがない。それ故、青少年は科学が現代生活と絶縁していて、専門職業的な科学者にしか意味がない、という印象を持つことになる[41]。

ではハード以外の論者による批判を、教育内容に関するものから見ていこう。エバンズは、カリキュラムの開発と実施に参加する人々によって、「往々にして科学的リテラシーが、最新の内容の記憶や科学の諸過程の経験に随伴する神

秘的特性であると誤解されている[42]」ことこそが最大の問題だと述べている。そして、既に触れたとおり、scientific literacy と literacy in science との違いを強調して、新カリキュラムでは、科学がまるで「現実世界と無関係であるかのように教授されている」ことを厳しく批判するのである[43]。ペラは、新カリキュラムが連邦政府の強力な後押しを受けた点に着目して「政府科学コース」（Government Science Courses）と呼び、その特徴を分析して、次のように批判する。「概念的知識」「科学の本性」の一部、「科学の倫理」の一部には注意が払われているものの、「科学と技術」「科学と社会」及び「科学と人文」には言及されていないと[44]。同様の批判は他の論者によっても行われた[45]。

またこの点については、PSSC の後に開発された HPP（Harverd Project Physics, 後に単に PP）の理論的指導者ホルトン（Holton, G.）の見解とも一致する[46]。要するに、科学的リテラシーが、科学知識を記憶したり科学の過程を経験したりすれば、自ずからそれらに伴って獲得されるなどと解され、他の領域との何らの関連もなく科学が孤立されたのでは、科学者—ノンサイエンティスト間の相互理解を促し、民主社会の一員として科学の成果を正しく活用していくことができる市民を育成することはできない、という点を指摘したのであった。

新カリキュラムにおいて強調された「優秀性」も、科学的リテラシー論者から批判される。「優秀性」が叫ばれた背景には、「第二次産業革命ともいうべき科学・技術の新時代」が始まりつつあることや、ソ連のスプートニク打ち上げなどにより「国家の安全に対する危機感」があった[47]。ブルーナー（Brunner, J.S.）は、「教育のもっとも一般的な目的は、優秀性を育てること[48]」と考え、「次世代の知的指導者が潜在しているはずの、公立学校の成績上位4分の1の生徒達を、わが国の学校はここ数十年間も無視してきたのではなかろうか[49]」と述べている。彼がウッズ・ホール会議で議長を務める前年（1958）には、中等学校長、教育長、指導主事などが、「ハイスクールにおける学問的才能に優れた青年のためのプログラムを樹立するという問題を考えるために」会議を開いている[50]。「優秀性」のこうした強調は、「ハイスクールで学校を終える子ども達のうち、1つの物理コースも履修していない者が90％以上に達する[51]」

という状況を招いた。科学的リテラシーが万人に必要とされるものであり、現代社会の市民として生活する上での十分さを求めるものである、という考え方からは、こうした状況は是認しがたいものだったのである。

　ここでこれまで述べたことを要約すれば、「新カリキュラム」は、科学的リテラシーの構成要素のうち、「概念的知識」と「科学の本性」及び「科学の倫理」の一部に注意が払われ、特に「概念的知識」は「優秀性」育成の観点から大いに強調されたが、「科学と社会」「科学と人文」および「科学と技術」は無視ないし軽視されたのであった。そこで科学的リテラシー論者の、科学者とノンサイエンティスト間の溝を埋めようとの願いも、現実社会の諸問題に積極的に取り組んでいける市民の育成という願いも果たせなくなってしまったのである。

　なお、科学的リテラシー論者による「新カリキュラム」批判は、それらの開発や実施に携わった人々に対してや、他教科との関連に関してまで及んでいる。

　クッシュは、科学的リテラシーの向上を妨害する要因の1つとして、科学教育関係者自身における科学的リテラシーの欠如を指摘して次のように言う。

　　　第二次世界大戦以来、素人の科学的リテラシーの増進という課題に、そしてスプートニク以降においては最高の頭脳の一層多くを科学と技術の分野に徴募するという追加された課題に取り組んできた人は、時として、かかる目標に口先だけの好意しか示してこなかったのである。なぜなら、科学は難しいからであり、又おそらく、科学は存在しそうもない才能ある選民だけのものである、という根深いがあいまいな信念のために、すべての段階での組織的教授に責任を負ってきた人々は、彼ら自身の科学的リテラシーを損ねることがしばしばであったから[52]。

　エバンズもまた、科学の教師自身が科学的リテラシーを身に付けてこなかったことを指摘し、その原因を大学での教師養成教育における科学コースが「概して新参科学者向けにデザインされている」こと、更に大学における歴史や社会学といった科学外の諸コースが、科学の社会に対するインパクトを十分に扱っていなかったことに求めている[53]。更にまた、科学的リテラシー論者は、

「科学とのかかわりあいは、教育の過程全体の一部でなければならないのであって、教育の過程から切り離された1断片ではない[54]」と考えているので、先で触れたエバンズの大学カリキュラム批判におけるのと同様に、各学校段階での教科間の分離状態に対する批判も見られる。例えば、科学の「新カリキュラム」を批判するだけでなく、社会科では「科学と社会との相互作用は、ほとんどかあるいはまったく注意が払われていない」、人文科については「科学について自覚的注意が向けられていない」と不満を漏らすのである[55]。

科学者とノンサイエンティストとの間の溝を埋めることといい、科学・技術に関連ある社会問題の解決といい、これらの課題は、科学教育においてだけ、いくら科学と文化・社会との関連に目を向けようとも、それだけでは解決し得ないものであり、教育全体の課題である。科学的リテラシー論者が、科学教育のみならず教育全体を念頭に置いていることに注目すべきであろう。

4. 本章の結語

本章では、まず科学的リテラシーの科学教育における位置づけ、次にその構成要素を明らかにした。また、科学的リテラシーが力説される文化的・社会的背景を探った。さらに、科学的リテラシー論者による「新カリキュラム」批判を検討・整理して、彼らの立ち位置を浮き彫りにした。

科学的リテラシーは、一般教育・普通教育としての科学教育の目的・目標と位置づけられる。それは、「概念的知識」「科学の本性」「科学の倫理」「科学と人文」「科学と社会」及び「科学と技術」という6カテゴリに属す理解・体得から構成されると捉えられていた。「新カリキュラム」は、「概念的知識」を中心にして、「科学の本性」と「科学の倫理」の一部を考慮に入れていたが、他の3つのカテゴリはほとんど視野に入っていなかった。言わば、「新カリキュラム」が科学そのものの教育ないし科学の範囲内の教育（education in science）であったのに対して、科学的リテラシー論者は科学についての教育（education about science）にも配慮していた。

「新カリキュラム」を生み出したカリキュラム改革運動も科学的リテラシー

概念も1950年代に生まれ1960年代に流布した。しかし科学的リテラシーは、「新カリキュラム」とは別の流れであった。とりわけ初期の「新カリキュラム」に対しては強く批判していた。なお、「新カリキュラム」の第2世代と呼ばれるものとはある程度の一致が見られるようになってきた。科学事例史に注目しHOSCを開発したクロッパー（Klopfer, Leo. E.）は科学的リテラシー論者であったし、物理への歴史的アプローチとも人文的アプローチともいわれるHPPの開発者ホルトン（Holton, G.）らも物理を広い視野から捉えていた。かくして1970年前後からは、科学を多面的・総合的に捉える立場が大きな流れを形成することになったのである。

注
1) 日本語の表記として、「科学的リテラシー」「科学リテラシー」または「科学的素養」などがあるが、その原語は、たいていの場合 scientific literacy であり、science literacy は極めてまれである。この点を踏まえて、原則として「科学的リテラシー」を使うことにする。
2) Agin, M. L. (1967) Education for Scientific Literacy: A Conceptual Frame of Reference and Some Applications, *Science Education*, 58 (3) p.405.
3) まず、次の雑誌について、1950年以降の全号を通覧し、scientific literacy ないしそれに類似する語句を含む論文を抽出し検討した。*Journal of Research in Science Teaching, School Science and Mathematics, Science Education, The Science Teacher*.
　更にそこに引用された文献をも検討した。その結果、類似性の高いタイトルを持つ最古の論文は、次のとおりであった。Bailey, Jr. H. S. (1957) How to be Literate in a Scientific Age, *Saturday Review*, 40, May 4.
　なお、scientific literacy について、下の文献の序文（foreword）における Conant, J.B. による1952の使用が最初との指摘を、斉藤が学会口頭発表において行った。
　斉藤萌木（2007）「アメリカ合衆国における科学的リテラシーの起源：J.B. コナントの議論を中心に」、『日本科学教育学会年会論文集』31, 273-274.
　Cohen, I. B. & F. G. Watson eds. (1952) *General Education in Science*, Harvard Univ. Press, xiii. Conant は、liberal education に替えて general education を普及させ、また第2章において触れるが、HPPやHOSCに影響を与えた人物である。
4) NSTA (1971) NSTA Position Statement on School Science Education for the 79's, *The Science Teacher*, Nov.
5) アメリカにおける科学カリキュラム改革運動は、わが国では理科教育の「現代化」と呼ばれ、例えば中学校の場合1969年告示の学習指導要領に反映され、1970年代の理科教育を特

色づけた。
6) 1970年以降における科学教育・理科教育関連の学会誌・専門雑誌を対象とした調査によれば、「調査対象文献で科学的リテラシーに関する議論が最初に見出されたのは1975年である。以後、1970年代後半から1980年代にかけては発表された論文等の数が少ない。1990年代に入って論文等の数は増え始め、'94年に最初のピークを迎える」。
斎藤萌木、長崎栄三（2008）「日本の科学教育における科学的リテラシーとその研究の動向」、『国立教育政策研究所紀要』、No.137, p.11
7) Rutherford. F. J. and Ahlgren, A. eds. (1989) *Science for All Americans, A Project 2061 Report on Literacy Goals in Science, Mathematics, and Technology*, The American Association for the Advancement of Science.
8) 同上書の邦訳。日米理数教育比較研究会訳（2005）『すべてのアメリカ人のための科学：科学、数学、技術におけるリテラシー目標に関するプロジェクト2061の報告書』、同研究会
9) National Research Council (1995) *National Science Education Standard*, National Academy Press
10) 長洲南海男監修（2001）『全米科学教育スタンダード：アメリカ科学教育の未来を展望する』、梓出版社
11) 国立教育政策研究所編（2004）『生きるための知識と技能2』ぎょうせい
12) いずれも1970年代半ばに、次の文献がある。
森一夫（1975）『初等・中等理科教育法』、p.211、学文社
大橋秀雄（1975）「現行低学年理科の問題点」、『理科の教育』、(24) 3、p.23
奥田五郎（1976）「アメリカ理科教育の研究動向」、『教育科学 理科教育』、No.92、p.116
13) Karplus, R. (1964) The Science Curriculum Improvement Study, *Journal of Research in Science Teaching*, Vol.2, pp.302-303.
14) Pella, M. O., O'Hearn, G. T., and Gall, C. W. (1966) Referents to Scientific Literacy, *Journal of Research in Science Teaching*, Vol.4, p.199.
15) Klopfer, Leo.E. (1968) The Teaching of Science and the History of Science, p.8. 1968年2月10日に開催されたNational Association for Research in Science Teachingの年会で提出された論文。
16) Ibid., p.4.
17) Evans, T. P. (1970) Scientific Literacy: Whose Responsibility ?, *The American Biology Teacher*, 32 (2) p.81.
18) Wittlin, A. S. (1963) Scientific Literacy Begins in the Elementary School, *Science Education*, (47) 4, p.331.
19) Daugs, D. P. (1970) Scientific Literacy — Re-Examined, *The Science Teacher*, Nov., p.10.

20) Hurd, P. D. (1970) Scientific Enlightenment for an Age of Science, *The Science Teacher*, Jan.
21) Pella, M. O., O'Hearn, G. T., and Gall, C. W., *op. cit.*, pp.199-200.
22) 例えば、鶴岡義彦（1998）「サイエンスリテラシー」、日本理科教育学会編『キーワードから探る これからの理科教育』、東洋館出版社
23) Agin, M. L., *op. cit.*, pp.414
24) Klopfer, Leo. E., op. cit., pp.6-8
25) Snow, C. P. (1964) *The Two Cultures and a Second Look*, Cambridge Universty Press. 松井巻之助訳（1967）『二つの文化と科学革命』、みすず書房。なお、既に1951年に、Bronowski は The Common Sense of Science, Heinemann において、科学と人文学ないし生活習慣との跛行状態を指摘していた。三田博雄・松本啓共訳（1968）『科学とは何か』、みすず書房。
26) Dubos, R. J., Science and Layman, in Cohen, I.B. and Watson, F.G., *General Education in Science*, Harvard University Press, p.7.
27) *Ibid.*, p.8
28) Rabi, I. I. (1956) Scientist and Humanist — Can the Minds Meet ?, *The Atlantic*, Jan., p.67. 抗生物質と原爆はともに科学の力によって誕生したと、人々に受取られており、それぞれ科学に対する賞賛の声と恐怖の念を象徴するものとしてと取り上げられている。
29) Mead, M. and Metraux., Image of Scientist among High-School Students, *Science*, Vol.26., Aug. この調査結果によれば、科学者は、頭が良くて人類のために熱心に働くが、飽きあきするような仕事を機械の歯車のようになって長時間かけて行い、社会性に欠け、趣味も友達付き合いもない、といったイメージであった。
30) McCurdy, R. C. (1958) Toward a Population Literate in Science, *The Science Teacher*, Nov., p.368.
31) O'Hearn, G. T. (1976) Science Literacy and Alternative Futures, *Science Education*, 60 (1), p.4.
32) Hurd, P. D., *op. cit.*, p.13.
33) Kush, P. (1960) Educating for Scientific Literacy in Physics, *School and Society*, April, p.199.
34) Evans, T. P., *op. cit.*, p.81. 彼が挙げる科学と科学者に関する神話とは、次のとおり。①科学は絶対正確である。②すべての科学者は優れた知的能力を持つ。③科学者は没道徳的な怪物（amoral monsters）である。④科学と宗教とは正反対である。⑤科学は人間の問題すべてを解決する。
35) Pimentel, G. C. (1973) In the Technological Society, Scientific Literacy, *SCIS-Omnibus*, p.82.

36) Hurd, P. D., *op. cit.*, p.13.
37) Wiesner, J. B.（1963）in Cariton, R. ed., On Scientific Literacy, *NEA Journal*, April, p.93.
38) Evans, T. P., *op. cit*, p.82.
39) P.mentel, G. C., *op. cit*, p.82.
40) *Ibid.*, 又は Hurd, P. D., *op. cit.*, p.15.
41) Hurd, P. D., *op. cit.*, p.15.
42) Evans, T. P.（1970）Approaching Scientific Literacy, *NEA Journal*, April, p.35.
43) Ibid.
44) Pella, M. O.（1968）Scientific Literacy and the H.S. Curriculum, *School Science and Mathematics*, Vol. LXⅧ, Apn'l, p.534.
45) 例えば、O'Hearn, G. T., *op. cit.*, p.103 や Kush, P., op. cit., p.198.
46) Holton, G.（1970）Project Physics-A Report on its Aims and Current Status, *The Physics Teacher*, 5（5）pp.203, 210.
47) Brunner, J. S.（1960）*The Process of Education*, Harvard University Press, pp.74-75.
48) *Ibid.*, p.9.
49) *Ibid.*, p.1.
50) 全米教育協会・全米中等学校長協会、大柴衛訳（1966）『人材開発教育』、誠信書房、p.v.
51) Pella, M. O., *op. cit.*, p.346.
52) Kush, P., *op. cit.*, pp.199-200.
53) Evans, T. P., Scientific Literacy: Whose Responsibility?, p.82.
54) Kush, P., *op. cit.*, p.198.
55) Pella, M. O., *op. cit.*, pp.355-356.

第2章
科学的リテラシーとSTS教育との結合

鶴岡義彦

1. 科学的リテラシー論とSTS教育との結合に向かって

(1) 科学教育における視野の拡大：NSTAやNSFの動向

 アメリカの科学教育関連学協会の連合体であるNSTA（National Science Teachers' Association）は、1971年に、1970年代の科学教育のあるべき姿に関する声明を発表し、科学教育の目的として、科学的リテラシーの育成を掲げた。そこには次のように述べられていた。

> 科学的リテラシーを助長するために、科学の諸カリキュラムは、合理的思考過程、科学と技術の社会的諸相、科学から導かれる価値基準を含めて、科学の諸概念及び概念体系、そして科学の諸過程の間にバランスの取れた考慮がなくてはならない。科学的リテラシーのある人は、科学と技術の諸成果を人類の利益のために使うであろう[1]。

 さらに、1975年になると、科学カリキュラム改革運動を強く支援してきた全米科学財団NSFも、「一層広範にわたる生徒たちの必要に応じて、科学的職業や技術的職業に従事すると否とにかかわらず、科学の諸過程や結果を仕事や個人の生活の中で有効に使用し、そして科学および技術が絡みこまれた公的諸問題を理解する人々の数を実質的に増やすように科学教育を普及すること[2]」が必要である、と宣言するに至るのである。

1960年代末期ないし1970年前後以降の、科学と文化・社会との関係、とりわけ「科学と社会」の領域の重視という動向の基底には、「我々の現代社会が科学・技術に基礎づけられているが故に、その基礎の源を支えなければならない。自然について、そして科学的・技術的発展の社会に対する意味について市民の理解なくしては、我々の民主的社会過程が危険にさらされるであろう[3]」という認識が存在していた。つまり、民主社会においては、その維持・発展のために主体的に参加・参画する市民の存在が前提とされているが、特に科学・技術化の度合いを強めてきた現代社会の市民は、科学技術活動を理解しコントロールして、差し迫った環境・エネルギー問題など、科学・技術が深く絡みこまれた社会的諸問題の改善・解決に向かって主体的に参加していかなければならない。まさに、科学者集団と並んで、「科学の事実・方法・対象に精通し、科学政策についての判断力を備えた別の学者と市民[4]」とを育てるべき時代がやってきていた。

　このように、科学を「社会的真空[5]」においてではなく、生身の人間による営みとして現実の文化・社会の文脈で捉える科学観に依拠して、科学・技術に関連ある諸問題に対処し、科学・技術を人類の福祉に役立てるために、科学教育によって育成されるべき資質・能力としても、「科学と社会」「科学と人文」及び「科学と技術」の各カテゴリが重視されるに至ったと考えられる。したがって、科学カリキュラム改革運動の初期に主流を占めていたような、科学上の概念を理解し探究の過程を身に付けさえすれば市民の資質・能力として十分であるという、いわば楽観的・予定調和的な見解は徐々に衰退し、科学と文化・社会とのかかわりを自覚的に教育内容に組み入れる傾向が顕著になってくるのである。

　こうした中で、ブリッジャムが次のような趣旨の指摘をしたことに注目しておきたい。児童・生徒を、科学的探究を体験し基本的概念を体得していく豆科学者と位置づける立場と、科学を対象化して社会・文化とのかかわりにおいて批判的に吟味する豆科学批評家と位置づける立場とのバランスを、彼らの発達程度を踏まえて十分に検討することが極めて大切であると[6]。

（2） 社会における科学技術の位置の変化

　1967年ないし1968年頃に、アメリカでテクノロジー・アセスメント（technology assessment）という言葉が生まれている。科学技術政策の分野では、そのころから疑義提出の時代に入ったと言われる。1970年前後は、科学技術が1つの転換点にあった。アメリカでは1967年に、テクノロジー・アセスメント法案が初めて議会に提出されたが、1972年に可決し、これに基づいて連邦議会技術評価局（OTA: Office of Technology Assessment）が設立されている。これは世界で最初のテクノロジー・アセスメントに特化した機関であった。

　また周知のとおり、カーソンの『沈黙の春』[7]が出版されたのは1962年である。本書は、海洋生物学者であった彼女が、DDTをはじめとする農薬などの化学物質の危険性を訴えたものであった。そして1960年代後半から1970年前後までは、世界史的に見て、自然保護・環境保全運動が盛り上がりを見せた最初の時期であった。アメリカでは1970年に、国家環境政策法（National Environmental Policy Act）が制定され、環境保護庁（Environmental Protection Agency）が設立されている。

　こうした動きは世界的な広がりを見せ、わが国の環境省の前身である環境庁は、その翌年1971年に設置された。前年の第64臨時国会は、「公害国会」と通称されるが、この国会で公害対策関連14法案が成立した。この結果を受け、環境政策を推進するために、環境庁が置かれたのであった。ストックホルムで国連人間環境会議[8]が開催されたのも1972年であった。「かけがえのない地球」（Only One Earth）をキャッチフレーズとして、113カ国が参加し、「人間環境宣言」が採択されて「国連環境計画」（UNEP）が設置されることになった。

　1970年前後は、科学技術謳歌の時代、高度経済成長の時代が終わろうとする時期であったと言えよう。前年にアメリカは、東西冷戦構造下で推進してきた米ソ宇宙開発競争最大の山場「アポロ計画」におけるアポロ11号により、人類初の有人月面着陸を成し遂げた[9]。わが国は、1970年に日本万国博覧会（大阪万博、EXPO'70[10]）を開催したが、まもなく1973年には、小松左京の『日

本沈没』[11]が刊行されたり、第1次オイルショックに見舞われたりと、やや陰りのある未来を暗示する出来事が相次いだのであった。

(3) 科学的リテラシーとSTSとの結合

STSとは、科学、技術及び社会（Science, Technology and Society）という三者の相互作用、ないしはそうした相互作用に関する研究を指す。1980年頃から普及し出した言葉であるが、その意味内容はそれほどの厳密さがなく、個別学問として成立したとは言えない。1980年に出版された書籍から、ザイマン（Ziman, J.）の言葉を借りるなら、当時頻繁に使われた次のような語句で表現された事柄に共通するテーマと言うことができる。即ち、「科学の社会学」「科学の科学」「科学の社会的責任」「科学論」「科学政策学」「社会的文脈における科学」「科学概論」「科学と技術の社会的関係」「歴史・哲学・科学社会学・技術・知識」などである[12]。いずれにせよ、STSは、メタ科学であり、科学ないし科学と技術を、主に社会的文脈から問うということが研究テーマとなっていることがわかる。

こうした状況から、STS教育とは、科学、技術及び社会の相互作用についての教育、あるいは科学・技術が深く関連した社会問題についての教育と捉えられる。

ところで、NSTAは1982年に声明を出したが、そのタイトルは「科学・技術・社会：1980年代の科学教育」であり、この中で、例えば、次のように論じた。

> 1980年代における科学教育の目的は、科学的リテラシーを持つ個々人（scientifically literate individuals）を育成することである。彼ら／彼女らは、科学、技術および社会がどのように影響しあっているかを理解し、この知識を日々の意思決定に使うことができる人である[13]。

更に、NSTAの1985年報のタイトルも同様に、「科学― 技術― 社会（Science-Technology-Society）」が掲げられたのであった[14]。

ここにSTSが科学教育の世界に位置づけられたことが明白となった。しか

も、STSが科学的リテラシーの育成に深く貢献するものとして捉えられたことがわかる。しかしこれは何ら不思議ではなく、むしろ当然のことであっただろう。既に1960年代のペラらの「科学的リテラシー」概念に、「科学と社会」「科学と人文」及び「科学と技術」といった広義の科学論的要素が位置づけられていたからである[15]。

2.「新カリキュラム」の第2世代に見るSTS教育の源流

(1) HCH：大学レベルでの科学事例史法

アメリカの科学教育においてSTS教育が位置づけられるまでには、その源流ともいうべきものがあった。その出発点は、ハーバード大学における科学教育であろう、と筆者は捉えている。時代を遡ることになるが、改めてその源流をたどって、STS及び科学的リテラシーの意味を明確化させたいと思う。

科学教育におけるSTSの取り扱い、ないしSTS教育の源流について、筆者は既に、科学史への注目に始まると捉え、1993年に次のように指摘した。アメリカにおける科学教育への科学史導入の重要な源は、第二次世界大戦直後のハーバード大学の一般教育としての科学コースの1つ「実験科学の発展」(1947年開設)であり、当コースに採用されたコナント(Conant, J. B.)創案の「科学事例史法」(case history method)であった。それは直接的には、「科学の戦術・戦略」(tactics and strategy)と「科学と社会の相互作用」の理解をめざしたもので、その両者に明るい照明を当てる上で価値ある素材の宝庫こそ科学史であると捉えられたからであった[16]。

1995年には、アメリカの教育学研究組織NSSE (National Society for the Study of Education)も、現代教育課題双書において、次のとおり、同様の指摘をしている。

> 科学、技術及び社会の相互関係に関する認識の普及は、当時のハーバード大学総長ジェームズ B. コナントの著作『科学の理解について』(*On Understanding Science*, 1947)に起因する[17]。

このように、アメリカにおけるSTS教育の源流は、コナントの科学教育観、そして具体的には彼の著作並びに、彼による科学事例史法の創案にあった、ということができるだろう。

コナントは、大学一般教育・科学コースのために、協力者を募り、テキストともいうべき『ハーバード実験科学事例史』（HCH : Harvard Case Histories in Experimental Science[18]）を編纂して、1948年から出版を開始した。ちなみに、それら事例史のタイトルと開発者は次のとおりである（〈〉内が中心開発者）。

① 気体力学（Pneumatics）に関するR. ボイルの実験〈Conant, J. B.〉
② フロギストン説（Phlogiston Theory）の転覆─1775～1789年の化学革命─〈Conant, J. B.〉
③ 温度と熱の概念に関する初期の発展─熱素説（Caloric Theory）の興亡─〈Roller, D.〉
④ 原子・分子説〈Nash, L. K.〉
⑤ 植物と大気〈Nash, L. K.〉
⑥ 発酵に関するパストゥールの研究〈Conant, J. B.〉
⑦ 自然発生に関するパストゥールとティンダルの研究〈Conant, J. B.〉
⑧ 電荷概念の発達─ギリシャからクーロンまでの電気学─〈Roller, D. & Roller, H.D.〉

さてコナントは、主として科学を専門としない学生向けに、「科学事例史法」を採用したが、一般教育としての科学教育に関する彼の基本理念は、次の3点にまとめることができる[19]。

1) コナントが一層の科学理解を求め、「科学事例史法」を創案した目的は次の諸点にあった。
   a. 急激な科学・技術の発達は人々の精神的混乱を招いたが、これを解消するためには、科学を文化の内に同化し、人々の間の知的交流を促進しなければならない。
   b. 技術が生活に深く浸透してきた時代には、民主社会における公共政策策定のために主体的に参加する市民の育成が急務である。

c. 科学において驚異的な成果をあげてきた諸方法はどの程度他の分野に移せるのか等の議論を建設的なものとする土台として、科学の諸方法の理解を図る必要がある。
2）　しかし従来の一般教育・科学コースは、事実的知識を過度に強調し、容易に定義できる形式的・機械的な操作という科学の方法観に立脚していた。そこには、科学と他分野とを統合する要素（integrative elements）が欠如し、リアルな科学理解は望むべくもなかった。
3）　そこで、科学を「人間による冒険的な営み」（humanistic enterprise）、「組織化された社会的活動」と観るコナントは、近代科学の生成期から選んだ事例を綿密に研究するという「科学事例史法」を創案するに至ったのである。この方法の長所は、事実的知識・数学的知識が比較的少なくて済み、科学という人間の営みに明るい照明を当てることができる点であった。

そしてコナントが、「科学事例史法」によって学生に伝えようとしたものは、次のような2つのタイトルの下にまとめられる内容であった[20]。

1）「科学の戦術・戦略の諸原理」
　　従来のように形式段階的な「科学の方法」ではないが、科学諸分野の活動や発展にかなり幅広くあてはまる特性を指す。新たに、概念に関すること、観察・実験に関すること、および研究の技術に関することに3区分される。各区分から1つずつ例示する。
・確固たる概念は、新概念の受容にとって障がいとなることがある。
・実験には多数の変数がある。重要な変数を判定すること、それらを適度に統制することに失敗すると実験結果の質が低下する。
・新しい実験技術は、実験の結果の1つとして生まれ、後続の実験に影響を及ぼす。

2）「科学と社会の相互作用」
　　「組織化された社会的活動」としての科学研究に関する事柄である。孤立的であった研究者が集まり、国境を越えて学会を組織すること、科学文献の流布・拡張や専門的職業としての科学研究の確立に対する学会の役割、科学

研究と大学との関係などがある。また、純粋科学と応用科学との関係やそれらと産業との関係も若干含まれる。

ここで、これらを1960年代に一般化した科学的リテラシーの構成要素に照らしてみると、「科学の戦術・戦略の諸原理」は「科学の本性」に入る。「科学と社会の相互作用」は「科学と社会」に入るが、科学者集団（科学者共同体：scientific community）の社会学的知見が主のため、「科学的リテラシー」の場合よりも狭い意味内容を持つ。しかしいずれにしても、コナントの科学事例史法は、科学教育の方法・アプローチという位置づけであるにもかかわらず、科学活動自体を対象化していて、明らかに「科学について」の内容を含むものであったことがわかる。

さて最後に、コナントが影響を与えた人々について触れておきたい。「実験科学の発展」コースは、当初、総長であったコナント自身が担当したが、後にナッシュ（Nash, L. K）やクーン（Kuhn, T. S.）に引き継がれた。クーンは、例の「パラダイム」概念の提案者であるが、コナントの勧めなどによって物理学から科学史研究に転じた人物であった[21]。また当時ハーバード大学には、科学史・科学哲学に造詣の深いホルトン（Holton, G.）や科学教育学教授のワトソン（Watson, F. G.）らがいた。このホルトンとワトソンは、後に高等学校段階のHPP（Harvard Project Physics、後に単にPPと略称）の開発に当たった中心人物である。HPPにはかなり科学史が採り入れられ、物理への「歴史的アプローチ」（historical approach）とか「人文的アプローチ」（humanistic approach）と言われた。さらに1950年代に同大大学院生の中にクロッパー（Klopfer, Leo. E.）がいた。彼はこうした人的環境の中で、ワトソンの指導を受けながら研究と経験を積み、高校生向けの科学事例史集HOSCの開発に着手したのであった。1940〜50年代のハーバード大学は、科学史を活かした科学教育そしてSTS教育の起源ってもよいだろう。

なお、カリキュラム改革運動において1950年代末期から1960年前後に開発され、学問中心カリキュラムと特徴づけられるPSSCやBSCSと区別するために、それらを第1世代の新カリキュラムと呼び、HOSCやHPPを第2世代と呼ぶことがある。

(2) HOSC：高校レベルでの科学事例史法

クロッパーは、院生時代の1956年からHOSCの開発に着手し、1968年までに9事例を完成させた。彼は後に、次のように述べている。

> 大学1, 2年次において、科学を専攻しない多数の学生に対して、事例史を使って科学と科学者に関する諸観念を伝えるという、コナント博士らの先駆的な努力は、確かに効果的であることを証明し、中等学校段階の科学教育においても同様の事例史が開発可能であることを示唆した[22]。

2度の試行と改訂を経て、1968年に最終版として次の9事例が完成した。①大気圧、②フラウンフォーファー線、③光の速さ、④固定空気（Fixed Air）、⑤ハロゲン元素の発見、⑥原子論の拒否、⑦生物の細胞、⑧カエルと電池、及び⑨植物の性、であった。

ところでクロッパーは、前章で取り上げたとおり、科学教育の目的・目標を科学的リテラシーの育成とする、代表的な論者の一人であった。彼は、通常の教科・科学、つまり「科学の成果たる知識の理解やいわゆる科学の方法の習得を主眼とした」科学の科目に、2、3の科学事例史を組み込むよう強く要望した。そして、科学的リテラシーの要素として、次のとおり大括りの3カテゴリを提示した。

1) 科学の主要な概念と原理の理解
2) 科学的探究の諸過程の理解（科学的概念の発展過程を含む）
3) 科学と一般文化との相互作用の理解[23]

HOSCは、従来からの科学コースを補完する役割を持つため、1) よりも2) や3) が重視された。1) では、個別的な事実的知識よりも永続性を持つ概念や原理を重視した。自然を解くカギとなる概念の機能的理解とこれら諸概念の生活上の関心事への適用の理解を含めた。

2) の要素には、科学上の諸概念がいかに定式化され試験されたか、また修正されたか、更に科学者を探究活動に駆り立てたものは何か等についての理解が含まれる。そして、「科学的探究の目標とか過程を十分に理解しさえすれば、以前学校で学習した概念と全く矛盾する概念が新たに提案された場合も、科学

と科学者に対する信頼は崩れないだろう[24]」と言う。よって科学的リテラシーのうち、「科学の本性」を中心として「科学の倫理」をも含むものと捉えられる。

3)では、「20世紀の市民生活に関する2つの極めて顕著な特徴は、応用科学や技術によって、肉体労働が軽減され、通信や輸送が発達し、医療や公衆衛生が発達し、物質的豊かさが増したこと、そしてまた、科学によって人間の思考や信念が変化したこと[25]」だろうと述べ、技術を媒介とした物質的生活との関係、思考や信念を媒介とした精神的側面との関係を指摘している。これは「科学と社会」「科学と人文」及び「科学と技術」の3カテゴリに関わる要素と言える。クロッパーは、生徒達がこうした3)の理解を深めるならば、彼らは、「自己の理解の諸相を自分自身の計画や政治上の決定、そして世界観の中に織り込むであろう[26]」と期待を述べている。

このような考え方に基づいて、HOSCの各事例の前書きには、ねらいが具体的に示されている。少し長くなるが、引用しておこう。

> 「このHOSCでは、科学の主要な観念が発展してきた過程の一端を、批判的に学習していくことにしよう。私たちはこの観念について幾何かを学ぼうとするのだが、ここでの主たる関心事は次の各項についてできるだけ多くの事柄を発見することである。
> ・科学者が用いる方法
> ・科学が進歩する手段と、科学が隆盛になる条件
> ・国民としての科学者の役割と科学者の個性
> ・科学の進歩と、社会的・経済的・技術的及び心理的要因との相互作用
> ・精確で得やすい記録、絶えず改善される機器、および自由な情報交換の重要性[27]」。

このようにHOSCは、科学と科学者について批判的に考察することが主たる眼目になっており、明らかに「科学についての教育」をねらうものである。詳しく言えば、科学的リテラシーの構成要素のうち、「科学と社会」「科学と人文」「科学と技術」の他、「科学の倫理」についての理解をも含み持っている[28]。前の3つは「広義の科学論的内容」、後の2つは「狭義の科学論的内容」

ということもできる。またクロッパーは、科学と科学者について理解を深めることは、生徒たちが、将来、「科学に関係がある職業に就くか否かの現実的な決断を下す」うえでも大切なことであると述べ[29]、いわばキャリア教育の視点をも加味されていることがわかる。

なお、HOSC はコナントの科学事例史法を採用しつつも、科学的リテラシーに照らして言えば、より広範なカテゴリを視野に入れていることが明らかである。とりわけ広義の科学論的観点が強まり、より STS 的色彩を強めているとも言い得る。

(3) HPP：高校物理への人文的・歴史的アプローチ

HPP は、それまでの物理、即ち「新カリキュラム」の典型であった PSSC の内容が学問的に高度でしかも物理学という個別科学の自立性に重点が置かれすぎたこと、またそれも一因となって物理の履修率の低下を招いたことの反省に基づいて開発された。1970 年に、次のような 6 単元から成る決定版が出版された。なお、最も歴史的な姿勢を持つ単元 2 については章名も示す（各単元は 4 章構成で通し番号がつけられている）。

　単元 1　運動の概念
　単元 2　天体の運動
　　　5 章　地球はどこにあるか：ギリシャ人の解答
　　　6 章　地球は動いているか：コペルニクスとティコの業績
　　　7 章　新しい宇宙の出現：ケプラーとガリレオの業績
　　　8 章　地上と天空の統一：ニュートンの業績
　単元 3　力学の勝利
　単元 4　光と電磁気
　単元 5　原子のモデル
　単元 6　原子核 [30]

HPP の物理学（科学）観は、物理学を論理構造体、人間の文化的活動と捉える点で PSSC と一致するが、文化的活動という時の視野は、PSSC よりはるかに広い。HPP では、自らのコースを「良い物理学」（good physics）と呼び、

論理構造体という側面しか持たない「純粋物理学」（pure physics）に加えて、「本コースは、他の諸科学とりわけ天文学や化学と物理学とがどう結びついているかを示し、また物理学の主要な概念の発展を人文的・社会的文脈に据える、科学の哲学や歴史の諸見地を含む」[30] ものであると説明している。そしてホルトンは、ほとんどの場合、このように「科学の根源や人文的側面との種々のかかわりを折に触れて明示すること」によってのみ、「生徒に感動を与え関係づくのであろう」[31] と述べ、かかる科学教育によってこそ、科学技術社会の市民が育成され得る、と捉えるのである。

　HPPテキストの冒頭に掲げられた、ノーベル賞物理学者イシドール・ラビ（Rabi, I. I.）の言葉には、次のように書かれている。

　　　科学が、最も低い段階から最も高い段階に至るまでいかなる段階においても、人間性を基調として（人文的方法で：in the humanistic way）教育されるよう提案する。科学は、一定の歴史的理解、哲学的理解、社会的理解、及び人間的理解をもって教えられなければならない。その人間的理解とは、科学の建設、勝利、試練、苦難に立ち向かった人々の伝記的な意味においてである[32]。

　日本の物理教科書、化学教科書に慣れ切った者として一見して驚くのは、時々挿入されている年表である。年表は、科学・技術欄の他、歴史的事件、政治、哲学・神学、文学、美術および音楽という欄から構成されている。しかも歴史的事件以外はすべて当時活躍した人の名前が記載されている。そしてテキスト本文で、しばしば科学・技術以外の欄に記載された仕事にも触れるのである。例えば、ニュートンによる万有引力のアイディア、そのアイディアによる地上と天空の全てのものの統一的把握に対する人々の驚嘆が、英国の詩人ポープ（Pope, A.）の次の言葉に表されていることに言及するのである。

　　　自然と自然界の法則は闇に隠れていた。
　　　神が言った。ニュートンあれ！　するとすべてが明るくなった。

　また、ニュートンの『プリンキピア』は、ラテン語で書かれ、長い幾何学的議論が含まれているが、その要約が、フランス啓蒙主義の哲学者ヴォルテール

(Voltaire) らによって出版されたため大いに普及したことなどに言及されている[33]。

HPPにおいては、科学的リテラシーの構成要素で言えば、「概念的知識」「科学の本性」「科学の倫理」に加えて、「科学と人文」と「科学と社会」、とりわけ「科学と人文」が強調されている。科学 ― 技術 ― 社会・経済といった関連についてはほとんど扱われず、科学者という人間を中心に置きつつ、主にその思考・思想・信念等に注目して物理学以外の文化的要素との関連が扱われている。

以上述べてきたように、アメリカの科学教育において科学史に注目して科学を多面的に捉えようとした原点は、ハーバード大学のコナントとその周辺にあり、そこから高等学校以下の科学教育へと広がっていったということができる。HCHとHOSCとにおける科学事例史法、HPPの歴史的アプローチないし人文的アプローチ、ともに方法とかアプローチとかと言われるが、単に手段ではなく、明らかに科学について（about science）、即ち科学論的内容を含むものであった。そして力点の違いはあれ、ともにSTS教育の初期の姿と捉えることができるであろう。

3. STS教育の2つの立場

(1) 社会科教育、科学教育とSTS教育

STS教育とは、科学、技術、及び社会という3者の相互作用の教育、または科学・技術が深く関連した社会問題についての教育である。とくに後者に注目すれば、社会科教育に包含されるとみなすことができるかもしれない。実際、例えば、わが国において、次のような指摘がなされている。

> STSカリキュラムは、自然科学と社会科学の内容を統合的に関連づけながら、現代社会における科学・技術のあり方についての理解を深め、科学的リテラシーや技術的リテラシーを、それと関わる社会的諸問題の解決への意思決定や市民としての行動のなかに効果的に活用していくことのできる能力を育成しようとする点で、社会科そのものであるということができる[34]。

確かに、高校社会科の一部では、STS 教育と言い得る内容が扱われている。例えば、1978 年告示の学習指導要領下の「現代社会」には、「人類と環境」「人口問題と資源・エネルギー」「科学技術の発達と現代の経済生活」等が含まれていた[35]。

他方、科学教育の歴史から見れば、「科学そのものの教育」(education in science) ないし「科学の範囲内の教育」(education within the bounds of science) のみの段階から、「科学についての教育」(education about science) をも含む教育へ[36]、という教科観の拡張の流れにおいて捉えることができる。アメリカの動きについては、既に見てきたが、1970 年代におけるイギリスの大学教養レベルのシスコン（SISCON : Science in Social Context）プロジェクト[37] やドイツ（旧西ドイツ）における IPN (Institut fur die Peadagogik der Naturwissenshaft) による科学教育プロジェクト[38] も、こうした流れの初期のものであった。

（2）科学教育との関連で見た STS 教育の 2 つの立場

科学教育との関連で STS 教育が論じられるとき、単純化の危険を恐れずに言えば、2 つの立場ないし力点がある。それは、「科学教育における STS の教育」と「STS を通しての科学教育」とである。前者「科学教育における STS の教育」とは、科学教育において STS を教授すること、言い換えれば科学教育の内容として STS を含むということである（先に引き合いに出した今谷の場合は、社会科教育における STS の教育ということができる）。他方、後者の「STS を通しての科学教育」とは、教授・学習の過程で STS が重要な役割を果たすとはいえ、あくまでも科学教育の目的に到達するための道として位置づけられているものである。「STS を通しての科学教育」は、端的に言えば、科学的な概念理解や科学の方法の体得を主眼とする従来からの科学教育を実現するための手段・方法として STS を活かすという場合である。よって、これら両者について、内容としての STS と方法としての STS と言い換えることも可能である。もちろん留意したいのは、両者の間には科学教育の目的・目標の違いが存在するということである。

2つの立場を理解しやすくするために、クロッパーのHOSCとイェーガー（Yager, R. E.）のSTSアプローチを取り上げてみよう。既に見てきたように、クロッパーは、①科学の主要な概念と原理の理解、②科学的探究の諸過程の理解、および③科学と一般文化との相互作用の理解を、科学教育で育成すべき科学的リテラシーの中身として考えていた。そして②と③の実現こそ、HOSCの主眼であった。①の理解と②の体得は、カリキュラム改革運動によって産み出された学問中心教育課程の新カリキュラム第1世代が目指したものであるが、HOSCの場合は、②は体験的に体で覚えるというよりも理解に力点があり、科学における探究活動をも対象化して批判的に吟味することが尊重された。それ故「科学教育におけるSTSの教育」と捉えられる。

イギリスのシスコンの高等学校版ともいうべきSISCON-in-Schoolsの場合も、典型的な「科学教育におけるSTSの教育」ということができる。このテキストには、「戦争と科学とのかかわり — 原子爆弾開発と科学者 — 」や「生活の近代化と科学のかかわり — 健康・食料・人口 — 」といった科学と技術と社会という三者の相互関係の他、「科学は本当に確実なものだろうか — 科学の本性 — 」のように、科学方法論・認識論的な問いも教材化されている[39]。この単元は、正に科学的リテラシーの「科学の本性」に当たる内容を扱っていると言える。

では次に、「STSを通しての科学教育」に力点を置くイェーガーのSTSアプローチを見ていこう。彼が好んで使うSTSアプローチとは、次のように要約される。STSは、全ての者のための科学教育という観点から見た、より適切な「科学の提供法」である。それ故STSとは、「科学 — 技術 — 社会」というよりは「社会 — 技術 — 科学」と考えるほうが良い。「科学は有意味で役に立つ文脈で示されたときに、たいていの人々（すべての人かもしれない）にとって理解可能となり、有用なものとなる」から、学者の生活する地域の社会問題や技術を入口として、科学に到達するのである。科学に関する現実的／直接的経験を有する者は熱中して学ぶ。「社会的問題や日常生活での科学の応用（技術）の活用が、そういった経験を供給する — それ故、科学の価値を認め、その組織、意味、及び美しさを理解する手段を供給するのである」[40]。

端的に言えば、既に述べたように、STSアプローチとは、従来からと同様の目的を掲げる科学教育をよりよく実現するための1つの手段・方法ということになる。イェーガーは、ペンシルベニア大学のロイ（Roy, R.）によるS—STS（Science through STS）を絶賛するが、まさにSTSを使って科学に到達しようという名称となっている。また、アメリカのSTS教育では、こうした傾向が強く、1985年に全米科学財団NSFがペン・ステート大学に資金提供して、後のSTS教育運動に力のあったプロジェクトの名前も、やはりS—STSだったのである。

とはいっても、STSアプローチにおいては、当然ながら、科学に関連ある技術や社会・生活上の問題が取り上げられて、その中に絡みこまれている科学、その中で使われている科学に到達しようとするのだから、結果的には、科学、技術、社会という三者の関係のいくばくかを学ぶことになろう。

なお、STSアプローチの発想は、第二次世界大戦直後の生活単元・問題解決学習に一脈通じるものを持っていると言えよう。それは、現実問題を大事にすること、現実問題に取り組むところに動機づけの大きな源泉を認めることなどである。

注
1) NSTA (1971) NSTA Position Statement on School Science Education for the 70's, *The Science Teacher*, Nov., p.48.
2) O'Hearn, G. T. (1976) Science Literacy and Aiternative Futures, *Science Education*, (60) 1, p.103.
3) Pella, M. O. (1968) Scientific Literacy and the H. S. Curriculum, *School Science and Mathematics*, Vol. LXVII, April, pp.346-347.
4) Dubos, R. (1970) *Reason Awake — Science for Man*, Columbia University Press, p.227.
5) Agin, M. L. and Pella, M. O. (1972) Teaching Interrelationships of Science and Society — Using a Socio-Historical Approach, *School Science and Mathematics*, Vol. LXXII, April, pp.320-321.
6) ブリッジャム、R. L. (1974)「何々を教えることと何々について教えること」、E. W. アイスナー編、木原健太郎訳『カリキュラム改革の争点』、黎明書房. (Eisner, E. R., (1971) *Confronting Curriculum Reform*, Little, Brown)

7) Carson, R. L. (1962) *Silent Spring*, Houghton Mifflin. (邦訳:青樹梁一訳『沈黙の春』等) 既に1964年に最初の邦訳出版がなされたが、『生と死の妙薬』というタイトルのためか、ほとんど売れなかった。
8) 国連人間環境会議の開催初日の6月5日は、日本などの提案で同年12月に「世界環境デー」(World Environmental Day) として制定された。
9) アポロの宇宙飛行士たちが撮影した地球の青い全景は、地球環境保護への動機づけを与える結果となり、次の時代への副産物をもたらした。
10) 大阪万博のテーマは「人類の進歩と調和」で、アポロ11号が持ち帰った「月の石」も展示された。
11) 小松左京 (1973)『日本沈没』光文社。テレビ、ラジオ、そして映画にもなり、空前のヒットとなった。
12) ザイマン、J.、竹内敬人・中島秀人訳 (1988)『科学と社会を結ぶ教育とは』産業図書、p.7.Ziman, J. (1980) *Teaching and Learning about Science and Society*, Cambridge University Press.
13) NSTA (1982) *Science-Technology-Society: Science Education for the1980s*, in NSTA 1983 Yearbook, NSTA.
14) Bybee, R. Ed. (1985) *NSTA 1985 Yearbook: Science-Technology-Society*, NSTA.
15) Pella, M. O. O'Hearn, G. T. and Gall, C. W. (1966) Referents to Scientific Literacy, *Journal of Research in Science Teaching*, Vol.4, pp.199-200.
16) 鶴岡義彦 (1993)「理科教育現代史におけるSTS」、『理科の教育』、42 (1), pp.12-13.
17) Keeves, J. P. and Aikenhead, G. S. (1995) Science Curricula in a Changing world, in Fraser, B. J. and Walberg, H. J., eds., *Improving Science Education*, p.32, NSSE.
18) 当初分冊形式であった事例史は、後に次の2冠にまとめられた。Conant, J. B. ed. (1970) *Harvard Case Histories in Experimental Science*, Vols. 1, 2, Harvard University Press.
19) 詳細は、次の拙稿を参照されたい。鶴岡義彦 (1983)「科学教育における科学事例史法 (1) ―J. B. コナントによる『科学事例史法』(case history method) 創案の目的―」、『日本理科教育学会研究紀要』(24) 2, pp.67-74.
20) Conant, J. B. (1947) *On Understanding Science―An Historical Approach*, Yale University Press, pp.98-109.
21) クーン自ら、パラダイム概念を提案した著書で、この点に言及している。Kuhn, T. S. (1962) *The Structure of Scientific Revolutions*, The University of Chicago Press.
22) Klopfer, Leo. E. (1964) The Use of Case Histories in Science Teaching, *School Science and Mathematics*, Vol.64, p.663.
23) Klopfer, Leo. E. (1968) The Teaching Science and the History of Science, p.8. 1968年2月10日開催のNational Association for The Research in Science Teachingの年会

において提出されたもの。
24) Ibid., p.7.
25) Ibid., pp.7-8.
26) Ibid.
27) Klopfer, Leo. E. (1964) *The Cells of Life*, Science Research Associates, Inc., p.3. 渡辺正雄訳 (1976)『HOSC 生物』、p.5、講談社
28) Klopfer, Leo. E. (1964) The Use of Case Histories in Science Teaching, *School Science and Mathematics*, Vol.64, p.664.
29) Holton, G., Rutherford, F. J., and Watson, F. G. (1971) An Introduction to the Project Physics Course,『日本物理教育学会誌』、19 (3)、p.21.
30) Rutherford, F. J., Holton, G., and Watson, F. G. (1970) *The Project Physics Course Text*, p.xii, Holt, Rinehart and Winston.
31) Holton, G. (1967) A Report on its Aims and Current Status, *The Physics Teacher*, 5 (5), p.206.
32) Rutherford, F. J., Holton, G., and Watson, F. G. (1970) *op.cit.*, p.viii.
33) *Ibid.* pp.88-89.
34) 今谷順三 (1996)『新しい問題解決学習と社会科の授業設計』、p.96、明治図書.
35) 文部省 (1978)『高等学校学習指導要領』、p.17.
36) Barrentine, C. D. (1986) Science Education: Education in, or about Science?, *Science Education*, 70 (5).
37) ウィリアムズ、W. (1993)「SISCON の起源」、ソロモン、J.、小川正賢監修、川崎謙他訳『科学・技術・社会 (STS) を考える — シスコン・イン・スクール — 』、pp.197-202、東洋館出版社。原著は、Solomon, J. (1983) *The Science in a Social Context*, Association for Science Education.
38) 大髙泉 (1981)「物理教育における内容領域の拡大とその展開 — IPN カリキュラム物理の単元:『原子力発電所によるエネルギー供給』を例にして — 」、『日本理科教育学会研究紀要』、21 (1)、pp.9-17.
39) ソロモン、J.、*op. cit.*
40) Yager, R. E. (1988) A New Focus for School Science: STS, *School Science and Mathematics*, 88 (3), pp.184-187. 次の文献も参考になる。熊野善介 (1991)「STS アプローチと環境教育」、『科学教育研究』、15 (2)、pp.68-74.

第3章
プロジェクト2061と全米科学教育スタンダードおよびOECD-PISA

鶴岡義彦

1. プロジェクト2061

　AAAS（アメリカ科学振興協会）は、1985年からプロジェクト2061という事業に着手した。このプロジェクトの基盤となる報告書『すべてのアメリカ人のための科学[1]』は、1989年に発表された。プロジェクト2061関連の文献は、一部に「科学的リテラシー」（scientific literacy）が使われているものの、たいていは「科学リテラシー」（science literacy）と表現され一貫性がない。どちらかと言えば、後になるほど科学リテラシーという表現に変わってきているようだ。歴史的に一般化してきていた前者との差異を強調するために、後者を使用したということでもなさそうであるがはっきりしない[2]。

　さて、プロジェクト2061は、理想的人間像を science-literate person と表現して、それは、次のような人であるという。

> 科学、数学、及び技術は相互依存する人間の営み（human enterprise）であり、強みと限界を持つことを自覚している。科学の鍵となる概念と原理を理解している。自然界に親しみ、その多様性と統一性を理解している。科学的知識と科学的思考法を個人的目的や社会的目的のために使用する[3]。

　そもそもプロジェクト2061は、科学リテラシーの実質的な構成要素の記

述を狙ったもので、『すべてのアメリカ人のための科学』が高等学校卒業者ないし成人の科学リテラシーを提示し、『科学リテラシーへのベンチマーク[4)]』がそこに到達する途上（幼稚園から第12学年まで）を4段階に分けそれぞれの水準における科学リテラシーを示している。これらの文献はいずれも、次のような4区分、合計12章により、科学リテラシーの構成要素を提示している[5)]。

① 人間の営みとしての科学、数学および技術
   ――一括して科学的努力（scientific endeavor）――の本性
     1章：科学の本性　　2章：数学の本性　　3章：技術の本性
② 広く科学と数学の視点から眺められた世界、及び技術によって形づくられた世界に関する基本的な知識
     4章：物理的環境　　5章：生物的環境　　6章：人間有機体
     7章：人間社会　　　8章：設計された世界　9章：数学的世界
③ 科学的努力の歴史における偉大なエピソード及び世界の振る舞いについて思索する道具として役立つ横断的テーマに関して理解すべき事柄
     10章：歴史的展望　　11章：共通のテーマ
④ 精神の習慣
     12章：精神の習慣

このようにプロジェクト2061の科学リテラシーには、かなり広範な要素が含まれている。1960年代の科学的リテラシーのカテゴリに照らしてみると、「概念的知識」に4章と5章、「科学の本性」には1章と11章、「科学と社会」・「科学と技術」・「科学と人文」には①・②の全体や10章、そして「科学の倫理」には12章が関わっている。しかし、自然科学のみならず数学と技術とを含めて、「科学的努力」（scientific endeavor）として扱っているため、一層広い領域をカバーする結果となっている。

実は、『すべてのアメリカ人のための科学』の初版には、「科学、数学、技術におけるリテラシー目標に関するプロジェクト2061」（A Project 2061 on Literacy Goals in Science, Mathematics, and Technology）という副題がついていて、独り科学教育についてのみ論じたものではなかった。元来、全米科学技術教育評議会（National Council on Science and Technology

Education）における討議資料が基礎資料となってまとめられたものでもあるからである。

なお、最初に触れたとおり、プロジェクト2061では、「科学的リテラシー」（scientific literacy）と「科学リテラシー」（science literacy）の両方が使われ、特に初期が前者、その後はずっと後者が使われている。この理由ははっきりしない。

また、プロジェクト2061のディレクターであったRutherford, F. J.が「はしがき」を書いた『科学的リテラシー辞典』（*Dictionary of scientific literacy*）が1992年に出版されたが、この辞典には、technology assessmentやSTS、risk といった言葉あるいはtheory、hypothesisが掲載されていず、含まれるのは原則的に自然科学の用語である[6]。プロジェクト2061における科学的リテラシーの構成要素は、かなり幅広く語られていたし、この辞典でも、科学的リテラシーを、科学と技術が絡みこまれた問題を理解でき、必要ならそれに関する公的な議論に参加できる能力と捉えながらも、そのような言葉は、「必須の語彙」や「コアとなる知識」とは捉えられていないのだろうか。「AAASによるProject 2061のように科学者が中心になって作成されたレポートは、科学の世界の概念的な理解を非常に強調している。（中略）これは科学的・学問的な側面を強調した立場である[7]」という傾向は否定できないであろう。

2. 全米科学教育スタンダード

1990年におけるNSTAの声明のタイトルは「S／T／S：すべての者に適切な科学を提供する新たな努力」であり、そこでは科学的リテラシーの他、「科学的・技術的リテラシー」（scientific-technological literacy）が使われていた。NSTAは、1991年、NAS（National Academy of Science）やNRC（National Research Council）に対して、全米的な科学教育スタンダードの策定を呼びかけた。結果として、NCSESA（National Committee on Science Education Standards and Assessment）が組織され研究開発が進められて、

1996年に『全米科学教育スタンダード[8]』として結実した。

全米科学教育スタンダードは、NRCを中心として教育省や厚生省の協力も得て策定された、目指すべき科学教育の各側面の基準である。このスタンダードは、中等教育修了時を目安として高い水準の科学的リテラシーを達成するために設定されたもので、生徒達を、次のような力を持った人へと教育することをめざしている。次のように述べられている。これは科学的リテラシーを有する人の姿である。

> 科学的リテラシーの必須の側面は、科学の題材の知識と理解、即ち物理科学、生命科学及び地球科学に関する知識である。科学的リテラシーには、科学の本性、科学の営み及び社会や個人の生活における科学の役割も含まれる。『スタンダード』は、多数の個人が科学の伝統に寄与してきたこと、そして歴史的に見れば科学は様々な文化の中で実践されてきたことを認識している。科学は、経験的基準、論理的議論、及び懐疑的再検討によって特徴づけられる、一つの認識方法である。生徒たちは、科学とは何であり何でないか、科学には何ができて何ができないか、そして科学は文化にどう寄与するかを理解しなければならない。

そして、スタンダードのうち、内容のスタンダードこそ科学的リテラシーの中身を直接的に規定しているが、それは次のとおりである。
① 科学における統一的な諸概念と諸過程　② 探究としての科学
③ 物理科学、生命科学、地球および宇宙科学　④ 科学と技術
⑤ 個人的および社会的観点から見た科学　⑥ 科学の歴史と本性

これらは、幼稚園から第12学年までを3段階に分けて具体化されている。ここでは第5-8学年の段階について例示しておく[9]。

これらをペラらのカテゴリに照らしてみれば、すべてのカテゴリが含まれていると言えよう。「個人的及び社会的観点から見た科学」のうち、個人に引き付けて科学を捉えようとしている側面はユニークである。

プロジェクト2061と科学教育スタンダードの共通点をあげれば、第1に、ペラらの6カテゴリをカバーしていると考えられること、第2にかなりの分量の書物においてその中身を具体化したこと、第3に高校卒業までを3～4区分

表3-1 内容スタンダード、第5-8学年

統一的な概念と過程	探究としての科学	物理科学	生命科学
系、順序、および組織化 証拠、モデル、および説明 変化、定常、および測定 進化と平衡 形態と機能	科学的探究に必要な能力 科学的探究の理解	物質における属性とその変化 運動と力 エネルギーの変換	生命系の構造と機能 生殖と遺伝 調節と行動 個体群と生態系 生物の多様性と適応
地球および宇宙科学	科学と技術	個人的および社会的観点から見た科学	科学の歴史と本性
地球システムの構造 地球の歴史 太陽系の中の地球	技術的設計の能力 科学と技術についての理解	個人の健康 人工、資源、および環境 自然災害 リスクと便益 社会における科学と技術	人間の努力 (endeavor) としての科学 科学の本性 科学の歴史

して段階的に示しカリキュラム化したこと、そして意思決定や公的な議論への参加の能力など、科学技術社会における実践的な能力までかなり踏み込んでいること、であろう。

3. OECD-PISA

序章で少し触れたが、OECDによる国際調査PISA（Programme for International Student Assessment）は、2000年から3年ごとに実施されている。そして調査対象のターゲットは、世界的に見てほぼ義務教育の修了段階に当たる15歳である。一部のOECD非加盟国を含め、30〜60か国・地域が参加している。読解力（読解リテラシー、Reading Literacy）、数学的リテラシー（Mathematical Literacy）、および科学的リテラシー（Scientific Literacy）を主要な柱として実施してきたが、近年他の領域も加わってきている。

2000年と2003年の調査における科学的リテラシーの定義は、「自然界及び人間の活動によって生じた自然界の変化について理解し意思決定するために、科学的知識を使い、疑問を認識し、そして証拠に基づく結論を導き出す能力」

というものであった。ここにおける「科学的知識」(scientific knowledge)には、「科学の知識」(knowledge of science)のみならず「科学についての理解」(understandings about science)という意味が含まれていた[10]。科学的リテラシーが中心テーマとされたPISA2006になると、「科学的知識」は「科学の知識」と「科学についての知識」とに分割され詳細化された。どちらの定義でも、自然界についての理解と情報に通じた意思決定をするために科学的知識を使うことに言及している。そして2006年の定義では、科学と技術との関係にかかわる知識を加えることにより強化されてきた。この点は2003年の定義では、推定はできても詳しく述べられていなかった。PISA2006においてめざす科学的リテラシーとは、次のような個々人の能力であった。

① 疑問を認識し、新しい知識を獲得し、科学的な事象を説明し、科学に関連ある諸問題(science-related issues)について証拠に基づいた結論を導き出すための知識とその活用
② 科学の特徴的な諸側面を人間の知識と探究の一形態として理解すること
③ 科学と技術が我々の物質的、知的、文化的環境をいかに形作っているかを認識すること
④ 思慮深い一市民として、科学的な考えを持ち、科学が関連する諸問題に、自ら進んで関わること[11]

科学的リテラシーが中心テーマとされた2度目の調査は、PISA2015であった。この調査では、科学的リテラシーの定義はさらに発展させられたが、とりわけ「科学についての知識」が一層鮮明に記述され、手続き的な知識と認識論的知識(procedural knowledge and epistemic knowledge)という2つの要素に分割されたことが変更点である。科学と技術が関連する諸問題(issues)に対する反応の態度的側面を問うことにまでPISA2006の際に拡張されたが、PISA2015においては若干の修正が行われた。科学への興味と環境面への認識は維持されたが、科学的探究への支持は探究への科学的アプローチの尊重に変更された。PISA2006から2015となった時、科学的リテラシーを捉える文脈は、「個人的、社会的および地球的」文脈から、「個人的、地域的/国家的、お

よび地球的」文脈へと修正された。ではここで、PISA2015における科学的リテラシー評価の枠組みを、表と図で見てみよう[12]。

科学的リテラシーは、「文脈」「知識」「能力」および「態度」という4つの側面から捉えられる。いろいろな「文脈」で「能力」を発揮するよう要求されるが、「能力」を行使するときは「知識」と「態度」によって左右される、という捉え方である。

具体的に言えば、「文脈」は、「個人的、地域的／国家的、および地球的」というスケールと、「健康と疾病」「天然資源」「環境の質」「災害」、および「科学と技術のフロンティア」というテーマ領域との二次元マトリックスの形で捉

表3-2　PISA2015における科学的リテラシー評価の諸側面

文　脈 （contexts）	一定程度の科学および技術の理解を必要とする、個人的、地域的／国家的、および地球的な、現代の諸問題および歴史的な諸問題。
知　識	科学的知識の基礎をなす主要な事実、概念、および説明理論の理解。その知識には、自然界に関する知識と技術的人工物に関する知識との両方の知識（content knowledge）、アイデアがどう生み出されるかに関する知識（procedural knowledge）、またそうした手続きの背後にある理論的根拠とそれら使用を正当化する根拠に関する理解（epistemic knowledge）を含む。
能　力 （competencies）	現象を科学的に説明する能力、科学的探究をデザインし評価する能力、そしてデータと証拠を科学的の解釈する能力。
態　度	科学と技術への興味、探究への科学的アプローチの尊重、および環境問題の認識と自覚

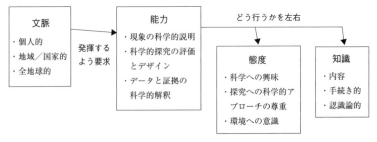

図3-1　PISA2015における科学的リテラシー評価の4側面の相互関係

第3章　プロジェクト2061と全米科学教育スタンダードおよびOECD-PISA　57

表3-3　科学的リテラシーの「文脈」の2次元マトリクス

	個人的	地域的／国家的	地球的
健康と疾病			
天然資源			
環境の質			
災害			
科学と技術のフロンティア			

えられている[13]。後者の次元は、いわゆるSTS的な問題領域とかなり重なるもので、実にリアルな科学・技術関連場面が想定されていることがわかる。

次に、「能力」について表3-2に示した3点について、具体的に例示しておく。

〈現象の科学的説明〉
・適切な科学的知識を想起し適用すること
・説明のためのモデル・陳述を特定し、使用し、そして作り出すこと
・適切な予想をたてることと適切な予想の正当性を示すこと

〈科学的探究の評価とデザイン〉
・与えられた場面で調査研究された疑問を特定すること
・科学的に研究できる疑問かどうか識別すること
・科学者が、データの信頼性、説明の客観性と一般化可能性をどのように確保するかについて述べることと評価すること

〈データと証拠の科学的解釈〉
・データを分析し解釈して適切な結論を導き出すこと
・科学関連の書物の中において仮定、証拠及び推論を判定すること
・出所（例：新聞、インターネット、雑誌）が異なる科学的主張と証拠について評価すること[14]

科学的な「知識」について言えば、まず内容的知識として、物理系、生命系、及び地球・宇宙系と3区分で示されている。手続き的知識と認識論的知識とについて少し具体的に示せば、次のとおりである。ただし、いくつかを例示的に示すにとどめる。

〈手続き的知識〉
・従属変数、独立変数、及び制御変数を含む、変数の概念
・測定の概念、例えば定量的（測定）、定性的（観察）、また比率、カテゴリ変数、連続変数
・表、グラフ、チャート使ってデータを抽象化し表示する共通の方法、またそれらの適切な使い方

〈認識論的知識〉
── 科学の構成要素と科学を規定する特徴について ──
・科学的な観察事項、事実、仮説、モデル、及び理論の本性
・科学の価値基準、例えば発表の責任、客観性、偏見の排除
・科学で使われる推論の本性、例えば、演繹的推論、帰納的推論、最善の説明への推理（abductive）、類推による推論、モデルベース推論
── 科学によって生み出された知識を正当化する際に果たす構成要素と特徴の役割 ──
・科学的な主張がデータと推論によってどのように支持されるか
・測定の失敗が科学的知識における信頼度にどのように影響するか
・科学的主張における信頼を確立する上で協力と批判が果たす役割、またピアレビューがいかに貢献するか
・社会的問題と技術的問題（societal and technological issues）を認識し処理するうえで、科学的知識が、他の形態の知識に加えて果たす役割[15]

さて、最後の側面「態度」だが、態度の育成は科学教育の目的の一つとして重視している。科学的諸問題に取り組むよう導いたり、個人的、地域的／国家的、および地球的な利益のために科学的知識と技術的知識を継続的に獲得し活用したりする支えとなり、また自己効力感の発達に寄与したりする。それ故、態度は科学的リテラシーの重要な要素と捉えられている。具体的には、科学および技術への興味、探究への科学的アプローチの尊重、そして環境への意識が重要視されている。「環境」という領域については、国際的関心事であり、1970年代から研究関心が集中するテーマであること、国連も2005年からの10年を持続可能な開発ための教育の10年（D-ESD）を提案したことなどに言

及している。そして環境問題は、地球上の生命の継続性と人類の生存に対して突き付けられた重要問題だからこそ、次代に生きる青少年にとって避けて通れない、との認識に立っている[16]。

ここでいう態度は、わが国でいう、理科における情意面とか「関心・意欲・態度」とはかなり違っている。我が国の場合、まずは「自然の事物・現象への興味・関心」であり、高校あたりになって初めて、「科学への興味・関心」という記述がみられたりする程度である。

このように、PISAにおける科学的リテラシーは、科学方法論・科学的認識論の側面でかなり詳細な捉え方がなされている。しかしそれらは、現実の個人的な文脈から全地球的な文脈までの、まさにリアルな世界で機能することが期待されているものである。

注

1) American Association for the Advancement of Science (1994) *Science for All Americans*, Oxford University Press. 1989年の初版を1994年に改定したもの。なお、原書初版の邦訳版は、次のウェブサイトから閲覧できる。http://www.project2061.org/publications/sfaa/SFAA_Japanese.pdf#search=%27www.project2061.org%2F%27（2018.12.23アクセス）。

2) プロジェクト2061のディレクターであったRutherford, F. J. は、2005年の来日時に、日本側からの質問に次のように答えている。「SFAAでは、「科学的リテラシー」で、その後「科学リテラシー」となっているが、その使い方の違いは、よく分からない」。また、AAAS (1993) *Benchmark for Science Literacy*, Oxford University Press. 等に深くかかわったNelson, G. D. は2006年に来日し、「SFAAでは、「科学的リテラシー」が、ベンチマークでは「科学リテラシー」という用語が使われているが、その意味に違いはない」と語っている（SFAAとは、*Science for All Americans* の略称である）。Rutherfordは、第3章で述べたとおり、過去に、Holtonに協力してHPPの開発に携わった人物であり、プロジェクト2061のディレクターでありSFAAを完成させた後名誉ディレクターとなった。その後なぜか、全てのアメリカ人のscientific literacyを実現するための指標としてつくられた*Benchmark*では、science literacyに変わっている。

なお、2012年夏の時点では、web上のSFAA・プロジェクト2061に関するラザフォード博士との質疑応答の概要」及び「プロジェクト2061・SFAAに関するネルソン博士との質疑応答の概要」にアクセスできたが、2018.12.25時点では削除され、開くと「not found」と表示される。

3) AAAS（1994）*Science for All Americans*, p. xvii.
4) AAAS（1993）*Benchmark for Science Literacy*, Oxford University Press.
5) AAAS（1994）*Science for All Americans*, pp. vii-ix, p. xvii. なお、10章の歴史的展望には、宇宙の中心でなくなった地球、天と地の統一、大陸の移動、原子の分裂、生命の多様性の説明、微生物の発見など、11章の共通テーマには、システム、モデル、定常性と変化、スケールなどが含まれる。
6) Brennan, R. P.（1992）*Dictionary of scientific literacy*, Wiley. この本の表紙には、「必須の語彙と核となる知識」などというPRが書かれている。
7) 丹沢哲郎（2006）「アメリカにおける科学的リテラシー論の過去と現在」、長崎栄三（研究代表）『科学技術リテラシーに関する基礎文献・専攻研究に関する調査報告書』国立教育政策研究所.
8) National Research Council（1996）*National Science Education Standards*, National Academy Press, p.11. 邦訳は、長洲南海男監修・熊野善介・丹沢哲郎他訳（2001）『全米科学教育スタンダード』、梓出版社.
9) *Ibid*, p.110.
10) OECD（2017）*PISA2015Assessment and Analytical Framework*, p.24. http://www.oecd.org/publications/pisa-2015-assessment-and-analytical-framework-9789264281820-en.htm（2018.12.23アクセス）.
11) *Ibid*.
12) *Ibid*. p.25.
13) *Ibid*. pp.25-26.
14) *Ibid*. pp.26-28.
15) *Ibid*. pp28-30.
16) *Ibid*. pp.38-39.

第4章
英国「21世紀科学」における科学論的内容の取り扱い

佐藤将大・鶴岡義彦・藤田剛志

1. 問題と目的

(1) 問題の所在

　現代社会では、日常生活や社会の隅々まで科学・技術が浸透しており、人々の好みにかかわらず科学・技術からの影響を受けずにはいられなくなっている。科学に対する好き嫌いや理系の職業に就くこととは関係なく科学的リテラシーが必要とされている。近年の科学的リテラシーに関する動きとしては、OECDのPISA調査の柱の一つとして科学的リテラシーが位置づけられたことが挙げられる[1)2)]。

　科学的リテラシーとは「科学的な事実、概念や法則といった自然科学の成果の理解のみならず、自然科学という人間の営み全体にかかわる、現代人すべてに不可欠な素養」である[3)]。現代人にとって不可欠である科学的リテラシーは、純粋自然科学の内容の理解だけではなく、科学史的な内容、科学哲学的な内容、日常生活への科学的知識の適用例、科学についての理解など純粋自然科学の範疇には含まれない「科学論的内容」の理解もその構成要素としている[4)]。

　鶴岡 (1991) は、理科教育への科学論的内容の導入に際しての問題として、「科学論的内容とは具体的に何なのか、未だ十分に分析・解明されていない」と述べている[5)]。鶴岡の指摘にあるように、これまで科学論的内容とは何なのかということが具体的に検討されておらず、共通理解が得られていないのが現

状である。

　さらに、鶴岡ら（2008）の調査では、純粋自然科学の知識を有しても、それだけでは、科学論的内容の理解とは直接結び付かないことが報告されている[6]。この調査から、純粋自然科学の内容に偏った理科教育では、その成果が、新聞の科学記事を読んで理解するというような社会人として活きて働く知識になっていないことが示唆される。現代人すべてにとって不可欠な素養である科学的リテラシーの育成のためには、科学論的内容を直接学習する機会を設ける必要がある。そのためには、科学論的内容が具体的に検討されなければならない。

（2）世界における科学教育の教授内容

　小倉・松原（2007）は、オーストラリア、チェコ、日本、オランダ、米国の5か国において、1999年度のほぼ1年間にわたる第8学年（日本の中学校第2学年に相当）の理科授業ビデオから教授内容の領域を分析している[7]。教授内容の領域は、地球科学、生命科学、物理、化学、及びその他の分野に分けられている。その他の分野とは、「科学の本質、科学の相互作用、テクノロジーと社会、環境および資源問題、科学的知識の性質、科学と数学の関係など」の科学論的内容を指している。この結果から、世界の理科教育では、科学論的内容を教授内容として位置づけていることが一般的である。しかし、日本の理科教育には科学論的内容が位置づけられていない。したがって、日本の教授内容を具体的に検討するだけでは科学論的内容を明確にすることは難しい。

（3）本研究の目的

　そこで本研究は、科学的リテラシーの育成を目指して作成された英国の「Twenty First Century Science（以下、21世紀科学）」というコースに注目した。英国では「5歳から16歳までの科学カリキュラムは、科学的リテラシーを育成する課程と見なすべきである」ということが、英国における21世紀の科学教育の方向性を示した"Beyond2000"によって示された[8]。"Beyond 2000"の考え方を反映させ、科学的リテラシーの育成を目的に作成されたコースが「21世紀科学」である。

英国の「21世紀科学」は、近年の理科教育学研究の中で、科学的リテラシーの育成を明確に目的として位置づけ、実践されていることから注目を集めている[9]。

科学的リテラシーの育成をめざした「21世紀科学」の教授内容は、大きな2つの柱に構成されており、純粋自然科学の教授内容に相当する「科学的説明（Science Explanation：以下、SE）」と、純粋自然科学の内容にはない「科学についての考え（Ideas about Science：以下、IaS）」という教授内容が設定されている。小論はこのIaSに注目し、科学論的内容について具体的に検討していく。

2. 科学的リテラシーと科学論的内容

（1）科学的リテラシーの構成要素 [10] [11]

鶴岡（1979）は、科学的リテラシーの普及に貢献したPellaらが決定した科学的リテラシーの構成要素を示している。Pellaらはscientific literacyの育成を「すべての者に、市民としての豊かな資質の育成をめざす一般教育の一部として、科学の素養を与えること」と捉え、Pellaらは、科学的リテラシーは次に示す6つのカテゴリーに属する理解・体得から成るとしている。

・「概念的知識（conceptual knowledge）」
　科学を構成する主要な概念、概念体系あるいは観念
・「科学の本性（nature of science）」
　科学的探究の方法論的側面
・「科学の倫理（ethics of science）」
　科学のもつ価値基準、すなわち科学的探究における科学者の行動規範。日本では通常、科学的態度または科学的精神と呼ばれるものに相当する。
・「科学と人文（science and humanities）」
　科学と哲学、文学、芸術、宗教等、文化的諸要素との関係。「科学と文化」でもよい。

・「科学と社会 (science and society)」
　科学と政治、経済、産業等、社会の諸側面との関係
・「科学と技術 (science and technology)」
　科学と技術との関係及び差異

また、鶴岡 (1999) は、科学的リテラシーの論者として Klopfer, L.E を取り上げている。Klopfer の考える高校理科教育の目的は、「将来科学や技術に関する職業に就く生徒たちに必要な科学知識を与える」「すべての者の『科学的素養 (Scientific Literacy)』に資する」ことの2点であると考えていた。

Klopfer の考える科学的リテラシーの構成要素は、次の3点である。
① 科学の主要な概念と原理の理解
② 科学的観念がどのように発展してきたかに関する理解
③ 科学と一般文化との相互作用の理解

Pella らの調査から、科学的リテラシーの構成要素には、純粋自然科学の内容である「概念的知識」だけではなく「科学の本性」「科学の倫理」についての理解である狭義の科学論と、「科学と人文」「科学と社会」「科学と技術」についての広義の科学論が含まれていることがわかる。そして、Klopfer の科学的リテラシーの構成要素には、純粋自然科学の内容である「科学の主要な概念と原理の理解」に加えて、「科学的観念がどのように発展してきたかに関する理解」「科学と一般文化との相互作用の理解」を含んでいる。

このことから、科学的リテラシーは構成要素として純粋自然科学の内容の理解と科学論的内容の理解を含んでおり、本研究が注目する科学論的内容は科学的リテラシーの大部分を担っていると考えられる。

（2） OECD の PISA 調査における科学的リテラシー[12)13)]

科学的リテラシーを中心に調査を行った PISA2006 年調査では、定義に表われているような個々人の能力を評価するための科学的知識の枠組みを「科学の知識 (Knowledge of Science)」と「科学についての知識 (Knowledge about Science)」の2つに分けている。純粋自然科学の内容と共に、科学論的内容の理解もその評価の枠組みとして位置づけている。

PISA2006における科学的リテラシーの定義は以下の4つから成っている。
- 疑問を認識し、新しい知識を獲得し、科学的な事象を説明し、科学が関連する諸問題について証拠に基づいた結論を導き出すための科学的知識とその活用
- 科学の特徴的な諸側面を人間の知識と探究の一形態として理解すること
- 科学とテクノロジーが我々の物質的、知的、文化的環境をいかに形作っているかを認識すること
- 思慮深い一市民として、科学的な考えを持ち、科学が関連する諸問題に、自ら進んで関わること

PISA2006年調査の定義は、科学的リテラシーを備えた個人の能力に注目している。この定義は、科学的リテラシーを備えた人物像を表していると考えることができる。このような能力を評価するために、PISA調査では科学的知識を「科学の知識（Knowledge of Science）」と「科学についての知識（Knowledge about Science）」の2つに分けているところに注目したい。「科学についての知識」は、科学的リテラシーの評価の枠組みの中に、純粋自然科

表4-1 PISA2006年調査における「科学についての知識」のカテゴリー

科学的探究
・発端（例：好奇心、科学的な疑問）
・目的（例：科学的な疑問に答えるのに役立つ証拠を得ること、探究を方向づける今日的な発想やモデルや理論）
・実験（例：異なる疑問が異なる科学的調査を提案する、実験計画）
・データのタイプ（例：定量的（測定）、定性的（観察））
・測定（例：固有の不確実性、複製可能性、変動（変異）性、装置と手順の正確性と精度）
・結果の特性（例：経験的、試験的、検証可能な、反証可能な、自己修正的）
科学的説明
・タイプ（例：仮説、理論、モデル、法則）
・構成（例：データの表現、既存の知識と新たな証拠の役割、創造性と想像力、論理）
・ルール（例：論理的に一貫しなければならない、証拠に基づく、歴史的知識と今日的知識）
・成果（例：新しい知識の生成、新しい手法、新しいテクノロジー、新しい疑問と調査を導く）

学の内容とは別に、科学論的内容を位置づけている。表4-1は「科学についての知識」のカテゴリーを示している。

科学的リテラシーを中心に調査を行ったPISA2006年調査では、定義に表われているような個々人の能力を評価するための科学的知識の枠組みを「科学の知識（Knowledge of Science）」と「科学についての知識（Knowledge about Science）」の2つに分けている。純粋自然科学の内容と共に、科学論的内容の理解もその評価の枠組みとして位置づけている。

鶴岡の研究から示された科学的リテラシーの構成要素、さらに近年の科学教育の教育動向を見ると、科学的リテラシーの育成が目指され、そのために科学論的内容が教授内容や評価の枠組みとして位置づけられていた。

筆者らは「科学論的内容とは具体的に何なのか、未だ十分に分析・解明されていない」という問題を解決することで、科学論的内容の共通理解が得られるのではないかと考える。そして、科学論的内容を直接学ぶためにも、科学論的内容を教授内容として具体的に検討する必要がある。

3. 英国科学教育と「21世紀科学」

（1）英国科学教育の方向性

英国の教育制度では初等教育が5歳から11歳までの6年間、中等教育が11歳から18歳までの7年間である。そして、義務教育段階は5歳から16歳までの11年間である。義務教育段階は4つのKey Stage（以下、KS）に分けられ、5歳から7歳がKS1、7歳から11歳がKS2、11歳から14歳がKS3、14歳から16歳がKS4となる。義務教育段階の最終段階であるKS4の生徒は、中等教育修了試験であるGeneral Certificate of Secondary Education（以下、GCSE試験）を受けることになる。この試験の成績は進学や就職の時に参考にされる。

GCSE試験は、複数の民間の試験機関によって行われる。各試験機関は試験問題の作成、試験の実施・評価を行う。そして、その試験に沿った教科書やワークブックなども作成している。現在の試験機関は、OCR、AQA、

Edexcel、WJEC などがある。

21世紀おける英国の科学教育の方向性を示した"Beyond 2000"は、1997年1月から1998年4月にかけて、ナフィールド財団の財政援助により、科学教育研究者を中心とした4回のセミナーをまとめた報告書である。この"Beyond 2000"は、OECDのPISA調査における科学的リテラシーの参考文献にもなっている。また、編者のミラー（Miller, R）は、科学的リテラシーを調査の中心としたPISA2006年調査の科学的リテラシー国際専門委員会のメンバーである。

"Beyond 2000"では、21世紀の科学教育の方向性が勧告（recommendation）として示されている[14]。

【勧告1】5歳から16歳までの理科カリキュラムは、一般的な「科学的リテラシー」を育成する過程として見なされるべきである。

【勧告2】KS4においては、カリキュラムの構造は、「科学的リテラシー」を育成する内容と、将来科学の専門家育成のための準備としてデザインされた内容に明快な違いを示す必要がある。それは、後者の要求が前者を歪めないようにするためである。

勧告1では、英国の義務教育段階における科学カリキュラムは科学的リテラシーの育成を目指すことが示されている。また、勧告2では、KS4においては将来科学者になる準備としてのコースは、科学的リテラシーを育成するコースと区別するべきであることが示されている。磯崎（2010）によれば、近年では科学者も市民であると捉えるようになり[15]、将来科学者になる・ならないに関係なく、すべての生徒に科学的リテラシーの育成が求められている。

そして、"Beyond 2000"において科学的リテラシーの育成を目指した科学カリキュラムの目的は次に示すとおりである[16]。

科学カリキュラムの目的（Aims of the science curriculum）

子ども達のすべての教育経験の構成要素としての科学教育の目的は、21世紀で十分に、そして満足がいく生活をするための準備をすることである。

具体的な科学カリキュラムは、
- 子ども達の周りの純粋自然界について、好奇心を維持して、発達さ

せる。そして純粋自然界の振る舞いを探究する能力についての自信を築き上げる。それは、子ども達が科学的、技術的な事柄に関わりを持つための自信と適性を感じるように、科学に対しての驚き、熱意と興味の感覚の促進することに努めるべきである。

● 子ども達が以下のことをできるようになるために、科学の重要な考えと説明的な枠組、そして、一般に私たちの物質的環境と文化に大きなインパクトを与えている科学的探究の手続きについて、全体的な広い理解を獲得するようにするべきである。
・これらの考えがなぜ価値があるのかを評価することができる。
・現在とその後の日常生活の文脈において、例えば、ダイエット、医療処置、エネルギー利用のような問題に対し、自ら進んで行う意思決定のため、あるいは、アドバイスを受けて意思決定を行うための基本となる理論的根拠を評価することができる。
・科学が深く関連した問題についてのメディア・レポートを理解して、そして批判的に対応することができる。
・これから活発に議論になりそうな科学が関連した問題について、個人の見解を持って、表現する自信を持つことができる。
・必要であれば、興味のため、あるいは職業の目的で、それ以上の知識を獲得することができる。

純粋自然科学の内容の理解と共に、生徒はメディアから発信される健康問題やエネルギー利用のような科学に関する事柄に関して意思決定ができること、自信を持って討論に参加できるようになることがカリキュラムの目的として示されている。この目的は、将来の子どもたちに期待される能力を示していることから、科学的リテラシーを備えた人物が表現されていると考えられる。

さらに、"Beyond 2000"から、科学的リテラシーの育成のための教授内容について次のような勧告が見られた[17]。

【勧告4】カリキュラムは、明確かつ簡潔に提示される必要がある。そして、その内容は目的に従ったものと見なされる必要がある。科学的知識は、多くの鍵となる「説明の物語（explanatory stories）」としてカリキュラムに最

第4章　英国「21世紀科学」における科学論的内容の取り扱い　69

もよく提示される必要がある。加えて、カリキュラムは、子ども達に多くの重要な「科学についての考え（ideas-about-science）」を紹介すべきである。
　勧告4では、「説明の物語」と「科学についての考え」が教授されるべきであること示されている。「説明の物語」は純粋自然科学の内容を指し、「科学について考え」は科学的知識の本質や探究の技法、科学的データの意味やその収集・処理、リスクやリスクアセスメント、科学者共同体の役割などに関する「科学について」の内容である。このことから、「科学についての考え」は科学論的内容を相当すると考えられる。
　"Beyond 2000"から見る英国の科学教育は、義務教育段階において科学的リテラシーの育成を目的としている。そして、科学的リテラシーの育成のために、純粋自然科学の内容と科学論的内容の2つを教授内容とすることが示された。

（2）National Curriculumに見られるKS4段階の改革

　"Beyond 2000"の勧告を受けて、2006年から英国の科学教育に大きな改革が起こった（2004年に改訂、2006年度より実施）。義務教育の最終段階であるKS4において複数の「科学」が設置された。生徒はこの中から最低2つを選択しなければならない。必修の科目であり科学的リテラシーの育成を目指した「科学」と、生徒の興味・関心、進路などから選択する「追加科学（Additional Science）」である[18]。"Beyond 2000"の勧告2で示されたように、科学的リテラシーを目指したコースと専門家準備のためのコースが分けられている。
　National Curriculum（以下、NCと略）に示された科学カリキュラムの目的は次の通りである[19]。

1）カリキュラムの目的
　科学の学習や取り組みの活動は、すべての若者が以下のような人間になるというカリキュラムの目的の達成に貢献する。
- 学ぶことを楽しみ、進歩し、達成する、成功した学習者
- 安全かつ健康に生きることができ、充実した人生を送る、自信に満ちた個人

● 社会に対して、積極的な貢献をする、責任感のある市民

さらに、NC には科学を学ぶ重要性が示されている[20]。

2）科学の重要性

科学を学ぶことは、生徒たちの周りの世界で起きている自然現象についての好奇心に火をつけ、その現象の説明を見つける機会を提供する。それは、多くのレベルの学習者を引き込んで科学的な概念と直接的な実体験を結びつける。実験とモデル化は、説明を発展させ、評価するために用いられ、批判的で創造的な思考を促進する。生徒たちは、科学における知識と理解がどのような根拠にもとづくのかを学ぶ。彼らは、どのような科学的な概念が、技術的な変化に寄与しているのか（産業・ビジネス・医療に影響を与え、生活の質を改善しているのか）を見いだす。彼らは、世界的な科学の発達の跡を辿り、その文化的な意味を認識する。彼らは自身の生活に影響を与えるかもしれない問題、社会の方向性と世界の未来について、問いかけ、議論をすることを学ぶ。

カリキュラムの目的から、NC では社会に対して積極的な貢献をする責任感のある市民の育成が目指されている。そして、科学における知識がどのような根拠に基づいているのかを学び、学習者の批判的で創造的思考を促進すること、科学的な概念が社会に与える影響について学ぶことが科学の重要性として含まれている。

NC に示される KS4 の学習内容は、「科学がどのように機能しているのか（How Science Works）」と「学習の幅（Breadth of study）」の2つに分かれている。記載されている内容を見ると、純粋自然科学の内容は「学習の幅」「科学がどのように機能しているのか」は科学論的内容に相当すると考えられる[21]。

科学がどのように機能しているのか（How Science works）

① データ、証拠、理論と説明（Data, evidence, theories and explanations）

生徒は以下のことが教えられるべきである。

a. 科学的なデータはどのように収集し分析することができるのか。

b. 創造的な思考をしながら、データの解釈はどのようにして、科学の考えを検証し、理論を発展させる証拠を提供しているか。

c. 多くの現象を説明することが、どのようにして、科学的理論やモデル、考えを用いながら発展してきたか。
d. 科学には現在答えられない問題があることや科学が処理できない問題があること。

② 実践的スキルと探究的スキル（Practical and enquiry skills）
生徒は以下のことが教えられるべきである。
a. 科学的データを検証し、科学的な問いに答え、科学な問題を解決するために計画を立てること
b. ICTの情報やツールを用いながら、一次的、二次情報からデータを収集すること
c. 個人やグループで、生活かつ安全に活動して、直接的にデータを得ること
d. データの収集の方法を評価し、それらの証拠としての妥当性と信頼性を考えること

③ コミュニケーションスキル（Communication skills）
生徒には以下のことが教えられるべきである。
a. 科学的情報や考えを想起し、分析し、解釈し、応用したり質問すること
b. 量的かつ質的アプローチの双方を用いること
c. 科学的、技術的、数学的用語やきまり、記号、さらにICTツールを用いながら、情報を提示し、議論を促し、結論を導くこと

④ 科学の応用と示唆（Applications and implications of science）
生徒は以下のことが教えられるべきである。
a. 現代の科学的な、技術的な開発の活用と、それらの利益、欠点、リスクについて
b. 倫理上の問題を引き起こす、社会的な、経済的な、そして環境の影響を含む科学と技術についての決定がいかに、そしてなぜなされるのか考えること
c. 科学的知識と科学的な考えの不確実性が時間と共にどのように変わるのか、そして、これらの変化を正当化する際の科学者共同体の役割について

英国の科学教育では、科学教育の方向性を示した"Beyond 2000"によって、英国の義務教育段階の科学カリキュラムは、科学的リテラシーの育成を目指すことが示された。そして、KS4 においては将来科学者になる・ならないに関係なく、すべての生徒に科学的リテラシーの育成が求められた。そのために、科学的リテラシーを育成するコースと将来科学者になる準備をするコースが区別された。科学的リテラシーの育成のための教授内容としては、純粋自然科学の内容と科学論的内容を位置づけることが示された。

それを受けて NC では必修の「科学」と生徒の興味・関心、進路などから選択する「追加科学」が設置された。必修の「科学」の目的が科学的リテラシーの育成になっている。そして、学習プログラムには純粋自然科学の内容の「学習の幅」と、科学論的内容の「科学がどのように機能しているのか」に分けられた。

（3）「21世紀科学」の理念

本研究が注目する「21世紀科学」とは、ナフィールド財団とヨーク大学が協力し、OCR が作成した GCSE 試験の試験科目を指している。

「21世紀科学」は、"Beyond 2000" を具体化したコースであると言われている。「21世紀科学」のプロジェクトディレクターであるミラーは、「21世紀科学」開発について、「コース開発の出発点は、市民は科学的知識のプロデューサーというより、消費者（consumers）であるという認識だった」と述べており[22]、「21世紀科学」では、子どもたちを科学的知識の消費者として捉え、科学的リテラシーを備えた人物像（a scientifically literate person）として、次の5つを掲げている[23]。

① 日常生活における科学と技術の影響を評価し、理解することできる。
② 健康やダイエット、エネルギーの利用といった科学に関する事柄について、情報に基づき、個人として意思決定することができる。
③ 科学に深く関連したメディア・レポートのポイントを読んで理解することができる。
④ そのようなレポートに含まれる情報や（ときにより重要なのは）レポー

トには取り上げられていない削除された情報も批判的に考えることができる。
⑤　科学が関連した問題について、自信を持って他者との議論に参加することができる。

「21世紀科学」が掲げる科学的リテラシーを備えた人物像は"Beyond 2000"に示されていた科学カリキュラムの目的と非常に似ており、「21世紀科学」が"Beyond 2000"を具体化したものであることがわかる。

(4)「21世紀科学」の教授内容

　先に示した、科学的リテラシーを備えた人物像の育成のために、「21世紀科学」では、どのような教授内容が設定されているのだろうか。ミラーは、「新しい科学知識の生産は少数派だけが参加する活動であり、大多数のための課題は、彼らが科学的知識に出会う形式で知的に、そして適切に科学的知識を取り扱うことである」と述べている[24]。科学的知識の消費者として捉えた子どもたちのための教授内容として、どのような内容を取り上げるべきか。ミラーは次のように論じている[25]。

> 　科学知識の消費者としての学習者という見方は、カリキュラム内容の選択のための示唆を含んでいる。内容の決定を主に科学的な学問の認められた構造に基礎づけるよりむしろ、私たちは異なった「ドライバー（drivers）」を使う必要がある。1つの重要な指標として、人々がニュース・メディアである新聞記事やテレビ番組を通して出会う種類の科学がある。これらの科学についての特徴は、健康と医学についての報告が全体の半分以上を占めていることである。続いて、環境、宇宙と古生物学（化石）と続いている。健康問題と環境問題についての相当な割合の記事（医学的治療、あるいはダイエットの要素のような）は、ある要因が、ある結果の可能性（あるいはリスク）を増やすか、あるいは減らすのかという主張を報告している。このような問題を取り扱う科学（疫学、臨床科学）は歴史的に学校科学のカリキュラムには含まれてはいなかった。問題が調査され、そして結論を出す方法（大きなデータベースの中から相関関係を探すこと、臨床試験など）は通常教えられてこなかった。同様に危険の考えとリスクアセスメントについては、仮にあったとしても、主要な学校科学のカリキュラムに含められてこな

かった。したがって、科学的リテラシーを強調することは、新しいカリキュラム内容を必要とする。

しかし、それと同じく、よく知られているたくさんの内容も必要である。市民向けの報道機関や、他の公開されている情報から、科学についての記事のキーポイントがわかり、そして熟考するためには、通常の学校科学の一部である基礎科学の項目の知識と理解を必要とする。

ミラーは、科学的知識の消費者として子どもたちを捉えることで、これまで通常、学校の科学教育では教授されてこなかった内容を含めるべきだと主張している。市民が出会う科学的知識は、新聞記事、テレビ番組などのメディアから発信される情報の中に含まれる。そのような情報は、健康と医学についての報告が全体の半分以上を占めていること、健康問題と環境問題についての多くの記事は、ある要因が、ある結果を起こす可能性（あるいはリスク）を増やすのか、減らすのかという主張を報告していることが特徴として挙げられている。

「21世紀科学」の目指す人物像の中にも、メディア・レポートのポイントを理解することが含まれていた。「21世紀科学」では、メディアを通した科学が人物像や内容選択の重要な指標として扱われている。

そして、「21世紀科学」では、理念となっている科学的リテラシーを備えた人物像を育成するために大きく2つの教授内容が設定されている。純粋自然科学の教授内容に相当する「科学的説明（Science Explanation）」と、「科学についての考え（Ideas about Science）」である。

4．IaS の具体的事例とその特徴

(1) IaS の重要性

本研究が注目する IaS は、"*Beyond 2000*" の「科学についての考え」、NC の「科学がどのように機能しているのか」に対応している。「21世紀科学」では、この IaS を明確に位置づけていることが大きな特徴である。

「21世紀科学」の詳述書（specification）には IaS について説明がなされて

いる。そこで示された IaS の重要性は次のようになっている[26]。
　なぜ IaS が重要なのか？
　生徒たちが授業で出会う科学的な考えと、学校の外で読んだり、聞いたりする科学的な考えの意味を理解するために、科学的知識がどのように獲得されるのか、その背後にある証拠と推論の種類、科学的知識の長所と限界、どこまで頼ることができるか、などの科学それ自体の理解を開発する必要がある。そして、社会に対する科学的知識の影響と、科学が可能した新しい考えに対して、個人として、全体としてどのように対処するのかを考えるための機会が必要である。
　21 世紀は科学的な主張や、発明と発見についての報告がメディアによってたくさん発信されている。そして、生徒たちが IaS を理解することは、読んだり、聞いたりする科学的な話を批判的に評価するための備えをつくることを保証する。
　ミラーは、科学的知識の消費者として子どもたちを捉えることで、これまで通常、学校の科学教育では教授されてこなかった内容を含めるべきだと主張していた。IaS は、生徒たちが学校の内外で読んだり、聞いたりして出会う科学的な考えの意味を理解するため、社会に対して、個人として、全体として意思決定するために学ぶことが求められている。また、メディアからの情報に対して批判的に評価することも必要となっていることから、ミラーが主張していた学校の科学教育では教授されてこなかった内容が IaS を表していることが考えられる。
　「21 世紀科学」では、以下の 6 つの内容を IaS として位置づけている。
　IaS_1 データ：その重要性と限界
　IaS_2 因果関係の説明
　IaS_3 科学的説明の形成
　IaS_4 科学者共同体
　IaS_5 リスク
　IaS_6 科学と技術についての意思決定
　「21 世紀科学」は、科学者も含めた市民を科学的知識のプロデューサーとい

うより、消費者であるという認識のもとに開発された。消費者である市民には、科学的知識を学ぶだけではなく、学んだ知識を活用して、情報を批判的に考えて意思決定ができたり、他者との議論に自信をもって参加したりできることが求められている。

そして、将来、科学的知識の消費者となる学習者が目指す科学的リテラシーを備えた人物を育成するために、これまで通常の学校の科学教育では教授されてこなかった内容としてIaSが設置された。生徒たちが、学校の内外で読んだり、聞いたりして出会う科学的な考えの意味を理解し、社会に対して、個人として、全体として意思決定するためにIaSを学ぶことが求められている。

（2） IaSの具体的事例

先に示した6つのIaSの詳細を記した「21世紀科学」の詳述書から、IaSがどのような内容であるのかを明らかにする。そして、教科書内容から具体的事例を取り上げてIaSの特徴を探っていく。

本研究が対象とする教科書は、University of York and The Nuffield Foundation（2011）*Twenty First Century Science, GCSE Science Higher level textbook*, Oxford University Pressである。

この教科書は9つのモジュールから構成される。「21世紀科学」におけるモジュールとは日本の単元に相当する。生物3モジュール、化学3モジュール、物理3モジュールから構成されており、地学の内容はそれぞれの領域に含まれている。設定されたモジュールは以下の表4-2に示す（Bは生物、Cは化学、Pは物理を表している）。

科学的リテラシーの育成のために教授内容として設定されたIaSの特徴をそ

表4-2 「21世紀科学」におけるモジュール

生物モジュール	化学モジュール	物理モジュール
B1 あなたとあなたの遺伝子	C1 大気の質	P1 宇宙の中の地球
B2 健康の維持	C2 材料の選択	P2 放射と生命
B3 地球上の生命	C3 生活の中の化学物質	P3 持続可能なエネルギー

れぞれ示していく。

① IaS_1 データ：その重要性と限界

IaS_1 のデータの重要性とは、「データは、科学的探究の出発点であり、科学的説明を検証する手段」であることが考えられる。「大気汚染物質の測定」の事例では、科学者が二酸化窒素濃度のデータから科学的説明を提案し、さらに多くの集められたデータによって、その科学的説明が検証される場面が取り上げられていた。科学的探究がデータから始まって、科学者の意見をそのまま受け入れるのではなく、さらに集められた多くのデータに基づいて科学的説明が検証されることが教科書内容に表われていた。

そして、データの限界とは、「データは完全には信用できない」ことであると考えられる。具体的な内容としては真の値は測定値から確信できないこと、測定を繰り返すと測定値が異なった値を取るかもしれないことが挙げられていた。真の値とは「測定が本当にそうであるべきもの」と教科書に示されていた。データの重要性として、データは科学的説明を正当化する手段であることが示されていたが、そのデータが不確実であることがここでは示されている。完全には信用することのできないデータを評価するために、平均、範囲、反復可能性と再現性、外れ値などの理解が求められていた。二酸化窒素濃度の測定、懸垂下降する際に使われるロープの品質管理を事例として教科書内容に表われている。

② IaS_2 因果関係の説明

IaS_2 には、「要因」「結果」「相関」「原因」についての理解が求められていた。相関があることが必ずしも因果関係を示さないこと、因果関係を示すためには要因と結果を結びつけるメカニズムの説明が必要であることが理解内容に挙げられていた。喫煙と肺癌の事例では、一日にタバコを吸う量が多いほど肺癌に罹っている人が多いという相関が示されが、喫煙が相関を引き起こすという説明がなく因果関係を示すことができなかった。ここでは、1998年の科学者の発見によって「タバコの煙の中に含まれる化学物質がどのように肺の中の細胞に損傷を与え、肺癌を引き起こすのか」というメカニズムの説明が喫煙と肺癌の因果関係を示した。

同様の内容を枯草熱という花粉症の症状が、花粉が最も飛ぶ季節に増加するという事例でも取り上げられていた。飛散する花粉の量が増加するにつれて花粉症の症状に罹る人が増加することに相関がみられたが、これだけでは他の要因によって両者が増加している可能性と、偶然一致している可能性があって因果関係があるとはいえなかった。ここでは、プリックテストと呼ばれるアレルギーの検査をすることによって、枯草熱で苦しむ人が花粉にアレルギーがあることが示され、花粉が枯草熱を引き起こすメカニズムが説明され、花粉と枯草熱の間に因果関係があることを説明していた。

相関と因果関係を調査するときに要因の条件をコントロールすることも挙げられている。教科書では製品の品質管理の場面では、最小破壊荷重の測定の際に、温度を一定に保つことを例に取り上げて、結果に影響を与えるかもしれない要因をコントロールする重要性が説明されていた。さらに、相関と因果関係を調査するときに比較するサンプルとその大きさに注目することが挙げられていた。教科書では、ある病気のリスク要因の研究を例として、その研究が良い研究と言うために「研究にはどれぐらいの人々が関連しているか」というサンプルの大きさと、「研究の中で人々はどのくらいうまく一致しているか」というサンプルの適切さに注目するという説明がされている。

③ IaS_3 科学的説明の形成

データと説明を区別すること、科学的説明がデータから自動的に現れることがなく、創造的な思考を伴うことが理解内容に含まれていた。教科書では、ダーウィンが進化論を思いついた場面でこれらを取り扱っていた。ダーウィンがガラパゴス諸島にいるフィンチのくちばし、自宅で飼っていたさまざまな色と形をした鳩、マルサスの人口論から進化を説明するために思考している場面に表れていた。

さらに、科学的説明は過去についての現象の説明や、未来についての予言を可能にすること、科学的説明に基づいた予言とデータを比較することでその説明が検証されるということが理解内容に含まれていた。これらを教科書ではラマルクの進化論を例に取り上げていた。ラマルク進化論では、自然は単純な生物でから始まり、世代の継承によって複雑になっていくという説明がされた。

第4章 英国「21世紀科学」における科学論的内容の取り扱い　79

しかし、もしそのように進化が起き続けたなら、単細胞動物のような単純な生物が現在も存在しているということが説明できないことから信頼性を下げてしまった。

　ハットンが岩石の循環を思いついた場面では、土地を構成する物質と多くの岩を構成している物質が同じことと、循環の考えを結びつけることで過去についての現象の説明を可能にしたことが説明されていた。また、ウェゲナーの大陸移動説の場面からは、説明と発見された化石のデータが一致していたとしても、その説明では大陸が動いていることを説明できず却下されたことを取り上げていた。正しいと思われる説明であっても、大陸が動いたという過去の現象を説明できなければ、その説明が正しいという証明にはならないことが示されている。

　④　IaS_4 科学者共同体

　科学者によって発見された科学的説明は、科学的知識として受け入れられる前に科学者共同体によって検証されること、検証する際に行われる査読のプロセスが理解内容に含まれていた。教科書では、喘息の研究を取り上げ、科学者が調査結果を会議や機関誌で発表し、査読者が調査手順の説明、提示するデータ、データを解釈して結論付けるまでを批判的に評価する場面で説明されていた。また、喫煙と肺癌の関係を研究する事例では、調査結果を医学雑誌に投稿する場面で査読のプロセスを説明していた。ここでは先の事例に加えて、他の科学者によってデータが再現されることができれば信頼性が高まるということについても説明されていた。

　そして、同じデータであっても、科学者の個人的な背景、経験、興味によって異なった結論を導く可能性があることが理解内容に含まれていた。ここでも喘息の研究を例に、喘息が遺伝子によって起こるという証拠もあれば、大気汚染が引き起こすという証拠も存在するということに触れ、データは複雑であり、解釈によって別の科学者が異なる結論を思いつくことがあることが示されていた。さらにダーウィンとラマルクが、同じ種の動物が異なっているという観察データから、違った進化論を思いついた場面でもこの内容が表れていた。

さらに、一度受け入れられた説明は簡単には破棄されないことが理解内容に含まれている。教科書には、ウェゲナーが大陸移動説の考えをフランクフルトの地質学協会の会議で発表した場面で、大陸移動説が受け入れられる前までの大陸を結ぶ陸橋があったという科学的説明が破棄されることはなかった場面に表れていた。

⑤ IaS_5 リスク

行動方針を決めるときには、リスクと利益の両方を考慮しなければならない。教科書では、日光に含まれる紫外線が皮膚癌をもたらすことと白内障を引き起こす可能性があることが取り上げられている。しかし一方で、日光浴によって皮膚でビタミンDが生成され、感染症と癌の成長や転移を防ぐ可能性があること、うつ病のリスクを減らすことも取り上げられている。行動方針を決めるときには、常にリスクを減らして、利益とのバランスを取ることが示されている。

そして、リスクがどの程度起こるのか、起こった場合の結果についても考慮しなければならない。地球の温度が2度以上は上昇することや、英国で冬はもっと雪が降り、そして夏はもっと乾燥するということなど、現状の二酸化炭素濃度によって起こる気候変動によるリスクが説明されている。さらに、このまま二酸化炭素濃度が上昇して地球温暖化が進行したときの「異常気象」「海水面の上昇」「干ばつと砂漠化」「健康」のリスクについても説明されている。現時点ではどの程度のリスクが起こるのかと、このまま地球温暖化が進行した場合の両方を考慮している

さらに、市民のリスクの捉え方は、馴染みがないこと、見えないこと、長期にわたることに対してのリスクを過大に評価する傾向がある。教科書では、電離放射線（ionizing radiation）を取り上げ、目に見えないものに対してのリスク、自分でコントロールすることができないものに対してのリスクを過大に評価することを示し、リスクを過小評価しないことが求められている。さらに、メディアによって報告される研究結果のサンプルに注目しなければならない。2つのサンプルがどのように選択されたのか、サンプルの大きさをチャックすることで、その研究結果が信頼できるかどうかを見ることができる。

⑥ IaS_6 科学と技術についての意思決定

　科学的知識の応用には、科学では答えることのできない価値を伴った倫理的問題が生じる。そのような問題には人々の意見が一致しないことがある。教科書では、着床前診断を行った結果、子どもが遺伝病を患っていることがわかり中絶した一組の夫婦を取り上げている。ここでは、何が問題であるか明確にすること、異なった意見の人の存在を理解することが求められている。

　さらに、科学的知識の応用は社会的な規制を受けることがある。教科書では、遺伝子検査によって得られる情報を誰が知るべきかという議論が現在も英国で行われていることを取り上げている。ここでは、遺伝子情報によって従業員や保険加入者を差別できないようにするための米国の法律を紹介している。

　また、人間の活動が思いがけないインパクトを環境に与えるかもしれない。科学者は、このようなインパクトを和らげる方法、天然資源をより持続可能に使用する方法を考案する。例えば、製品を工場から店までに運ぶときや、店から家まで運ぶときに使用されるパッケージが環境問題を引き起こしていることを取り上げている。植物由来のプラスチックのような生分解性のある材料をパッケージに使用することで、環境への負荷を和らげることが示されている。また、製品の過程を「揺りかご」「使用」「墓場」に分け、それぞれの過程におけるデータを集め、環境負荷を考えるライフサイクルアセスメントの考え方の理解も求められている。

　科学的知識の応用が関連した問題に対して意思決定をするために、利益とコストを比較する必要がある。教科書では、電気料金の請求書から電気器具を使用したときに掛かるエネルギーとコストを計算して、利益とコストを比較することを示している。さらに原子力発電所の賛否について示されている場面では、たくさんの電力が供給されることに加え、二酸化炭素も排出しない原子力発電であっても、建設に掛かるコストを比較することや保険会社が受ける影響について考えると反対の意見を示す人がいることが示されている。

5. 結　　論

　本研究で特徴を明らかにした6つのIaSは、純粋自然科学の内容を超えており、まさに科学論的内容ということができる。科学的知識の消費者として市民を捉えている「21世紀科学」では、将来市民となる学習者のために科学的リテラシーの育成がめざされ、IaSを理解することが求められている。したがって、科学的リテラシーの育成のためには、科学論的内容を教授内容として位置づける必要がある。その際に、「21世紀科学」のIaSが、これまで共通理解が得られていなかった科学論的内容の一つのあり方を示すことができる。

　日本の高等学校に新設された「科学と人間生活」は、科学的リテラシーの観点からも重要な科目であるといわれている[27]。「科学と人間生活」の目標は以下に示す通りである[28]。

　　　自然と人間生活とのかかわり及び科学技術が人間生活に果たしてきた役割について、身近な事物・現象に関する観察、実験などを通して理解させ、科学的な見方や考え方を養うとともに、科学に対する興味・関心を高める。

　「自然と人間生活とのかかわり」「科学技術が人間生活に果たしてきた役割」といった、通常の自然科学では扱わない内容を理解することが求められ、科学論的内容が含まれているということができる[29]。「科学と人間生活」の目標には、「自然と人間生活とのかかわり」「科学技術が人間生活に果たしてきた役割」といった科学論的内容を観察、実験を通して理解することがめざされている。科学論的内容は観察、実験が中心の方法で十分に学習できるのだろうか。科学論的内容を教授・学習する際の方法を検討することが今後の課題である。

付記1：本研究の一部は、科研費（15K12370）の補助を受けた。

付記2：本章は、次の論文にわずかな表記上の修正を加えて再録したものである。
　佐藤将大・鶴岡義彦・藤田剛志（2016）「英国義務教育最終段階の科学コース「21世紀科学」

における科学論的内容の取扱い」、『千葉大学教育学部研究紀要』Vol.64、pp.133-141.

注
1) 国立教育政策研究所編（2007）『生きるための知識と技能3　OECD生徒の学習到達度調査／PISA2006年調査国際結果報告書』、ぎょうせい
2) 国立教育政策研究所監訳（2007）『PISA2006調査　評価の枠組み』、ぎょうせい
3) 鶴岡義彦（1998）「サイエンスリテラシー」、日本理科教育学会編、『キーワードから探るこれからの理科教育』、pp.40-45、東洋館出版社
4) 大辻永・鶴岡義彦（1994）「高等学校理科新設科目及びSTS教育の科学論的内容に対する教師の評価」、『科学教育研究』、Vol.18、No.4、pp.205-215
5) 鶴岡義彦（1991）「理科教育への科学論的内容の導入を巡る論点―高校におけるIA科目の登場等とかかわって―」、日本理科教育学会教育課程委員会、『理科の新課程に関する基礎的研究』、p.72
6) 鶴岡義彦・小菅諭・福井智紀（2008）「純粋自然科学の知識があればSTSリテラシーもあると言えるか―3タイプのテストによる調査から―」、『千葉大学教育学部研究紀要』、Vol.56、pp.185-194
7) 小倉康・松原静郎（2007）「TIMSS1999理科授業ビデオ研究の結果について」、『国立教育政策研究紀要第136集』、pp.219-232、同研究所
8) Miller, R. & Osborn, J., eds. (1998) *Beyond 2000* : Science education for the future, king's College London, p.2009
　資料は、以下のURLからダウンロードできる。（平成27年8月28日閲覧）
　http://www.nuffieldfoundation.org/sites/default/files/files/Beyond%202000.pdf
9) 例えば、以下のような文献を参照されたい。
　笠潤平（2006）「科学的リテラシーを目指す英国の義務教育改革」、『物理教育』、Vol.54、No.1、pp.19-27
　磯崎哲夫（2010）「イギリス－科学的リテラシーを育成する新しい科学カリキュラムの構成原理―」、橋本健夫・鶴岡義彦・川上昭吾編、『現代理科教育改革の特色とその具現化―世界の科学教育改革を視野に入れて―』、pp.141-149、東洋館出版社
10) 鶴岡義彦（1979）「'Scientific Literacy' について―米国科学教育の動向に関する一考察―」、『教育学研究集録』、第2集、筑波大学大学院教育学研究科
11) 鶴岡義彦（1999）「HOSCの開発理念と構成視点―アメリカにおけるSTS教育の源流としての『科学事例史法』―」、『千葉大学教育学部研究紀要』、Vol.47、No.1、pp.97-109
12) 国立教育政策研究所編（2007）『生きるための知識と技能3　OECD生徒の学習到達度調査／PISA2006年調査国際結果報告書』、ぎょうせい
13) 国立教育政策研究所監訳（2007）『PISA2006調査　評価の枠組み』、ぎょうせい

14) *oc.pit.*8), pp.2009-2010
15) 磯崎哲夫（2010）「イギリス ― 科学的リテラシーを育成する新しい科学カリキュラムの構成原理 ― 」、橋本健夫・鶴岡義彦・川上昭吾編、『現代理科教育改革の特色とその具現化 ― 世界の科学教育改革を視野に入れて ― 』、p.144、東洋館出版社
16) *oc.pit.*8), p.2012
17) *ibid*, p.2014
18) 笠潤平（2006）「科学的リテラシーを目指す英国の義務教育改革」、『物理教育』、Vol.54、No.1、p.21
19) Qualifications and Curriculum Authority（2007）"*The National Curriculum Statutory requirements for key stages 3 and 4*", p.207
20) *ibid*, p.207
21) *ibid*, pp.221-223
22) Miller, R.（2006）*Twenty First Century Science*: Insights from the Design and Implementation of a Scientific Literacy Approach in School Science, *International Journal of Science Education*, Vol.28, No.13, 27 October, p.1505
23) 「21世紀科学」HPより（平成27年8月28日閲覧）
http://www.nuffieldfoundation.org/scientific-literacy
24) *oc.pit.*22), p.1506
25) *ibid*, pp.1506-1507
26) OCR（2012）"*Twenty First Century Science GCSE SCIENCE A accredited specification J241*", p.130
27) 田代直幸（2008）「理科における学習指導要領の改訂 ― 科学的リテラシーの関連から ― 」、『科学教育研究』、Vol.32、No.4、pp.305-311
28) 文部科学省（2009）『高等学校学習指導要領解説　理科編・理数編』、p.15、実教出版株式会社
29) 鶴岡義彦（2012）「高等学校の教育課程が目指す学力」、日本理科教育学会編著、『今こそ理科の学力を問う ― 新しい学力を育成する視点 ― 』、pp.106-111、東洋館出版社

第 II 部
我が国における科学的リテラシーの
現状と課題

第5章
高校共通必修科目・理科Ⅰ「人間と自然」に対する履修者と教師による評価

鶴岡義彦・大辻　永

1.「理科Ⅰ」の特色と本研究の目的

(1)「理科Ⅰ」の特色

「理科Ⅰ」は、1978（昭和53）年改訂告示の高等学校学習指導要領によって設置された科目であった。標準4単位の、理科における唯一の共通必修科目であった。この科目は、1993（平成5）年度を最後に廃止された。

ところで高等学校学習指導要領は、第2次世界大戦後の新制高等学校発足時の1948年に発表された試案[1]以来、1956年、1960年、1970年、1978年、1989年、1999年、2009年、そして2018年と何度も改訂されてきた。これらのうち第4次改訂で新設された「理科Ⅰ」は、以下の特色を持つ科目であった。

① 合科的科目である。合科的科目が登場したのは、第3次改訂による「基礎理科」からで、第4次改訂では「理科Ⅰ」と「理科Ⅱ」とがあった。

② 第4次改訂学習指導要領下における全高校生唯一の共通必修科目である。他のいずれの時期であれ、唯一の共通必修科目が規定されたことはなかった。

③ 広い意味での科学論的内容[2]を含んでいる。ここでは、詳細に触れないが、昭和20年までは科学の応用面の内容が、「理科Ⅱ」には科学史の内容が含まれていた。またその後の「物理ⅠA」や「生物ⅠA」等、ⅠAの

付された科目には多少なりとも科学論的内容が含まれている。

まとめて言えば、「理科Ⅰ」は、科学論的内容を含む合科的な科目で共通必修科目である、という特色を備えていた。昭和20年代に含まれていた科学の応用の内容にも、科学論的色彩が皆無ではなかったにせよ、科学の知識や方法を「日常生活に活用する[3]」という視点から組込まれた内容であった。それ故、科学論的内容というより、技術上の知識であった。よって「理科Ⅰ」こそ、初めて科学論的内容を位置付けた科目であり、戦後高等学校理科教育史上唯一の共通必修科目であった、ということができる。

さて「理科Ⅰ」における科学論的内容とは、どんなものであったか。「理科Ⅰ」の内容は、(1) 力とエネルギー、(2) 物質の構成と変化、(3) 進化、(4) 自然界の平衡、及び (5) 人間と自然、という5項目から構成されていた。(1)～(4) は、それぞれ純粋自然科学の物理～地学に属するものであるが、(5) は、「資源、太陽エネルギー・原子力の活用、自然環境の保全」という小項目から成り、自然科学の枠を超えたものであった。「自然と人間生活との関係を認識させる」ことをめざして、科学と密接する資源・エネルギー問題及び環境問題の初歩を内容としていた[4]。これは広い意味での科学論的内容と言うことができる。

(2) 本研究の目的

こうした特色を有する「理科Ⅰ」は、繰り返しになるが、1993年度を最後に廃止される。そして1994年度からは、1989年改訂告示の学習指導要領に取って代わられる。そこで本研究では、「理科Ⅰ」とりわけ「人間と自然」について、履修者とその指導に当たった教師との双方による受け止め方を調査し、評価を行っておくことを目的とする。

もちろん、カリキュラムに関する評価は、一定の年月を経て、取り巻く時代・社会の状況とのかかわりにおいて分析・検討される必要があるため、ここでの評価は、現時点（1993年）で履修者及び教師から得た資料に基づく、部分的な評価に過ぎない。とは言えここで行う評価は、逆に一定年月を経てからでは不可能となることは明らかである。

なお、科学論的内容に焦点化する理由は、この内容領域を理科教育の内容として組み込むことが、近年の理科教育における一つの流れだからである。しかも最近では、STSという標語の下に、科学（science）、技術（technology）、及び社会（society）という3者の相互作用、ないしは科学・技術に深くかかわる社会問題を、理科教育内容の確かな領域として位置付けようとの潮流が、一般教育・普通教育としての理科教育という見地から、世界的に顕著となっている[5]。1994年度から学年進行で実施される教育課程においても、理科13科目中、「総合理科」、及び「物理ⅠA」などⅠAの付された科目では、「人間と自然とのかかわり」ないしは「科学技術の進歩と人間生活とのかかわり」の認識という表現で、科学論的内容が引き継がれている[6]。よって、「理科Ⅰ」、とりわけ「人間と自然」を対象とする本研究は、今後これらの科目が、高校現場でどう受け止められるか、またこれらが確かな地歩を占める上での障がいは何か等を検討する際の貴重な資料を提供してくれるはずである。

2. 2つの調査の概要

(1) 履修者対象の調査

① 調査時期　1989年12月

② 調査方法及び調査対象

千葉大学教養部の英語のクラスにおいて、1年次学生235名を対象として、質問紙法により実施した。なお、彼らは、1978年版学習指導要領下で教育を受けた学生である。

③ 調査項目[7]

A　基礎的事項

所属の学部・学科、性別、出身高校で履修した理科の科目、大学入試で受験した理科の科目

B　「理科Ⅰ」履修者を対象とした、「理科Ⅰ」に対する意識等

科学に関連ある社会問題を学校教育で取り上げる価値、科学に関連ある社会問題を取り上げるべき学校段階、科学に関連ある社会問題を取り

上げるべき教科

(2) 理科教師対象の調査
① 調査時期　1991年2～3月
② 調査方法及び調査対象

　千葉県内高等学校理科担当教諭の中から、無作為に166名を抽出し、質問紙を送付した。ただし、この166名には、あらかじめ、A：高校の種別が、普通科担当者：実業科（農業、工業、商業）担当者＝100：66、B：専門が、物理：化学：生物：地学＝42：42：42：40という2つの条件を付してある。なお、普通科が多いのは、こちらの回収率が低いと予想されたためであり、地学が少ないのはAの条件との兼ね合いによる。

③ 調査項目[7]

　A：基礎的事項

　　勤務校の種別、学校規模、性別、年齢、専門、出身大学・学部・学科、「理科I」担当経験、「人間と自然」指導経験

　B：「理科I」、とりわけ「人間と自然」の指導状況

　　「理科I」担当教師の数と専門、「人間と自然」担当教師の数と専門、「人間と自然」の授業時間、「人間と自然」の授業様式、「人間と自然」の重要視度、「人間と自然」で重視した内容

　C：「人間と自然」に対する意識等

　　「人間と自然」が歓迎されなかった理由、現実的問題を無視した場合の「人間と自然」の教育的価値や相応しい教育の場等

3. 調査結果及び考察

　以下にいくつかの視点を用いて、2種類の調査を織り交ぜながら結果を示し考察を行う。ただし、夥しい調査項目のため、「理科I」とりわけ「人間と自然」が、どう受け止められてきたのか、歓迎されなかったとすればそれは何故か、という点に関連する項目に限定して取り上げることとする。

（1） 有効回答者の内訳

① 履修者対象の調査

　対象者全員から有効回答が得られ、彼らの内訳は表1のとおりであった。これは、千葉大学入学者であり、人文社会系が少ない、という条件付きのサンプルである。しかし、通説となっているように「理科Ⅰ」が、普通科高校、いわゆる進学校、あるいはいわゆる理科系生徒に歓迎されなかったとすれば、このサンプルはその典型に近い集団と言える。彼らが「理科Ⅰ」をどう評価しているかを探る価値は十分にある。

② 教師対象の調査

　有効回答者は51名、回収率30.7％であった。彼らの内訳は表5-2～5-5のとおりである。

　勤務校の種別における普通科と実業科との割合には、大差がない。専門別教師数は、化学が最多で15名、地学が最少の9名であった。出身学部は広範にわたるが、理学部を最高として、農学部系（園芸学部を含む）と教育学部とがそれに続くという順位は、全国の一般的傾向を反映している。

表5-1　大学1年生の所属

学部	学科	学科別人数			学部別人数		
		男子	女子	計	男子	女子	計
文学部	文学科	6	16	22	6	16	22
理学部	数学科	19	3	22	47	11	58
	物理学科	4	1	5			
	生物学科	3	2	5			
	地学科	21	5	26			
工学部	建築学科	1	0	1	49	9	58
	工業化学科	26	4	30			
	工業意匠学科	22	5	27			
薬学部	総合薬品学科	7	21	28	7	21	28
看護学部	看護学科	0	25	25	0	25	25
園芸学部	環境緑地学科	35	9	44	35	9	44
合　計					144	91	235

第5章　高校共通必修科目・理科Ⅰ「人間と自然」に対する履修者と教師による評価

表 5-2　教師の勤務校の種別

種　別	普通科	農業科	工業科	商業科	その他
教師数	31	12	4	5	8
割合（%）	60.8	23.5	7.8	9.8	15.7

注1　複数の学科を持つ高校があるため、教師数は延べ数
注2　「その他」は家政科、水産科、理数科等である。

表 5-3　教師の専門

専　門	物　理	化　学	生　物	地　学
教師数	12	15	14	9
割合（%）	23.5	29.4	27.5	17.6

表 5-4　教師の年齢

年　齢	20歳代	30歳代	40歳代	50歳代	不　明
教師数	10	22	11	7	1
割合（%）	19.6	43.1	21.6	13.7	2.0

表 5-5　教師の出身学部・学位

学　部	教育	理	農	理工	文理	工	園芸	薬	水産
教師数	9	16 (3)	6 (2)	5	4	2	2	1	1
割合（%）	17.6	31.4	11.8	9.8	7.8	3.9	3.9	2.0	2.0

注1　教師数の（　）内は、修士号取得者の内数で、他はすべて学士号取得者

　勤務校の種別に限って言えば、全国の高校理科教師集団に比べ、はるかに実業科担当教師の割合が高い。「理科Ⅰ」が歓迎されなかったという、前述したような通説が事実であったとしても、それは実業科には当てはまらない。よって、このサンプルから得られる結果は、全国の高校理科教師という母集団よりも、「理科Ⅰ」を肯定的に受け止めたものとなる可能性があることになる。

（2）「理科Ⅰ」「人間と自然」に対する学生の履修率と教師の担当状況

① 「理科Ⅰ」「人間と自然」の履修率

図5-1のとおり、必修であったにもかかわらず、履修しなかった者が約5人に1人いる。進学校では、「理科Ⅰ」の内容が選択科目の物理、化学、生物、および地学へと解体されて扱われた場合があったにせよ、かなり高い非履修率である。しかも、この科目の特色を成す「人間と自然」の履修率は約3割に過ぎない。もちろん、この「人間と自然」の内容は、選択物理〜地学へと解体されにくいものである。

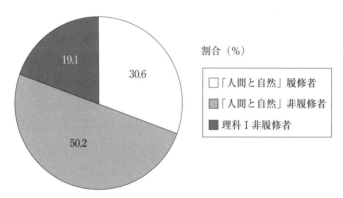

図5-1 「理科Ⅰ」「人間と自然」の履修率（学生対象）

② 教師の「理科Ⅰ」「人間と自然」担当状況

「理科Ⅰ」担当経験のない（当然、「人間と自然」担当経験がない）教師が7.8%いた。「理科Ⅰ」は担当したことがあるが、「人間と自然」未担当という教師が過半数の51.0%に達している。残る41.2%が、「理科Ⅰ」はもちろんその中の「人間と自然」も担当経験ありの教師である。「理科Ⅰ」が1982年度に実施されてから9年を経てこの状況ということである。

「理科Ⅰ」は、純粋自然科学の内容と、総合的・科学論的内容の「人間と自然」とから成るが、この科目のクラスそれぞれは1人の教師によって担当されていたのか、それとも複数であったのか。図5-2が示す通り、学生対象調査と教師対象調査とでは若干異なる結果が出たが、1人から4人にまでわたってい

第5章 高校共通必修科目・理科Ⅰ「人間と自然」に対する履修者と教師による評価 93

た。調査対象学生が千葉大生で、対象教師が普通科と実業科とに約半々に勤務することを考慮すれば、次のように推定できよう。即ち、実業科では1〜2人で担当する場合がほとんどであったが、普通科しかも進学校では2人または4人で担当することが多かった、と。

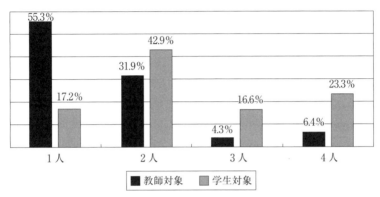

図5-2 「理科Ⅰ」の分担教師数（教師対象及び学生対象）

次に、「理科Ⅰ」「人間と自然」を担当した教師の専門分野に目を向けると、物理25.0%、化学26.8%、生物32.1%、そして地学16.1%となり、生物教師が最も多く、地学教師が最も少ない。しかも学生対象調査から、「人間と自然」担当教師の専門分野を見ると、生物教師が圧倒的多数を占めることがわかる（図5-3）。

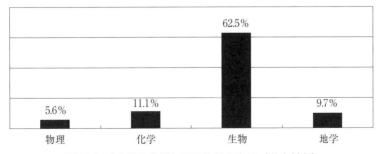

図5-3 「人間と自然」担当教師の専門（学生対象）

（3）「人間と自然」の授業時間数・授業様式

① 「人間と自然」の授業時間数

　主に生物専門の教師によって担当された「人間と自然」は、どの程度の時間をかけてどんな授業が展開されてきたのだろうか。「人間と自然」を履修したという学生対象の調査結果によれば、その授業時間は「ほとんどない」が3割を超え、「5時間未満」が半数に近い、という実態が明らかになった（図5-4）。他方「理科Ⅰ」担当経験がある教師対象の調査によれば、大多数の教師が、「人間と自然」には授業時間を配当していないか、配当してもせいぜい5時間未満という結果であった（図5-5）。

　ところで、「人間と自然」にかけるべき時間数はどの程度が妥当なのだろう

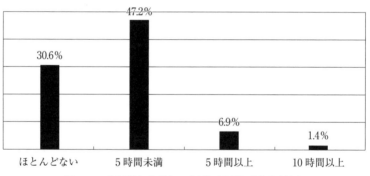

図5-4　「人間と自然」の授業時間数（学生対象）

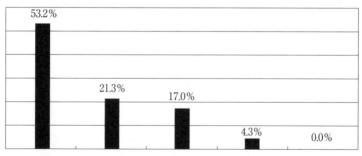

図5-5　「人間と自然」の授業時間数（教師対象）

か。1つの目安として、「理科Ⅰ」の教科書に占める「人間と自然」のページ数の割合を挙げることができよう。これを算出すると、8.9%となり[8]、時間数にして約12.5時間となる（4単位×35週×0.089≒12.5）。この数字に照らしても、「人間と自然」に充当された時間数がいかに少なかったかが分かる。

② 「人間と自然」の授業様式

図5-6のとおり、教科書を中心の解説型の授業が中心であった。5時間未満という授業時間数なら、当然のことであろう。しかし、テレビや新聞で報道された話題を加味したり、自作プリントを配布したりするなどの工夫をした教師もいくらか見られた（図5-6）。

「人間と自然」担当経験を持つ教師対象の調査の結果（ここでは図を割愛するが）によっても、講義型で、教科書中心か、教科書に新聞の切り抜きを加え、あるいは自作資料を中心として授業を進めていた。

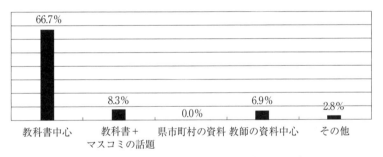

図5-6 「人間と自然」の授業様式（学生対象）

(4)「人間と自然」に対する価値認識

授業時間数から、「人間と自然」の軽視が読み取れるが、そもそもこのような内容に対して履修者の側は学習の価値をどう考え、教師はその教育的価値をどう考えていたのだろうか。どんな内容でさえ価値が皆無などと言えるものはない。そこで、「理科Ⅰ」の中の純粋自然科学的内容との比較における、「人間と自然」の相対的価値を調査した。

「人間と自然」の学習経験を持つ学生を対象とした調査の結果によれば、約47%が同等の価値があると回答し、純粋自然科学の内容以上に価値ありとした

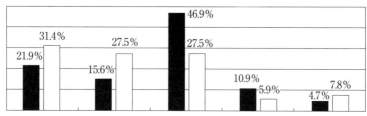

図5-7 「人間と自然」の学習価値・教育価値（学生対象・教師対象）

者が40%近くに達した（図5-7）。他方、教師の場合も、同等かそれ以上の価値を認めた者が86%に達し、学生の価値認識とかなり一致している（図5-7）。

ここでさらに、教師による「人間と自然」の取り扱いは、履修者側であった学生にどのように映っていただろうかを調査すると図5-8のとおり、かなり軽視した取り扱いであったことが分かる。純粋自然科学の内容と比較すると66%が「軽視」ないし「やや軽視」という結果が得られたのである。

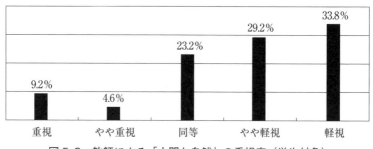

図5-8 教師による「人間と自然」の重視度（学生対象）

（5）「人間と自然」を学習すべき場

純粋自然科学の内容を超える「人間と自然」について、学生も教師も価値を認めていた。ではこのような内容はどのような場・機会に学習されたり、教育されたりするのが相応しいのだろうか。学校段階と教科という観点から調査した結果が、図5-9と図5-10である。

第5章　高校共通必修科目・理科Ⅰ「人間と自然」に対する履修者と教師による評価　97

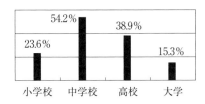

図5-9　「人間と自然」を学習すべき学校段階（学生対象、重複回答可）

図5-10　「人間と自然」を学習すべき教科（学生対象、重複回答可）

「人間と自然」を学習した学生に、学習に相応しい学校段階を問えば、中学校が過半数を占め、約4割の高校が続く。高校も相応しいが、義務教育段階での学習も重要だと考えている、と解釈できるのかもしれない。なお、「人間と自然」の非履修学生に対して、放射能汚染、酸性雨、オゾン層破壊、地球温暖化などの問題を列挙して、これらを学習すべき段階を質問した場合も、ほぼ同様の結果が得られている。即ち、小、中、高、大の順に22.8%、44.9%、41.7%、及び15.0%であった（重複回答可）。

次に、「人間と自然」のような内容は、どの教科で学習するに相応しいかを、「人間と自然」の履修者に質問した結果、圧倒的多数の76.4%が理科を挙げ、社会科はその半分に満たなかった。「人間と自然」の内容は、科学技術と関連が深いがいわば社会問題ともいえる。しかし、これらは自然科学を学び、それに関係づけて発展的に学習するのが適当、と考えているのではなかろうか。

他方、教師はどうだろうか。理科の授業時間数、理科教員数と専門分野のバランス、大学受験といった「現実的諸問題を無視して」との条件付きで、全教師に対して、「人間と自然」のような内容を扱うべき場を問うと、図5-11の結果が得られた。

最も多かったのは、学校教育において理科と社会科の両方で扱うべきだとする意見で、約4割あった。次いで学校の内外を問わず扱うべきだ、第3位は理科で取り上げるべきだ、という回答であった。社会科よりははるかに大きな割合を占めた。また、第4位に挙げられたのは、教科は問わない、という回答であり、いろいろな教科で扱われる必要性や「総合的な学習の時間」での扱いの

98　第Ⅱ部　我が国における科学的リテラシーの現状と課題

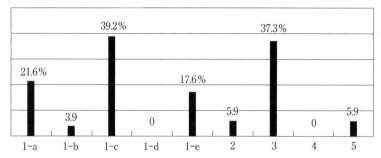

図 5-11　「人間と自然」を取り上げるべき場（教師対象、重複回答可）
　　選択肢　1. 国民の一般教養として必要である。
　　　　　　　1-a 理科で取り上げるべきである。
　　　　　　　1-b 社会科で取り上げるべき
　　　　　　　1-c 理科・社会科、両方で取り上げるべきである。
　　　　　　　1-d 新教科（または科目）を設置すべきである。
　　　　　　　1-e 教科は問わない。
　　　　　　2. 学校の外で取り上げるべきである。
　　　　　　3. 学校の内外を問わず取り上げるべきである。
　　　　　　4. 学校以外でも取り上げるべきではない。
　　　　　　5. わからない。

妥当性が示唆されると言えるだろう。
　こうした結果からは、教師が「人間と自然」の教育的価値を認めていると解釈できる。では、そういう価値認識の背後にある考え方、つまり、なぜ「人間と自然」のような内容に価値があると考えるのだろうか。調査結果のグラフは割愛するが、結果の要点は次のとおりである（重複回答可）。「その他」を含む 15 の選択肢のうち、最も高い割合を占めたのは、「国民の一般教養として必要」との認識であり約 67% であった。これ以外は散らばりが大きいが、第 2 位に「高校生が興味を示しやすいため、高校生に相応しい内容」(21.6%)、第 3 位に「理科で科学的に捉えさせたい」(19.6%)、そして第 4 位には「社会教育や生涯教育で取り上げるのが良い」(17.6%) であった。高校教師たちのほとんどは、「人間と自然」のような内容を現代の一般教養として重要と考えていること、社会科よりは理科で扱いたいと考えていることなどに留意しておきたい。

（6）「人間と自然」が歓迎されなかった理由

「人間と自然」については、履修者側が高い学習価値を認め、教師も「国民の一般教養として必要」で「生徒が興味を示す」と受け止めるにもかかわらず、現実の履修者は半数程度しかいないし、授業時間数は5時間にも満たない。それは何故か。いかなる「現実的諸問題」があったというのであろうか。

この点について教師たちは、次のような回答を寄せている（図5-12）。66.7％が「他の領域の量からして時間的に取り上げる余裕がなかった」と回答している。他の領域とは純粋自然科学的な内容を指すことになる。すると、やはり、教師は純粋自然科学的内容の方を重視したという結果になる。次いで「受験に関係の薄い内容」だからが、4割を超える。以上から、「人間と自然」は、「受験に関係が薄い」から、受験に関係の深い純粋自然科学的内容に時間をかけたため、「人間と自然」に充当する時間がほとんどなくなった、ということになるだろう。

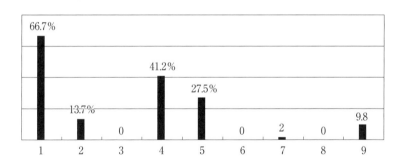

図5-12 「人間と自然」が歓迎されなかった理由（教師対象、重複回答可）
　　選択肢　1. 他の領域の量からして時間的に取り上げる余裕がなかった。
　　　　　　2. 今までの理科の内容とは異質なものであった。
　　　　　　3. そもそも、理科にはふさわしい内容ではない。
　　　　　　4. 受験には関係の薄い内容であった。
　　　　　　5. 教える側の準備ができていなかった。
　　　　　　6. 生徒が理解できない内容であった。
　　　　　　7. 生徒には易しすぎる内容であった。
　　　　　　8. 生徒が興味を示さない内容であった。
　　　　　　9. その他。

第3位は、教師の側に「準備ができていなかった」で、3割弱であった。これは、第4位の「今までの理科の内容とは異質なもの」であったからと関係ありそうだ。「人間と自然」の内容は、純粋自然科学の範囲内に収まらない内容である。理科教師自らは、「人間と自然」を含む「理科Ⅰ」を履修した経験はない。また大学入試センター試験において、普通科や理数科の所属（出身）の生徒たちは「理科Ⅰ」を選択して受験することはできなかった。それ故、理科教師たちは、高校時代にも、教師になってからも、「理科Ⅰ」とりわけ「人間と自然」について、指導する準備はほとんどできていなかった、と見ることができるだろう。

　また次の点にも留意したい。「人間と自然」は科学論的な内容の色彩を帯びているが、大学等の理科教員養成において、科学論的内容を学ぶことは義務付けられていない。理科教員養成では、いわゆる教職専門科目の他は、純粋自然科学を学べばよいのである。科学論的内容とは、学問的には科学史、科学哲学、科学社会学など、科学について多面的に考察する学問に関連する知見である。科学を指導する教師の養成において、科学について考える機会は必須と思われるが、教育職員免許法には、何ら位置づけられていない。科学・技術が深く関連した社会問題が山積する時代に照らしても、大いに疑問である。理科教師に「準備ができていない」のは無理からぬことと言い得る。

4. 結　　論

　高校生全員に共通必修の「理科Ⅰ」、とりわけ「人間と自然」に対する履修率や受け止め方について、履修者の側であった大学新入生と理科教師を対象とした調査の結果から、多面的に考察してきた。要点を繰り返すことは止めるが、今後の理科教育を構想する際に検討すべき点を示唆するものが多々ある。

　この時代以降「理科Ⅰ」のような全高校生共通必修の科目は一度も設置されていない。1994（平成6）年度から、学年進行で次の教育課程の時代が始まった。ここには、いくらか科学論的内容を含む「総合理科」や「物理ⅠA」〜「地学ⅠA」という科目がある。しかしこれらの科目は、しばしば、いわゆる文科

系向きの科目と指摘されている[9]。また「総合理科」については、当初、教科書検定に申請した出版社が皆無であった。これは、今回の学生（理系の学生の比率が高い）を対象とした調査で、教師対象調査の結果以上に「人間と自然」の履修率が低いという結果が得られたことと符合している。はたして、科学論的内容は文系の者に相応しく、理系の者にはふさわしくないのであろうか。

「人間と自然」を含む「理科Ⅰ」は、共通必修科目であった。しかし「総合理科」やⅠA科目は選択科目のため、もし理系や進学予定者に不向きであるとすれば、「理科Ⅰ」より低い履修率になってしまう。これらの科目それぞれの全体的評価は別として、科学論的内容は、これらの者に不向きなのか、不要なのか。科学・技術に深くかかわる社会問題が山積している時代であり、実際、教師の約67%がこうした内容は「一般教養として必要」と答えたのだから、そのようなことはあり得ない。理系の高校生が理学部に進学しても、科学論的な内容を学修する機会がないのが通常のようである[10]。ほぼすべての国民が高校まで進学するようになった今日、高校理科における必修単位数やどの科目を必修とし選択にするのかといった点は入念に検討されるべき課題である。

また既に少し触れたが、理科教師の養成の問題がある。「人間と自然」が歓迎されなかった理由の一つは教師の準備不足であった。しかも教師にとってそうした内容は、従来の理科とは異質な印象を与えていた。この点を変えることはできるのだろうか。教育職員免許法による理科教員養成のカリキュラムは、大枠として①純粋自然科学科目と②教育学科目（いわゆる「理科教育法」を含む）とである。よって科学史、科学哲学、及び科学社会学などの知見を始めとする科学論的科目は位置付けられていない。理科教師になろうという学生が、科学を多面的に考える機会に恵まれなくて良いのだろうか。大学設置基準の大綱化により、教養部が解体されて、いわゆる一般教養の比重が大幅に低下してきた。従来、科学論的科目は、概して教養部で開講されていたことにも留意しておきたい。

付記：本章は、次の論文に若干の修正を加えて再録したものである。主な修正は、①学習指導要領の改訂等に伴い、若干の加除を施したこと、②図（グラフ）のうちいくつかを割愛し、またいくつかについては簡略化したこと、である。

　　鶴岡義彦・大辻永（1994）「理科Ⅰ『人間と自然』に対する履修者と教師による評価―理科への科学論的内容の導入に関する研究―」、『千葉大学教育実践研究』No.1、pp.53-68.

注

1) 文部省は、1947（昭和22）年3月に、「学習指導要領・一般編（試案）」を発表したが、ここには小・中学校の教科課程のみ示されていた。そこで同年4月に、文部省学校教育課長名で、同試案の補遺として「新制高等学校の教科課程に関する件」を発表した。これは、理科に関しては、翌年1月の「高等学校の学習指導要領（試案）」と大差がない。なお、なぜかこの時だけ学習指導「要項」となっている。

2) ここで「科学論」とは、科学に密接しながらもそれを超えた知見・事柄、換言すれば自然科学についての知見・事柄で、学問的には科学史、科学哲学、及び科学社会学などの対象または成果のことである。ただし必ずしも学問化されていない事項をも含めるものとする。鶴岡義彦（1991）「理科教育への科学論的内容の導入を巡る論点」、『日本理科教育学会教育課程委員会編『理科の新教育課程についての基礎的研究』p.58、日本理科教育学会。

3) 文部省（1948）「高等学校の学習指導要項（試案）」の、例えば物理科の目標参照。板倉聖宣・永田英治編著（1986）『理科教育史資料・第1巻』p.450、東京法令。

4) 文部省（1979）『高等学校学習指導要領解説　理科編・理数編』pp.6-14。

5) 鶴岡義彦（1993）「理科教育現代史におけるSTS」、日本理科教育学会編『理科の教育』42(1)、pp.12-16。

6) 「総合理科」には、内容項目（3）人間と自然―ア資源・エネルギーとその利用、イ自然環境とその保全、ウ科学技術の進歩と人間生活―、及び（4）課題研究―ウ科学の歴史における実験例の研究―がある。「物理ⅠA」には、内容項目（4）エネルギーと生活―エ太陽エネルギーと原子力―、及び（5）物理学の影響―ア生活の変化と物理学、イものの見方と物理学―等がある。「化学ⅠA」等への言及は割愛する。
　　なお、当時の文部省初等中等教育局の山極主任視学官は、ⅠA科目について、「科学―環境―技術―日常生活―人間などの内容に主眼を置き、科学的な見方や考え方を身に付けさせるSTS的な科目」と言っている。山極隆（1993）「一人一人を生かす理科教育、『理科教育研究』32(2)、巻頭言、千葉県総合教育センター。

7) 調査項目は厖大なため、調査問題用紙の添付は割愛する。

8) 次の表を基にして算出した。

表 5-6 「理科Ⅰ」の教科書に占める「人間と自然」の割合

教科書名	出版社	検定年月	本文総頁数	「人間と自然」の頁数（％）
理科Ⅰ	大日本		264	24（9.1）
高等学校理科Ⅰ	啓林館		274	23（8.4）
高等学校新編理科Ⅰ	啓林館		243	28（11.6）
高校理科Ⅰ	三省堂		259	28（10.8）
新理科Ⅰ	三省堂	全て	305	12（3.9）
自然界のしくみ理科Ⅰ	清水書院	昭和	277	18（6.5）
探究の科学図解理科Ⅰ	清水書院	56.3	235	48（20.4）
理科Ⅰ	実教		262	26（9.9）
高校理科Ⅰ	実教		240	24（10.0）
理科Ⅰ（物化・生地）	東京書籍		144・114	6.9（5.8）
高等学校理科Ⅰ（物化・生地）	教研		128・152	22（7.9）
理科Ⅰ（3分冊）	教出		272	13（4.8）
以上12種類の教科書の平均			263.9	23.4（8.9）

9) 例えば、ⅠA科目について、次の指摘がある。「これらの科目は、従来の高等学校の理科が、自然科学の体系を重んじすぎたために、大学理科系進学者の基礎教育としては優れていても、高校生の大部分を占める文科系進学者や非進学者に対する教育としてはあまり適切ではなかったとの認識に基づいて設置されたものである」、梅埜國夫（1993）「STS教育の理念と理科にとっての意味」、『理科の教育』42（12）、p.10.

10) 例えば、高校理科教師の最大の供給源である、大学理学部の開設科目の一例として、千葉大学理学部をみると、「応用電磁気学」「工業化学」など応用科学・工学的知識を内容とする科目はあるが、「自然科学史」などの科学論的科目は皆無である。『平成2年度・理学部履修要項』、千葉大学.

なお、全国の国立教員養成系大学・学部における1988年度の開設科目を見ると、「自然科学史」などの科学論的科目が、約15％の大学・学部に認められる。長洲南海男代表・科研費研究報告書（1990）『理科の教師教育に関する日米比較研究（2）』pp.96-104.

第6章
純粋自然科学の知識があれば
STSリテラシーもあると言えるか

鶴岡義彦・小菅 諭・福井智紀

1. はじめに

「生物IA」などの、1989年告示の学習指導要領[1]における高等学校理科の「IA科目」は、「応用的な科学や日常生活とのかかわりに関する内容を中心とした科目」であり、「日常生活との関連や、科学技術と人間生活とのかかわりなどについて理解を深め、科学的な見方や考え方を育成することを目標とする科目」(文部省、1989) であった。端的に言えば、「IA科目」とは、いわゆるSTS的と言ってよい内容を重視した科目であった。

理科教育におけるSTS的内容の重要性は、繰り返し論じられてきたが、この「IA科目」は、その本格的な導入を図ったものであった。しかし、「IB科目」や「II科目」に比べて履修者は少なく、その目的が充分に達せられたかどうかの評価もないままに、1999年告示の学習指導要領[2]となって高等学校の教育課程から「IA科目」は消えてしまった (文部省、1999)。

一方、1999年告示の学習指導要領下の教育課程の「I科目」「II科目」へと、(厳選・精選はなされたものの) その多くの内容を継承したかつての「IB科目」や「II科目」においては、純粋な自然科学の知識・理解が重視され、STS的内容については、僅かな扱いしかなかった。

ここで筆者らは、理科教育の目的が「科学リテラシー」の育成にあるという前提に立つならば、純粋な自然科学の知識のみを重視していて、はたして良い

のだろうか、と問いたいのである。なぜなら、科学的リテラシーとは、純粋自然科学の知識のみに限定されるものではないからである。

例えばPellaらは、この「科学的リテラシー」を、一般教育としての理科教育によって育成されるべき市民的資質・能力であるとし、次の6つの構成要素を示した（鶴岡、1979, 1998a, 1989b）。

① 概念的知識（Conceptual Knowledge）：科学を構成する主要な概念や概念体系あるいは観念。
② 科学の本性（Nature of Science）：科学的探究の方法論的側面。
③ 科学の倫理（Ethics of Science）：科学のもつ価値基準、すなわち科学的探究における科学者の行動規範。通常、科学的態度とか科学的精神と呼ばれるものに相当する。
④ 科学と人文（Science and Humanities）：科学と哲学、文学、芸術、宗教等、文化的諸要素との関係。「科学と文化」と言ってもよい．
⑤ 科学と社会（Science and Society）：科学と政治、経済、産業等、社会の諸側面との関係。
⑥ 科学と技術（Science and Technology）：科学と技術との関係及び差異。

上記のうち、①は科学の所産に、②と③は科学の過程に、④～⑥は科学と外的諸要素との相互関係に関わる内容を指している。

科学的リテラシーを上記のようなものとひとまず理解したうえで、これらと「STS（的内容）」との対応関係を確認しておきたい。筆者らはかつて、STSを「科学、技術、及社会という三者の相互作用」ないし「科学・技術に関連した社会問題」などと定義した（鶴岡、1993）。また、小川（1993）は「STSとは、Science、Technology and Society（科学・技術・社会）の略語で、科学を技術や社会との交互作用のなかに位置づけようという研究活動や教育活動である」と述べている。これらの観点から上記の科学的リテラシーの構成要素を改めて眺めると、Pellaらにおいては上記④～⑥の「科学と文化」「科学と社会」及び「科学と技術」が、STS的内容に対応すると思われる。そこで、本研究では、「科学的リテラシー」のうち特にこの④～⑥に関する内容に関する素養を、「STSリテラシー」と呼ぶことにする[3]。

さて、かつての教育課程の「IA科目」は、このSTSリテラシーの育成に直接焦点を当てた科目、と言ってもよいだろう。すると逆に、当時の「IB科目」や「II科目」(さらには次の時代の教育課程の「I科目」および「II科目」)は、STSリテラシーの育成には直接焦点を当てていない科目、と言ってもよいだろう。それでは、STSリテラシーは、その育成に直接焦点を当てない場合にでも、問題なく育まれているのであろうか。言い換えれば、純粋自然科学を中心的に教授・学習する場合でも、STSリテラシーは副次的に育成されているだろうか。

本研究は、この問いに答えるため、純粋自然科学の内容をよく理解している者とそうでない者との間で、STSリテラシーの有無に差異が見られるのかを、複数の調査を組み合わせて明らかにする。

2. 調査方法

(1) 概 要

a. 被験者

被験者は、国立C大学教育学部の1年生である。全被験者数は261名であったが、後述する複数のテストのうち1つでも受けていない場合は、データから除いた。そのため、有効被験者数は199名(男性81名・女性118名)となった。なお、入学後間もない大学1年生は、高等学校で得た科学的知識の蓄積が最も多く、また進学後の大学での科目履修の影響も、まだあまり受けていないと思われる。さらに、単一の大学・学部内で調査を行ったので、被験者間の学力レベルにも、大幅なばらつきはないと思われる。

b. 調査時期

調査は2001年5月に実施した。

(2) 調査問題：3タイプのテスト

調査は、3タイプの調査問題(テスト)から成り立っている。すなわち、科学知識テスト、STS直接テスト、STS再認テスト、である。

なお、純粋自然科学の知識とか、STS的内容と言っても、その領域は広大である。そこで本研究では「生物の遺伝に関する領域」に、内容を絞って調査することにした。また、以下での「生物IB」などの科目名は、特に断らない限り、いずれも調査当時の教育課程における科目名を指している。

a．科学知識テスト

まず、高等学校「生物IB」及び「生物II」で扱われていた純粋自然科学（遺伝領域）についての知識の有無を明らかにするための、調査問題を作成した。つまり、「高等学校で習った純粋自然科学の知識（遺伝領域）の有無」について判定するテストである。これを以下では、科学知識テストと呼ぶことにする。

b．STS直接テスト

次に、STSリテラシー（遺伝領域に関連したもの）の有無を明らかにするための、調査問題を作成した。ただし、STSリテラシーの有無を正確に判定することは、容易ではない。そこで、本研究では2タイプの調査問題（テスト）を用意した。

まず、「STS的内容を表わした文章の正誤判断」によって、STSリテラシーの有無を判定するテストを作成した。これは、STS的内容についての知識の有無を直接問うので、以下では、STS直接テストと呼ぶことにする。

c．STS再認テスト

さらに、「STS的内容を表わした文章の記憶への定着度」から、間接的にSTSリテラシーの有無を判定するテストを作成した。これは、いわゆる再認テストと呼ばれる手法に基づく（詳細は後述する）。よって、以下では、STS再認テストと呼ぶことにする。

（3）各テストの内容

次に、各テストの概要を解説するが、紙幅の都合上、詳細については本稿末の資料を参照されたい。

a．科学知識テスト（資料1）

このテストは、多肢選択式テストとした。内容は、「生物IB」について5

問、「生物Ⅱ」について5問、計10問で構成される。被験者には、各問に対して適当だと判断した選択肢に○を付けるよう求めた。問題の一部を以下に示す。上が、「生物ⅠB」で扱われていた知識を問うもの、下が、「生物Ⅱ」で扱われていた知識を問うものである（選択肢は省略）する。

◆雌雄の一方の性に現れやすく、他方の性には現れにくいなど、性と一連の関係をもって遺伝することを何というか？　　　　　　　　〔答：伴性遺伝〕
◆DNAを特定の塩基配列の部分で、切り離すはたらきをする酵素を何というか？　　　　　　　　　　　　　　　　　　　　　　　　〔答：制限酵素〕

b. STS直接テスト（資料2）

　このテストは、遺伝領域に関するSTS的内容を表わした文章の正誤を、直接問うものとした。具体的には、ヒトゲノム計画、遺伝子組換え、クローンなどのような、遺伝領域（S）の技術的（T）及び社会的（S）側面に着目した文章を、10問提示した。被験者に、正しいと判断したものに○、間違っていると判断したものに×を、記入するよう求めた。問題の一部を以下に示す。

　このテストでは、遺伝領域に関するSTS的内容について、被験者の知識の有無が、直接明らかにされる。

◆遺伝子組換え食品が危惧されているのは、食品の多くは加熱などにより加工されるが、遺伝子組換えの際のDNAやタンパク質など多くは、加工によってその活性を失わないからである。　　　　　　　　　　　　　〔答：×〕
◆人の遺伝情報が保護されなければ、職業の選択、保険の加入、結婚などの際に、本人および家族への差別が生じる危険性がある。　　　〔答：○〕

c. STS再認テスト（資料3）

　このテストでは、STS的内容を表した新聞記事の記憶への定着度を測定することによって、間接的に記事の理解度を測定しようとする。具体的には、「再認テスト」と呼ばれる手法を用いている。まず、この方法を用いたこと、また、文章に新聞記事を用いたことの、背景を説明したい。

　被験者が、ある文章を理解したかどうかを判定するには、いくつかの方法が考えられる。まず、示された文章に関する質問を用意して正誤を判定させる、というのが最も単純な手法であろう。しかし、この手法では、もともとその知

識を有していた(文章を読まなくても知っていた)のか、文章を読んだことによって理解したのか、正確に知ることは難しい。そこで、本研究では再認法と呼ばれる手法を用いることで、より正確に文章の理解度を判定しようと試みた。(阿部、1995)

この再認法とは、文章の理解を実験的に判定する方法のひとつである。具体的には、「被験者に複数のテスト項目を提示し、それが過去に経験した項目であるか否かを判定させる方法である。文章を記銘材料とした典型的な再認実験においては、文章中に明示された文とそうでない文に対する再認」(邑本、1995:32-34) を求めることになる。つまりこの方法は、「理解の深さ≒記憶の定着度」という、我々が常識的に仮定していることを、実際の調査方法に当てはめたものなのである。

本研究では、後述するように、被験者に対して、文章を読んだ直後の再認判定と、それから1週間後の再認判定との、2回の再認判定を求めた。STS直接テストに加えて再認法によるSTS再認テストを実施すること、さらにこの両者の結果を比較することによって、STSリテラシーの有無を、多面的に判定し得ると思われる。

本研究では、再認法の中で提示される文章として、新聞の科学記事(を基に作成した文章)を使用した。かつて下條(1994)は、科学的リテラシーとは何かを明らかにするための方法として、新聞における科学記事から基本的な科学用語を抽出する、という方法を挙げた。新聞における科学記事には、豊富な科学用語や、科学的内容が含まれているのである。ここで注目されるのは、新聞記事には、純粋自然科学のみならずSTS的な内容が、豊富に含まれていることである(遺伝子組換え、臓器移植、出生前診断、等々)。科学者ではない一般市民が、STS的内容に関する話題に日常的に接するのは、まさにこれら新聞を始めとするマスメディアを媒体としてなのである。よって、新聞における科学記事を適切に理解できるか否かは、日常生活において活きてはたらく真のSTSリテラシーの有無の、ひとつの指標になると言ってよいだろう。

そこで本研究では、朝日新聞における1年分(2000年)の科学記事を参考にして、ヒトゲノムの解読に関する新聞記事的な文章を作成して用いた。ヒト

ゲノムに関する内容は、生徒の興味を引きやすい話題である上に、今後は科学的にも社会的にもますます重要となると思われる。以下、記事の一部を示す。

> **遺伝情報(ヒトゲノム)の解読**
> 人の遺伝情報は、各細胞の核の中にあるDNAに記録されている。DNAは4種類の塩基が鎖状に連なってできており、約32億個の塩基の配列がヒトゲノムである。この32億個の塩基配列をおおむね解読完了というところに、人類はたどりついた。21世紀の医学・生物学の基盤として画期的な意義をもち、医薬品の開発などが急速に進むと期待される。〔後略、1548文字〕

STS再認テストは、純粋自然科学の内容に関する理解ではなく、STS的内容に関する理解を問うことに、その主眼がある。そこで、被験者に次のような問いを10問示し、それぞれについて、記事に書かれていたと思うものには○、書かれていなかったと思うものには×を付けるように求めた。なお、この10問は、記事に書かれていたものと同じ内容の文(ターゲット刺激と言う)が5問と、記事には全く書かれていなかったが内容自体は正しい文(ディストラクタと言う)が5問から、構成されている(問題作成・分析においては、市川、1991および田中、1996を参考にした)。

> ◆DNAは4種類の塩基が鎖状に連なってできており、すでに、ヒトゲノムを構成する約32億個の塩基配列はおおむね解読された。   〔答:○〕
> ◆医療現場などには、患者に遺伝子診断の意味をわかりやすく伝え、遺伝情報を知ることの是非を患者と共に考えてくれる人が不可欠になってくる。
>   〔答:×(記事には書かれていなかった)〕

(4) 調査手順

調査は、3週間にわたって、同じ講義時間の最後に実施した。

a. 第1週目

科学知識テスト及びSTS直接テストを行った。時間は、両者を併せて15分間である。

b. 第2週目

前述のヒトゲノムに関する記事を、5分間熟読させた。その際に、この後に

再認テストを行うことは教示しなかった。次に記事を回収し、直後のSTS再認テストを実施した（5分間）。

c. 第3週目

先週と全く同一のSTS再認テストを配布し、1週間の遅延効果を見るため再度のテストを行った（5分間）。

なお、STS再認テスト実施の際には、記事と調査問題は裏返しに配布し、こちらの指示と同時に回答を開始させることで、回答時間を一定にした。

3. 分析方法

まず、高等学校時代の生物の履修科目に着目した。いかなる生物科目も履修しなかった学生を「未履修群」、生物IBのみを履修した学生を「生物IB群」、生物IB及び生物IIを履修した学生を「生物II群」として、全被験者を分類した。そして、その履修群別に、科学知識テストの得点について、1要因分散分析を行った（分析①）。

次に、科学知識テストの得点に着目し、成績別に「科学知識上位群」「科学知識中位群」「科学知識下位群」として、上とは別に全被験者を分類した。そして、この群別に、STS直接テストの得点について、1要因分散分析を行った（分析②）。

STS再認テストについては、上の3群と、直後テストと遅延テストという要因を考慮して、正答率についての2要因分散分析を行った（分析③）。ただし、この正答率には、科学記事に実際に書かれていた内容の文に正しく○を付けることができた割合（ヒット率）と、科学記事に書かれていなかった内容の文に正しく×を付けることができた割合（正棄却率）の、両者がある。いずれも正誤判断である点に、本質的な違いはないのだが、ここでは厳密を期して、ヒット率と正棄却率についての2要因分散分析を別々に行った。

最後に、STS直接テストとSTS再認テストとの関係を確認した。まず、STS直接テストの得点に着目し、「直接テスト上位群」「直接テスト中位群」「直接テスト下位群」として、新たに全被験者を分類した。さらに、この3群

の他に、STS再認テストの正答率という要因を考慮して、2要因分散分析を行った（分析④）。なお、この分析④でも分析③同様に、ヒット率と正棄却率についての2要因分散分析を別々に行った。

以上、各テストと分析①～④の全体像をまとめたものを、図6-1に示す。

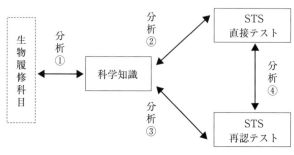

図6-1　調査の概要

4. 調査の結果及び考察

（1）高等学校時代の履修科目と純粋自然科学の知識の有無との関係（分析①）

まず、被験者の高等学校時代における生物の履修科目に着目し、全被験者を「未履修群」（64名）、「生物IB群」（101名）、「生物II群」（34名）に分けた。表6-1は、科学知識テストの平均得点と標準偏差を、この群別に示したものである。

分散分析の結果、群の効果は有意であった（$F_{(2,196)}=41.48$, $p<.01$）。LSD法による多重比較の結果、生物IB群の平均が未履修群の平均よりも、また生物II群の平均が未履修群の平均よりも、生物II群の平均が生物IB群の平均

表6-1　科学知識テストの得点（10点満点）

	未履修群	生物IB群	生物II群
N	64	101	34
Mean	4.23	5.41	6.88
S.D.	1.44	1.34	1.32

よりも、有意に大きかった（MSe＝1.92, p＜.05）。

結果から、生物II群が生物IB群よりも、生物IB群が未履修群よりも、遺伝領域の自然科学の知識を有する、ということが明らかになった。よって、高等学校時代の履修科目は、各科目の中で扱われている純粋自然科学の知識の有無に影響を与えている、と言うことができる。これは当然の結果と言えるが、高等学校理科における教授・学習は、（純粋自然科学の知識に限れば）確かに効果がある、という証左でもある。

（2） 純粋自然科学の知識の有無とSTSリテラシーの有無との関係（分析②及び③）

次に、科学知識テストの得点に着目し、新たに全被験者を得点の「科学知識上位群」（10点〜7点、48名）、「科学知識中位群」（6点〜5点、88名）、「科学知識下位群」（4点〜0点、63名）に分けた。

a．STS直接テストの結果から（分析②）

表6-2は、STS直接テストの平均得点と標準偏差を、上記の群別に示したものである。

表6-2　STS直接テストの得点（10点満点）

	知識上位群	知識中位群	知識下位群
N	48	88	63
Mean	5.21	5.43	5.60
S.D.	1.59	1.53	1.64

分散分析の結果、群の効果は有意でなかった（$F_{(2,196)}=0.83$）。よって、STS直接テストの得点の上下は、科学知識テストの得点とは関係がない、ということが明らかになった。言い換えると、調査問題の範囲内においては、純粋自然科学の知識の有無は、STSリテラシーの有無には影響していない、ということである。

b. STS再認テストの結果から（分析③）

i) ヒット率

ヒット率とは、既に述べたように、再認テストにおいて科学記事に実際に書かれていた内容の文（ターゲット刺激）に正しく○を付けることができた割合である。

表6-3は、科学知識テストの得点群別に、STS再認テストのヒット率の平均と標準偏差を示したものである（以下では、データの見やすさを考え、結果をグラフ化した図6-2を併せて示す）。

表6-3　STS再認テストのヒット率

	知識上位群		知識中位群		知識下位群	
	直後	遅延	直後	遅延	直後	遅延
N	48	48	88	88	63	63
Mean	79.2	77.1	75.7	75.2	80.6	75.9
S.D.	20.4	18.7	19.2	19.3	18.9	18.9

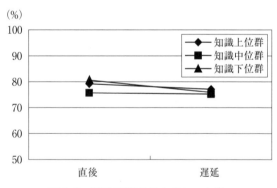

図6-2　STS再認テストのヒット率

2要因分散分析の結果、テスト要因の主効果のみが有意傾向であった（$F_{(1,196)}=3.83$, $p<.10$）。よって、STS再認テストのヒット率は、科学知識テストの得点とは関係がない、ということが明らかになった。

ii) 正棄却率

正棄却率とは、既に述べたように、再認テストにおいて、たとえ正しくとも科学記事には書かれていなかった内容の文（ディストラクタ）に正しく×を付けることができた割合である。

表6-4　STS再認テストの正棄却率

	知識上位群		知識中位群		知識下位群	
	直後	遅延	直後	遅延	直後	遅延
N	48	48	88	88	63	63
Mean	93.8	74.2	92.1	74.1	91.8	71.8
S.D.	12.4	20.8	15.8	24.3	17.7	29.5

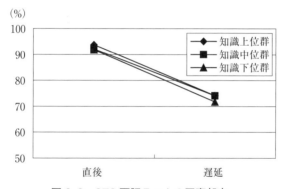

図6-3　STS再認テストの正棄却率

表6-4は、科学知識テストの得点群別にSTS再認テストの正棄却率の平均と標準偏差を示したものである。

2要因分散分析の結果、テスト要因の主効果のみが有意であった（$F_{(1,196)}$＝144.80, $p<.01$）。よって、STS再認テストの正棄却率は、科学知識テストの得点とは関係がない、ということが明らかになった。

ヒット率及び正棄却率の結果は、純粋自然科学の知識の有無は、新聞における科学記事の理解度には、ほとんど影響しない、ということを示している。したがって、分析②と同様に、調査問題の範囲内においては、純粋自然科学の知識の有無は、STSリテラシーの有無には影響していない、ということである。

分析②及び分析③の結果は、純粋自然科学の知識をよく理解していたとしても、それがSTS的内容の文の適切な正誤判断や、STS的内容の新聞記事の適切な理解（定着）を、必ずしも保障しないということを示している。これは、純粋自然科学の知識の教授・学習のみを重視する理科教育では、STSリテラシーの育成が困難である、ということを示唆している。

（3） STS直接テストとSTS再認テストとの関係（分析④）

STSリテラシーの有無について、上記では、STS直接テストとSTS再認テストという2つのテストを用いて明らかにした。これらは、調査手法が違うとは言え、STSリテラシーの有無を明らかにするという目的は、共通したものであった。したがって、STS直接テストの結果と、STS再認テストの結果には、何らかの関係が見られるかもしれない。そこで、最後に分析④として、STS直接テストの得点とSTS再認テストの正答率（ヒット率・正棄却率）との関係を確認したい。

まず、STS直接テストの得点に着目し、新たに全被験者を分類した。その結果、「直接テスト上位群」（10点～7点、49名）、「直接テスト中位群」（6点～5点、95名）、「直接テスト下位群」（4点～0点、55名）に分類された。この3群と、STS再認テストの正答率という要因を考慮して、2要因分散分析を行った。なお、ここでも分析③同様に、STS再認テストの正答率についてはヒット率と正棄却率について、別々に2要因分散分析を行った。

i) ヒット率

表6-5は、STS再認テストのヒット率の平均と標準偏差を、上記の群別に

表6-5　STS再認テストのヒット率
（STS直接テストの得点群別）

	直テ上位群		直テ中位群		直テ下位群	
	直後	遅延	直後	遅延	直後	遅延
N	49	49	95	95	55	55
Mean	79.6	78.4	78.3	76.6	76.4	72.4
S.D.	18.7	18.0	19.8	19.2	19.5	19.3

第6章 純粋自然科学の知識があればSTSリテラシーもあると言えるか 117

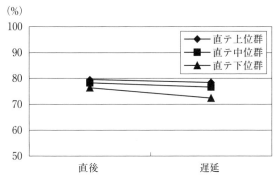

図6-4 STS再認テストのヒット率
(STS直接テストの得点群別)

示している。

2要因分散分析の結果、テスト要因の主効果のみが有意傾向であった($F_{(2,196)}$ = 3.38、$p<.10$)。つまり、STS直接テストの上位群・中位群・下位群において、STS再認テストのヒット率の差はない、ということが明らかになった。

ii) 正棄却率

表6-6は、STS再認テストの正棄却率の平均と標準偏差を、上記と同じ群別に示したものである。

表6-6 STS再認テストの正棄却率
(STS直接テストの得点群別)

	直テ上位群		直テ中位群		直テ下位群	
	直後	遅延	直後	遅延	直後	遅延
N	49	49	95	95	55	55
Mean	94.3	86.1	93.7	72.0	88.4	64.4
S.D.	12.8	18.6	14.6	24.4	19.0	27.7

2要因分散分析の結果、交互作用が有意であった($F_{(2,196)}$ = 10.23、$p<.01$)。STS直接テストの得点群の単純主効果を検定したところ、直後では有意傾向であり($F_{(2,196)}$ = 2.65、$p<.10$)、遅延では有意であった($F_{(2,196)}$ = 12.64、p

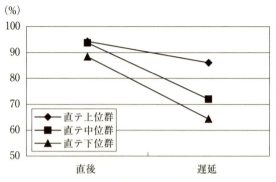

図6-5　STS再認テストの正棄却率
（STS直接テストの得点群別）

<.01)。LSD法を用いた多重比較の結果、直後ではSTS直接テストの上位群及び中位群の平均が、下位群の平均よりも有意に大きかった（MSe＝224.71、p<.05)。遅延ではSTS直接テストの上位群の平均が、中位群及び下位群の平均よりも有意に大きかった。すなわち、STS再認テストの正棄却率に関しては、STS直接テストの上位群は、中位群・下位群よりも、直後の記憶が確かであり、しかも忘却しにくい、ということが明らかになった。このことは、STS直接テストの上位群は他の群よりも、提示された新聞記事を深く理解した、ということを示唆する。

　分析④の結果では、正棄却率については、STS直接テスト得点群による差が見られたが、ヒット率については見られなかった（一応、表6-5及び図6-4では、得点群が上位なほど直後・遅延ともにヒット率は良好であるが、既に述べたように統計的に有意ではない)。したがって、断定的に述べることはできないが、STS的内容についての知識を有する者は、そうした知識を有さない者と比較すると、ある程度は科学記事を理解できる、と言えるのではないだろうか。すなわち、理科教育においてSTS的内容の知識を教授・学習することは、新聞の科学記事を読んで理解するという、活きてはたらく真のSTSリテラシーに関しても、望ましい影響を与えることが予想される。

5. おわりに

　本研究では、大学1年生を対象にして、純粋自然科学の知識の有無と、STSリテラシーの有無との関連について、複数の調査より明らかにした。その結果をまとめると、次のようになる。なお、改めて確認しておくが、本研究における純粋自然科学の知識とは、高等学校生物科目の遺伝領域で扱われていた知識である。また、STSリテラシーとは、Pellaらによって分類された構成要素の中の「科学と文化」「科学と社会」「科学と技術」、すなわち科学と外的諸要素との相互関係に関わる理解・体得のことを指す。

　まず、高等学校時代の履修科目は、各科目の中で扱われている純粋自然科学の知識の有無に影響を与えていることが示された。つまり、純粋自然科学の知識については、その知識を取り扱っている科目を履修して学習すればするだけ得られる、と考えられる。

　次に、純粋自然科学の知識をよく理解していたとしても、それがSTS的内容の文の適切な正誤判断や、STS的内容の新聞記事の適切な理解（定着）を、必ずしも保障しない、ということが示された。純粋自然科学の知識の教授・学習は、上で述べたように、高等学校卒業以後にも、確かになお影響を残していた。しかし、それはSTSリテラシーの観点から見ると、ごく限定されたリテラシーを育成したに過ぎない。純粋自然科学の知識の教授・学習のみを重視する理科教育では、生涯活きてはたらく真のSTSリテラシーの育成には、つながらないのではないだろうか。

　最後に、STS的内容についての知識を有する者は、そうした知識を有さない者と比較すると、ある程度は科学記事を理解できる、と言うことが示唆された。つまり、理科教育において、純粋自然科学の知識に加えてSTS的内容の知識をも直接に教授・学習することは、新聞の科学記事を読んで理解するというような活きてはたらく真のSTSリテラシーの育成の観点から見て、望ましい影響を与えることが予想される。

　もちろん、科学的リテラシー、ましてやSTSリテラシーは、理科教育の中

でのみ育まれるべきものではない。初等・中等教育においては、理科をはじめ社会科、技術・家庭科、国語科等の各教科で、横断的・総合的に行っていく必要があるだろう。しかし、それでもなお、理科の果たすべき役割はとりわけ大きいはずである。

「IA」科目は消えてしまったが、新しい高等学校学習指導要領（文部省、1999）においても、「理科基礎」「理科総合A」「理科総合B」（これらのうち最低1科目は必修）の中には、STS的内容が少なからず含まれている。例えば、エネルギー問題、遺伝子工学、環境問題、科学技術の開発と社会的責任などの内容が、直接取り扱われている。こうしたSTS的内容を、純粋自然科学の知識を教授・学習する際の補足的事項あるいは「おまけ」のようなものとは見なさず、正当な教授・学習内容と位置づけ積極的に取り扱うことこそ、真の科学的リテラシーあるいはSTSリテラシーの育成において、まず最初に必要ではないだろうか。

付記：本章は、次の論文を再録したものである。なお、当時と学習指導要領が改訂されているため、多少の表現上の修正を行ったが、その他は原則として手を加えていない。
　　鶴岡義彦・小菅諭・福井智紀（2008）「純粋自然科学の知識があればSTSリテラシーもあると言えるか―3タイプのテストによる調査研究から―」、『千葉大学教育学部研究紀要』Vol.56, pp.185-194。

注
1) 1989年告示で、1994年から学年進行で実施された。理科には13科目、即ち「総合理科」の他、物理、化学、生物及び地学のそれぞれに、ⅠA、ⅠB、Ⅱの3科目があった。これらのうちⅠBとⅡはほとんど純粋自然科学を内容としていた。共通必修科目はない。
2) 1993年告示で、2003年から学年進行で実施された。11科目、即ち、「理科基礎」「理科総合A」及び「理科総合B」の他、物理〜地学のそれぞれにⅠとⅡという二種類の科目がある。ⅠとⅡが付された科目はほとんど純粋自然科学を内容としていた。共通必修科目はない。
3) STS的内容には、④〜⑥以外に、②や③の一部を含めることもある。例えば②「科学の本性」のうち、わが国で重視されてきたのは、科学の方法の体得であった。しかし科学の方法とは何か、科学における実験とは何か、モデルとは何か、といった側面は重視されてこなかった。この場合の後者、つまり科学の方法を対象化して問い、理解するという側面を含めることがある。例えばイギリスのSTS教育の主唱者であるSolomon（1993）は「科学は本

当に確実なものだろうか―科学の本性―」という単元を開発している。

引用文献・参考文献

阿部純一（1995）「文の理解」大津由紀雄編『認知心理学3言語』pp.159-161、東京大学出版会

市川伸一（1991）『心理測定法への正体―測定から見た心理学入門―』pp.189-195、サイエンス社

小川正賢（1993）『序説STS教育―市民のための科学技術教育とは―』p.9、東洋館出版社

下條隆嗣（1994）「科学―技術―社会の関連からみた科学リテラシィ―新聞記事の分析―」『日本科学教育学会研究会研究報告』8（5）、pp.17-22

Solomon, J.（1993）『科学・技術・社会を考える：シスコン・イン・スクール』（小川正賢監修、川崎謙他訳）pp.51-90、東洋館出版社

田中一朗（1999）『よくわかる遺伝学―染色体と遺伝子―』サイエンス社

鶴岡義彦（1979）「'Scientific Literacy"について」『教育学研究集録』No.2、pp.160-162、筑波大学大学院教育学研究科

鶴岡義彦（1993）「理科教育現代史におけるSTS」日本理科教育学会編『理科の教育』Voi.42、No.12、p.12、東洋館出版社

鶴岡義彦（1998a）「サイエンスリテラシー」、日本理科教育学会編『キーワードから探るこれからの理科教育』pp.40-45、東洋館出版社

鶴岡義彦（1998b）「理科教育はなぜ必要か」理科教育研究会編『理科教育の基礎と新たな展開』pp.31-37、東洋館出版社

邑本俊亮（1998）『文章理解についての認知心理学的研究―記憶と要約に関する実験と理論過程のモデル化―』pp.32-34、風間書房

文部省（1988）『高等学校学習指導要領解説　理科編・理数編』大蔵省印刷局

文部省（1999）『高等学校学習指導要領（平成11年3月）』大蔵省印刷局

資料1：科学知識テスト（「遺伝領域の知識調査」）

　このたびは、調査にご協力いただきありがとうございます。本調査は、大学生の遺伝領域に関する知識を調べるためのものであり、この結果は研究以外の目的には一切使用しません。次の質問事項に全て答えてから、次に進んで下さい。記入漏れがありますと、調査に使用できませんので、記入漏れのないようお願いします。なお、時間は15分です。宜しくお願いします。

・あなたの性別を教えて下さい。　　　　　男　　　　女
・あなたの学年・課程を教えて下さい。　　　　年　　　　　　　　　　課程
・あなたの学生証番号を教えて下さい。　　　　　E

・高等学校の理科で履修した科目を教えて下さい。
　　　　総合理科
　　　　物理ⅠA、　　物理ⅠB、　　物理Ⅱ
　　　　化学ⅠA、　　化学ⅠB、　　化学Ⅱ
　　　　生物ⅠA、　　生物ⅠB、　　生物Ⅱ
　　　　地学ⅠA、　　地学ⅠB、　　地学Ⅱ
　　　　その他（　　　　　　）
・大学入試センター試験の理科で受験した科目を教えて下さい。
　　　　総合理科
　　　　物理ⅠA、　　物理ⅠB
　　　　化学ⅠA、　　化学ⅠB
　　　　生物ⅠA、　　生物ⅠB
　　　　地学ⅠA、　　地学ⅠB
　　　　その他（　　　　　　　）
・新聞を読む頻度を教えて下さい。
　　　　毎日、　　2,3日に一回、　　1週間に一回、　　月に1回、　　ほとんど読まない
・遺伝分野への興味を教えて下さい。
　　　　非常にある、　まあまあある、　どちらとも言えない、　あまりない、　ない

第6章 純粋自然科学の知識があればSTSリテラシーもあると言えるか

○ 次の各問について、ア〜エから正しいと思うものを選んで、○をつけて下さい。

1. 生物はある形質を決定する一対の遺伝子をもっているが、配偶子が形成されるときには、それぞれの遺伝子は1つずつ分かれ、別々の配偶子に入る。これを何というか？

    ア．独立の法則　　イ．分離の法則　　ウ．優性の法則　　エ．交雑の法則

2. 生物のある系統から抽出したDNAを他の系統の細胞に取り込ませた結果、その細胞内で、取り込まれた遺伝子の形質が発現することを何というか？

    ア．形質置換　　イ．形質異変　　ウ．形質転換　　エ．形質導入

3. DNAの構造を正しく説明しているものはどれか？

    ア．ヌクレオチドのリン酸と塩基が交互につながった短い鎖が複数、らせん状にからみ合った構造
    イ．ヌクレオチドの糖とリン酸が交互につながった長い鎖が2本、らせん状にからみ合った構造
    ウ．ヌクレオチドの糖とリン酸と塩基がそれぞれ複雑にからみ合っていて、特定の構造はない
    エ．ヌクレオチドの糖とリン酸が交互につながった長い鎖が2本、ひも状に伸びている構造

4. 伝令RNA（mRNA）の3つの塩基からなる遺伝情報の単位を何というか？

    ア．コドン　　イ．パフ　　ウ．サルコメア　　エ．カルス

5. 1つの形質に着目し、対立する形質をもつ純系の親どうし（AAとaa）を交雑させて、F_1（雑種第一代）を生じさせる。次に、F_1どうしを交雑させて、F_2（雑種第二代）を生じさせる。このとき、F_2の表現型の割合はどうなるか？　ただし、Aを優性とする。

    ア．A：a＝2：1　　イ．A：a＝1：3
    ウ．A：a＝1：1　　エ．A：a＝3：1

6. ある遺伝子が発現されるか、されないかを制御したり、あるいは発現の量的な程度を調節したりする遺伝子を何というか？

  ア．条件遺伝子 イ．調節遺伝子 ウ．発現遺伝子 エ．抑制遺伝子

7. 異なる遺伝子型をもつ個体間の交雑によって、どちらの両親にもない新しい遺伝子の組み合わせをもつ個体が生じることを何というか？

  ア．組換え イ．掛合わせ ウ．乗換え エ．連鎖

8. あるDNAの塩基配列の一部 －GTATCG－ に対応するもう一方の鎖の塩基配列はどれですか？

  ア．－GTATCG－ イ．－TGCGAT－
  ウ．－CATAGC－ エ．－ACGCTA－

9. DNAを特定の塩基配列の部分で、切り離すはたらきをする酵素を何というか？

  ア．分解酵素 イ．塩基酵素 ウ．切断酵素 エ．制限酵素

10. 雌雄の一方の性に現れやすく、他方の性には現れにくいなど、性と一連の関係をもって遺伝することを何というか？

  ア．伴性遺伝 イ．形質遺伝 ウ．生殖遺伝 エ．連鎖遺伝

資料2：STS直接テスト

次の各文について、正しいものに〇、誤っているものに×をつけて下さい。また、その回答に自信がありますか。有、無のいずれかを〇で囲んで下さい。

1. 個人個人のDNAの塩基配列の違いを分析するDNA鑑定を犯罪捜査で用いる場合、現在は、一度行えば100%犯人か否かを判別することができる。　　　　（　　）　自信・・・有、　無
2. 人の遺伝情報が保護されなければ、職業の選択、保険の加入、結婚などの際に、本人及び家族への差別が生じる危険性がある。　　　　（　　）　自信・・・有、　無
3. 遺伝子組換え食品が危惧されているのは、食品の多くは加熱などにより加工されるが、遺伝子組換えの際のDNAやタンパク質などの多くは、加工によってもその活性を失わないからである。
　　　　　　　　　　　　　　　　　　　　　　　　　　（　　）　自信・・・有、　無
4. 現在「遺伝子治療」が懸念される点は、それが文字通り遺伝子に手を加えるため、その影響が治療を受けた本人のみならず、子孫にまで及ぶかもしれないことである。
　　　　　　　　　　　　　　　　　　　　　　　　　　（　　）　自信・・・有、　無
5. ヒトゲノム計画のような公的な巨大プロジェクトは、研究者の興味・関心だけで研究が行われているのではなく、社会的要求にこたえるために研究が行われている。
　　　　　　　　　　　　　　　　　　　　　　　　　　（　　）　自信・・・有、　無
6. 遺伝学をはじめ生物学の研究は、主に医療技術の向上や農産物・家畜の品種改良などの実用面を目的として行われている。　　　　（　　）　自信・・・有、　無
7. 現在日本では、病気の原因になったり、治療に有効だったりするというような役割が判明していないDNAの塩基配列の断片の解読にも特許を認めている。　（　　）　自信・・・有、　無
8. 遺伝学であれ電磁気学であれ、科学における実験とは、事実をありのままに捉えて、たくさんのデータを収集することがその本質である。　　　　（　　）　自信・・・有、　無
9. 植物やある種の寄生虫などの単純な無脊椎動物の場合、人為的につくらなくてもクローンは存在するが、脊椎動物の場合は、人為的でなければクローンは自然界には存在しない。
　　　　　　　　　　　　　　　　　　　　　　　　　　（　　）　自信・・・有、　無
10. 遺伝学をはじめ生物学は、農林水産業、製薬業や医療の進歩に大きく貢献してきたが、人間の思想や信念などの精神面には、ほとんど影響を及ぼしてこなかった。
　　　　　　　　　　　　　　　　　　　　　　　　　　（　　）　自信・・・有、　無

資料3：STS再認テスト

次の文章は、ある新聞の朝刊からとりました。しっかりと理解しながら、熟読して下さい。声を出して読んではいけません。なお、時間は5分間です。

遺伝情報（ヒトゲノム）の解読＜解説＞

　人の遺伝情報は、各細胞の核の中にあるDNAに記録されている。DNAは、4種類の塩基が鎖状に連なってできており、約32億個の塩基の配列がヒトゲノムである。この32億個の塩基配列をおおむね解読完了というところに、人類はたどりついた。21世紀の医学・生物学の基盤として画期的な意義をもち、医薬品の開発などが急速に進むと期待される。しかし、塩基配列がわかっても、実際、それだけではほとんど役に立たない。途切れることなく続く塩基配列のどこからどこまでに意味があり、その配列は何を指示しているのかがわかって初めて、病気などとのかかわりが明らかになるからだ。塩基配列の中でその生命活動に必要な機能を担っている遺伝子は、一人ひとりにつき約10万個と推測されているが、解明されているのはごく一部に過ぎない。医療に役立つ成果を出すには、病気の人とそうでない人の遺伝子を比べるなどの研究が必要になる。

　ヒトゲノムの解読に関する特許出願が世界的に急増しているのは、見つけた遺伝子で画期的な医薬品が開発されれば、莫大な富をもたらすためだ。実際、数百億円の市場になっているものがいくつかある。そのため「金鉱」を探す国際競争は激しさを増している。DNA解読装置やコンピュータを駆使して遺伝情報を調べ、結果を製薬会社に売る、新しいタイプのバイオ情報企業が登場してきた。

　ヒトゲノム解読は、無償公開を前提とする日米欧の公的陣営と、遺伝情報ビジネスを展開している企業が激しく競争している。日米欧では、配列そのものは特許対象になりえず、その配列がもつ産業的な有用性を明らかにした場合のみ、特許を認めるとした。単に新しい配列を読み取っただけで特許が認められると、その後の研究やバイオ産業の発展が妨げられかねないからだ。

　世界の研究者たちは既に、ヒトゲノムの利用の研究に突入している。ヒトゲノムの利用には、光と影の両面がある。遺伝子を用いた新しい治療法や診断法が開発されてきている。遺伝子治療とは、遺伝子を組み込んだウイルスあるいは細菌を患者の体内に導入し、病気にかかわる遺伝子の働きを抑えたり補ったりして病気を治す治療法である。遺伝子診断では、遺伝子の異常を調べることによって、将来の病気にかかる可能性や病気が子孫に及ぶ可能性を予測できる。

　しかし、倫理面で多くの問題がある。遺伝情報は、究極のプライバシーであることを忘れてはなるまい。遺伝情報による「差別」が大きな問題となるだろう。例えば、個人の努力では変えようのない遺伝情報をもとに、会社が採用や人事の判断を下したらどうなるか。医療保険の加入に際して、遺伝情報で差別が生じるかもしれない。

　我が国においては、厚生労働省など三省の専門家会議でヒトゲノムや遺伝子の解析研究をする際に、守るべき倫理指針案が了承された。そこでは、血液などを提供した人の人権を守ることが大前提である。遺伝情報が不当に利用されれば、差別などの問題を招きかねないため、研究実施機関の責任者に、個人が特定できる情報を保護する「管理者」を置くことも義務づけている。

遺伝情報の取り扱いは人類共通の課題でもある。ユネスコが1997年に出した「ヒトゲノムと人権に関する世界宣言」は、「象徴的な意味において、ヒトゲノムは人類の遺産である」と位置づけ、「自然状態にあるヒトゲノムから経済的利用を生じさせてはならない」と規定している。その精神と遺伝子ビジネスを、どう調和させていけばいいのか、さまざまな機会を設けて、社会的な議論を巻き起こす必要があろう。(終わり)

記事の内容についての調査

本調査は、先ほど(先週)読んだ記事の内容についての調査です。この結果は、研究以外の目的には一切使用しません。学生証番号を記入して下さい。なお、回答時間は5分間です。

学生証番号（　　　　　　　　　　）

○ この問題は、各項目の正誤を問うものではなく、先ほど(先週)読んだ記事に書かれていたか否かを問うものです。各項目について、その内容が書かれていたものには○、そうでないものには×を付けて下さい。又その回答に自信はありますか。その有無を選び、○で囲んで下さい。

1．DNAの塩基配列だけわかっても、実際、それだけではほとんど役に立たなく、更に病気の人とそうでない人の遺伝子を比べるなどの研究をすることによって、医療に役立つ成果を出すことができる。
（　　）　自信・・・有、無

2．見つけた遺伝子で画期的な医薬品が開発されれば、莫大な富になるため、その「金鉱」を探す国際競争が激しさを増している。
（　　）　自信・・・有、無

3．遺伝子を用いて病気を治す遺伝子治療は、先天性の病気やガン、肝硬変、心臓病等に試みられている。
（　　）　自信・・・有、無

4．医療現場などには、患者に遺伝子診断の意味を分かりやすく伝え、遺伝情報を知ることの是非を患者とともに考えてくれる人が不可欠になってくる。
（　　）　自信・・・有、無

5．ヒトゲノム計画は、特定の誰かについて知ろうとしている研究ではなく、「ヒト」という生物のゲノムの基本型を対象としている研究である。
（　　）　自信・・・有、無

6．DNAは4種類の塩基が鎖状に連なってできており、すでにヒトゲノムを構成する約32億個の塩基配列はおおむね解読された。
（　　）　自信・・・有、無

7．日本では、バイオ情報企業の発展が遅れているので、バイオ産業を発展させるための努力が必要である。
（　　）　自信・・・有、無

8．遺伝子診断では、遺伝子の異常を調べることによって、将来の病気かかる可能性や病気が子孫に及ぶ可能性を予測できる。
（　　）　自信・・・有、無

9．厚生労働省など三省の専門家会議で了承された守るべき倫理指針案では、研究実施機関の責任者に、情報を保護する管理者を置くことを義務づけた。
（　　）　自信・・・有、無

10．最近、ヒトゲノムに関する市民会議が頻繁に開かれているが、これは遺伝領域に対する市民の関心の高さを表している。
（　　）　自信・・・有、無

第7章

日本における STS 教育に関する研究・実践の傾向と課題

内田　隆・鶴岡義彦

1. はじめに

　本章は、日本における STS 教育に関する研究・実践の文献を収集・整理し、その傾向を調査・分析することで、約30年にわたる日本の STS 教育の成果と課題を明確にし展望を示すことを目的とする。

2. STS 教育研究・実践の分析

（1） STS 教育研究・実践の文献の調査対象期間

　日本における STS 教育研究・実践の傾向を分析するための文献を収集するにあたって、日本における STS 教育に関する初期の文献に多く引用されている『科学と社会を結ぶ教育とは』(Ziman, 1988) の原著が1980年に発行されていることから、文献収集の対象期間を1980年から2016年までとした。

（2） 文献の収集方法および選定条件

　STS 教育の研究・実践の文献収集には、学術情報の検索が可能な国立国会図書館蔵書検索システム NDL-ONLIN、国立情報学研究所論文情報ナビゲータ CiNii、科学研究費助成事業データサービス KAKEN の3つの検索システムを利用し「STS 教育[1]」「STS リテラシー」「STS 教材」「STS 運動」「STS

的視点」「STS モジュール」「STS 科学教育論」「STS 問題」「STS イシューズ」「STS 理科カリキュラム」「STS アプローチ」「STS 的アプローチ」「STL アプローチ[2)]」「STS 家庭科」「STS 家政教育」の用語で検索を行った[3)]。キーワードがない等で検索システムでは検索できない文献については、理科・科学、算数・数学、社会、技術、家庭、保健の各学会誌・専門雑誌等の調査を別に行い、題名や副題に STS 教育関連用語を含む文献を選定した。ただし、学会発表時の要旨集等に掲載されているものは対象外とした。科学研究費助成事業による研究の報告書については、科学研究費助成事業データサービス KAKEN を使用して、研究分野が教育であるものの中から、題名、副題、キーワードのいずれかに STS を含むものを選定した。

（3）収集した文献の選定結果の概要

　文献の収集にあたって、学術論文に限定せず論考や紹介記事等も含めたところ、対象の文献は計 225 編になった。その内訳は学会誌・専門雑誌等が 119 編、大学の紀要等が 53 編、科学研究費助成事業の報告書が 53 編であった。その他に、題名に STS を含み STS 教育を主として扱っている一般書籍が 5 冊あった[4)]。表 7-1 に、STS 教育・実践に関する文献が掲載されていた学会誌・専門雑誌の一覧を示す。

（4）収集した文献の分析の視点

　収集した文献に加え書籍や学会発表における要旨集等を参考に、以下の視点で分析を行った[5)]。
　① 日本の STS 教育研究・実践の時系列的な傾向の分析
　② 日本の STS 教育研究・実践の個別の視点の分析
　1） STS 教育研究・実践が 1990 年代当初に日本で盛んに行われた背景は何か
　2） STS 教育研究・実践が行われた教科は何か
　3） STS 教育の定義・目的は何か
　4） STS 教育推進のためにどのような方策がとられたか

130　第Ⅱ部　我が国における科学的リテラシーの現状と課題

表7-1　STS教育・実践に関連する文献が含まれていた学会誌・専門雑誌等

雑誌名	発行者・発行所等	文献数
『日本理科教育学会研究紀要』『理科教育学研究』（改称）	日本理科教育学会	11
『理科の教育』	東洋館出版社（日本理科教育学会編）	25
『教育科学 理科教育』『楽しい理科授業』（改称）	明治図書	19
『初等理科教育』	農山漁村文化協会（日本初等理科教育研究会編）	1
『科学教育研究』	日本科学教育学会	15
『物理教育』	日本物理教育学会	4
『化学教育』『化学と教育』（改称）	日本化学会	5
『生物教育』	日本生物教育学会	1
『生物の科学　遺伝』	裳華房、エヌ・テイー・エス（遺伝学普及会編）	11
『生物科学』	日本生物科学者協会	2
『地学教育』	日本地学教育学会	5
『家庭科教育』	家政教育社	3
『日本教科教育学会誌』	日本教科教育学会	3
『環境教育』	日本環境教育学会	2
『社会科研究』	全国社会科教育学会	1
『環境技術』	環境技術学会	1
『科学技術社会論研究』	科学技術社会論学会	1
『一般教育学会誌』『大学教育学会誌』（改称）	一般教育学会、大学教育学会（改称）	1
『エネルギー環境教育研究』	日本エネルギー環境教育学会	1
『日本エネルギー学会誌』	日本エネルギー学会	1
『省エネルギー』	省エネルギーセンター	1
『博物館学雑誌』	全日本博物館学会	1
『パリティ』	丸善出版	1
学会誌・専門雑誌等の合計		119
大学の紀要等の合計		53
科学研究費助成事業の報告書		53
合　計		225

3.　日本のSTS教育研究・実践の時系列的な傾向の分析

（1）　STS教育研究・実践の文献の発表数の変遷

　STS教育研究・実践の文献の発表数の変遷を調査するために、収集した文献（学会誌・専門雑誌等に収録119編、大学の紀要等に収録53編、科研費の報告書53編の計225編）を、発表された年毎にグラフにまとめた。図7-1に示す[6]。

（2）　STS教育研究・実践の文献の時系列的な概観

　教育に関する文脈の中にSTSの用語が最初に見られたのは、森本（1983）がアメリカの理科教育の動向を報告する際「科学、技術及び社会との関連性

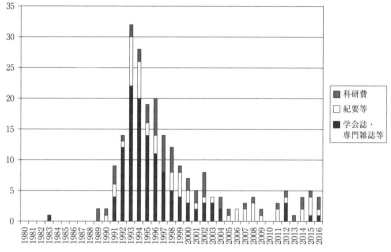

図7-1　STS教育研究・実践の文献の発表数の変遷

を志向した中等カリキュラム研究グループ（Science-Technology-Society Focus Group）」の略称をSTSグループとした箇所であった。また、STS教育の用語が最初に見られたのは、長洲（1987）がアメリカの理科教育の動向を報告する際、STS教育プログラムの事例を紹介した箇所であった。

　STS教育に関して詳細に論じられている初期のものとして、1988年に発行された『科学と社会を結ぶ教育とは』（Ziman、1988）が挙げられ、その第7章には「STS教育の方法」が設けられている[7]。その後、鈴木（1990）が理科教育における環境教育のあり方について、木谷（1991）が理科教育の今日的課題について語る文脈の中で、それぞれSTS教育に言及している[8]。そして、ほぼ同時期に題名にSTS教育を含みSTS教育を主たる研究対象としている論文が発表された。例えば、環境教育とSTS教育の関係について（鈴木・原田・玉巻、1990）（熊野、1991）、BSCSにおける人間の遺伝学教育の展開とSTSアプローチについて（丹沢、1991）、家政教育へのSTS教育思想の導入（住田、1991）、科学論からSTS教育についての考察（大洲、1991）、ERICのデータ分析からアメリカにおけるSTS教育の実態を明らかにする試み（田中・柿原、1991）等である。

また、一般書籍にもSTS教育に触れているものが見られるようになる。例えば、中島（1991）が『科学とは何だろうか』（小林・中山・中島、1991）の中で新しい科学技術論としてのSTSを語る中でSTS教育に言及している。さらに、1991年に発行された『理科教育辞典　教育理論編』（東・大橋・戸田、1991）のコラムにSTSプログラムが取り上げられていたり、大学におけるSTS教育プログラムでの使用も見据えた『サイエンスを再演する』（フォーラムSTS、1990）が発行されたりしている。

　この時期、教育関係者の間でSTS教育への関心が高まっており、複数の専門雑誌においてSTS教育関連の特集が組まれている。例えば『遺伝』が1992年の11月から特集「生物教育におけるSTS教育の可能性」を全11回、『理科の教育』が1993年11月号で特集「理科におけるSTS教育」で7論文、『楽しい理科授業』が1995年1月から特集「STS教育の教材開発と授業」を全12回連載している。3つの特集はどれも、海外のSTS教育の紹介（SISCON-in-schools、SATIS等）、STS教育の概要説明や概念の整理、日本におけるSTS教育の在り方の検討、先駆的な日本での実践例の紹介および教材開発といった構成であった。

　そして、STS教育の研究・実践発表は飛躍的に増加し、ピークの1993年には学会誌等に32編が発表された。また、1992年に理科教育学会の40周年記念を兼ねて出版された『理科教育学講座6　理科教材論（上）』（日本理科教育学会、1992）に約90ページにわたってSTS教育についてまとめられていることからも、90年代前半に多くの研究者・教師が関心を持ち期待を寄せていたことがわかる[9]。

　しかし、1998年発行の『キーワードから探るこれからの理科教育』（日本理科教育学会編、1998）では、これからの理科教育に重要だと考えられる50のキーワードの中に「STS教育」が取り上げられているものの、90年代後半になるとSTS教育の研究・実践発表は次第に減少する。『理科の教育』1998年1月号の特集「科学技術社会における子どもの学びと理科学習指導の在り方」では、その特集のタイトルに「科学技術社会」という言葉があるものの、10編の論考の中で題名にSTS教育を含むものは「家族の教育力を活用したSTS

教育 — 思慮深く考察できる生徒の育成をめざして — 」(平賀、1998) の1編だけであった。

2000年以降、STS教育の研究・実践発表はさらに減少し、学会誌等で発表されるもののほかに科学研究費助成金による研究の報告書を含めても、毎年数編程度に留まっている。ただし、STS教育の研究・実践の数は少ないものの、現在まで継続的に取り組まれていることが図7-1からわかる[10]。

(3) STS教育研究・実践の文献の内容とその傾向
① 1990年代前半の文献の内容と傾向

STS教育に関する初期の文献には、海外のSTS教育、特にイギリスとアメリカのSTS教育を紹介したものが多く見られた。例えば、イギリスのSTS教育の例として、70年代にイギリスで始まった理工系の大学生に対する一般教育の試みであるSISCONプロジェクトや、その取り組みを引き継ぎ中等教育用に開発されたSISCON-in-schools (小川、1993)[11]、イギリスの理科教育協会ASE (The Association for Science Education) が8才から19才の幅広い生徒を対象として対象年齢別にそれぞれ数多くのモジュールの開発をしたSATIS (Science & Technology in Society) プロジェクト (栗岡・野上、1992) 等が挙げられる。

アメリカのSTS教育については、長洲 (1993) が、アメリカ理科教師協会NSTA (National Science Teachers Association) の1982年基本声明『80年代の米国の科学教育はSTS教育』から1990年の基本声明『全ての人に適切な科学教育を与える努力、それはSTS教育』への発展について紹介している。

また、STS教育の概念の整理もなされている。例えば、「学問領域としてのSTS」と「教育内容としてのSTS」(小川、1991)、STS教育/研究の4つの立場 (梅埜、1993)、「STSを通しての理科教育」と「理科におけるSTSの教育」(鶴岡、1993)、「STS教育」と「STSアプローチ」(小川、1993) 等である。

他にも、STS教育の概要を明らかにするための多様なアプローチの研究が見られる。例えば、科学論からSTS教育についての考察 (大洲、1991)、

ERIC のデータ分析からアメリカにおける STS 教育の実態を明らかにする試み（田中・柿原、1991）、環境教育と STS 教育の関係について（鈴木・原田・玉巻、1990）、（熊野、1991）、（松原、1993）、（沼尻・芳賀、1993）、J.B.Conant の科学史事例法を例に挙げ理科教育現代史における STS 教育の位置について（鶴岡、1993）等が挙げられる。また、非西欧社会における科学教育について文化相対主義の立場からの STS 教育（川崎、1991）も考察されており、現在の日本で語られる STS 教育についての基本的な文献が、この 90 年代前半に発表されたといってよいであろう。

② 2000 年以降の文献の内容と傾向

2000 年以降の理論的な研究の例としては、全米科学教育スタンダード成立前後のアメリカの科学教育カリキュラムと STS 教育の関係を調査した一連の研究（栢野、2008・2009）や、大学の新入生を対象として純粋自然科学の知識獲得が STS リテラシーの向上を必ずしも約束しないことを明らかにした調査（鶴岡・小菅・福井、2008）等が挙げられる。2000 年代の理論的な研究の多くは、STS 教育とは何かではなく、STS 教育の現状を調査研究したものだった。

実践的な研究の例としては、STS アプローチによる理科総合 A のカリキュラム開発（栢野、2002・2003）のように、理科の科目におけるカリキュラム開発の例も見られるが、その多くは投げ込みの教材として利用が可能な、モジュール教材の開発および実践が中心であった。例えば、モラトリアム・レターからアシロマ会議への流れを中心とした組換え DNA 論争史（北田、2011）、事故による酸流出のためにダメージを受ける植物や小動物の状況を踏まえ、会社・地域住民・自然保護団体等の立場から解決策を導く活動を取り入れた中和反応の学習（山岡・隅田、2007）、イチョウの受精や精子発見の科学史を取り入れたぎんなんを核とした学習（福原・加藤、2005）、地域の特産の暮坪カブの組織培養を通して地域の農家との交流も深めた取り組み（小山田・城守・加藤、2001）等であり、いずれも内容・科目・実施時間・対象生徒等は多様であった。この時期は、理論的な研究に比べ、実践的な研究の方が多くなっていた。

4. 日本の STS 教育研究・実践の個別の視点の分析

（1） STS 教育研究・実践が 1990 年代当初に日本で盛んに行われた背景は何か

収集した文献に記載されている、STS 教育を推進する論拠や STS 教育の必要性を説く理由等を抽出・類型化し、STS 教育研究・実践が 90 年代当初に日本で盛んに行われた背景を以下の 6 つに分類した。

① 海外の STS 教育が日本に紹介されたのを契機として

1980 年代後半から 90 年代前半にかけて、イギリスの SISCON（Science In Social Context）-in-schools、SATIS（Science & Technology in Society）プロジェクト、アメリカの STS アプローチ等、海外の STS 教育が、この時期に日本に紹介された。

② 総合理科、理科の IA 科目、総合的な学習の時間の導入等、教育政策の影響

80 年代後半は、「人間と自然」が項目化された「理科Ⅰ」と、科学の歴史的事例を通して科学における知的活動が本来どういうものであるかを学ぶ「理科Ⅱ」が実施されていた。したがって、理科教育関係者の間でも科学論的な内容の学習への関心が高まり研究・実践が進められていた。そこに、1989 年告示の学習指導要領で、高等学校の理科に「自然に対する総合的な見方や考え方を養うとともに自然の事物・現象についての理解を図り、<u>人間と自然とのかかわりについて認識</u>[12]させる」（文部省、1989）ことを目標とした「総合理科」や、「物理」「化学」「生物」「地学」の各科目に、日常生活と関係の深い事物・現象に関する探究活動を通して学習する科目である IA 科目が導入された。これらの科目では「自然物や自然事象についての知識の理解」だけでなく、「自然物や自然現象と人間のかかわりや関係」の学習へと視野が広がった。その結果、従来の理科では対応が難しくなり、理科の学習領域の拡大や、日常生活から理科教育へのアプローチという意味での STS 教育が注目された。

また、1996 年の第 15 期中央教育審議会第一次答申「(1) これからの学校教

育の目指す方向」に「横断的・総合的な学習の推進」(文部省、1996)が明記された。したがって、STS教育の研究・実践が盛んに行われていた90年代前半に、教育関係者の間でSTS教育とも関連が深い「横断的・総合的な学習」について話題になっていたと推測され、これもSTS教育が注目された要因の1つとして挙げてよいだろう。

③ 環境教育の必要性の高まりの影響

1986年に環境庁「環境教育懇談会」設置、1990年に日本環境教育学会設立、「環境教育指導資料」中学校・高等学校編(1991)、同小学校編(1992)、同事例編(1995)の発行、1992年に環境と開発に関する国際連合会議(リオ・サミット)の開催等、この時期は環境教育をとりまく社会的な環境が大きく変化した時期であった。

環境教育の必要性の高まりとともに、科学技術の社会的な側面を取り上げるSTS教育の重要性も同時に高まったと考えられる。例えば「環境問題は人間にとっての科学や科学技術の在り方を問い直させる契機となった。これまでは科学や科学技術は人々に幸せをもたらすものとする科学ユートピアの考えが主流であり、それを反映した形で科学教育が行われてきた。すなわち科学的思考の育成、科学知識の理解など科学の中身の教育であった。1970年代後半から80年代にかけて、それへの反省を含めて科学教育の在り方に変化が見られるようになった。その1つの現れがSTS教育である」(鈴木・原田・玉巻、1990)や、「日本経済の急激な上昇によって、公害や環境破壊のような科学の発達のマイナス面が社会問題化してきたため、理科教育の中でも、このような問題が取り上げられる機会が増えてきた。このようなテーマの授業実践を通じて、科学の発達のプラス面とマイナス面とを公平に教えることによって日常生活の中で科学に関わる問題が起こったときに冷静に判断できる能力を育てることが、これからの理科教育の重要な役割の1つではないかという考え方が出てきた。こういう観点において、欧米で台頭してきたSTS教育の考え方を研究しようという動きにつながった」(沼尻・芳賀、1993)にみられる。つまり、科学技術の発展を環境問題の原因の1つとしたうえで、その解決を技術革新による解決に限定せず、科学技術そのものを問い直すSTS教育が注目されたと

④ 従来の科学教育の批判的な検討

「科学を優れた人類の文化遺産ととらえ、その普遍的な価値を認める立場や、科学技術の振興が社会開発に貢献するという科学のプラス面としての実用的価値を認める立場からの教育だけでは、今日の複雑な問題に十分に対処できるような意志決定能力、問題解決能力や判断力が育成され難い」(中山、1992)にあるように、自然科学中心の伝統的な科学教育だけでは、科学技術に支えられた社会に対する批判的な視点や、科学技術社会で生じる問題に対処できる意思決定能力等が育たないという認識が多くの理科教師や研究者の間にあった。また、「専門家としての科学者あるいは技術者養成のための教育、つまり科学や技術〈の〉教育が主であり、したがって科学や技術〈について〉の教育は、少なくとも理科においてはほとんど行われていなかった。もちろん社会科などの他の教科においてもほぼ同様である。科学教育は、あくまでも科学の教育であって、科学者や技術者になるための教育ではあっても、科学や技術を対象化してそれを外から評価するための教育ではなかった」(坪井、1994)の指摘にもあるように、科学や技術を対象化して捉える視点を養う「科学や技術〈について〉の教育」としてのSTS教育の必要性が高まっていたといえる。

⑤ 科学技術社会を構成する市民として期待される力の育成

この時期、科学技術の発展によって生じる様々な問題は、専門家だけでなく、非専門家である市民がその判断にかかわるべきだという気運が高まっていた。例えば「科学はどのような立場のグループにも等しく利用され、時にはどのような価値判断にも活用できることになる。これは、ある意味科学の持つ普遍的な価値の証であろう。科学は、しかも、技術と結びつくことによって大きな影響力を人類にもたらしている、従って、今日の私たちに求められるのは、社会の中で科学をどう位置づけていくのかの判断力である」(内山・野上、1995)や、「一般的に、科学者ではない人々と科学者との関係は現在のところ一方的で閉鎖的なものと言えるが、これを双方向的、民主的な状態へ作り変えることが重要である」(石川・鈴木、1998)、「このような問題を理解しそれに対する自分の態度を明確に表現することは、良識ある専門家と熱心な一部の非

専門家に任せておくのではなく、より広く社会の構成員一人ひとりに望まれるべきことである」（石川・鈴木、1998）にあるように、科学技術社会における科学や技術の在り方についての判断をすべて専門家に任せておくのではなく、責任ある一市民として自分の態度を明確に表現できる判断力や意思決定能力の育成の必要性が指摘されていた。その判断力や意思決定力を扱い民主的な資質を養う教育としてSTS教育が期待されていたと考えられる。

⑥ 理科離れに対する打開策として

理科に対する子どもの興味・関心・学力の低下が指摘されてから久しい。例えば、「従来の学校理科が科学の基本概念と探求技能の育成を唱導しながら実質は基礎科学中心で教師主導の知識注入に陥ってしまったこと。それ故に子どもが抱く身近な諸問題が実は環境問題、エネルギー問題、バイオテクノロジー等、現代社会における科学・技術に関連した様々な問題やイッシューズ（現時点では解決困難な諸問題）と相互関連する視点が欠落していた。そのため従来の学校理科は現実の社会に対応できずに学校の教師、児童、生徒、さらには社会一般から、こ難しく、面倒で、つまらない理科と見做されてしまった。」（長洲、1994）に指摘されている。その打開策の1つとしてSTS教育の推進が挙げられている。社会に対して閉じた学校知としての理科教育ではなく、社会に対して開放された現実の生活に対応する実用知を育成する理科教育によって、子どもたちの興味・関心を取り戻そうという考え方から、STS教育の必要性が高まったといえる。

（2） STS教育の研究・実践が行われた教科は何か

中等教育でのSTS教育はどの教科で行うべきかという問いに対して、「STSは理科教育を越える幅広い分野を対象とする。中等教育において、理科教育がSTS教育の有効な場の1つであることは言うまでもないが、同時に社会科やその他の諸科目も、STSの実践の場となりうるというのが、研究者としての筆者の立場である」（中島、1993）のように、STS教育の領域は極めて広範であるため理科教育だけではおさまらないし、おさめるべきではないという主張がある。また、「理科教育がSTS教育実践の重要な場の1つであることは間

違いない。だが、理科には科学の原理を教育するという本来の機能がある。これをおろそかにすべきとは思わないから、理科の中でSTS教育にさく時間はおのずから限度があるのではないだろうか。国語科、社会科、家庭科なども、STS教育実践の重要な場となりうるはずである。」(中島、1997)のように、時間の制約を理由に理科以外の教科でのSTS教育実践を進める主張がある。そこで、理科教育以外での研究・実践が収集した225の文献中にどの程度存在するのか調査した。

① 社会科

社会科では、NCSS（National Council for the Social Studies：全米社会科教育協議会）が発表したSTSについての公式見解（今谷、1994、1996）や、SSEC（The Social Science Education Consortium：社会科学教育協議会）が開発した理科・社会科両方の教師に役立つSTS教材シリーズ（池上、1998）が、それぞれ今谷編著の一般書籍に紹介されている。さらに今谷（1996）は、STS教育について「STSカリキュラムは、自然科学と社会科学の内容を統合的に関連づけながら、現代社会における科学・技術のあり方について理解を深め、科学的リテラシーや技術的リテラシーを、それとかかわる社会的諸問題の解決への意思決定や市民としての行動のなかに効果的に活用していくことのできる能力を育成しようとする点で、社会科そのものであるということができる」としている。しかし、社会科におけるSTS教育に関する文献は、今谷が著者の一人で、科学技術の発展が原因となって生じた社会問題の解決をめざす能力の育成という点で社会科教育とSTS教育の関連性や共通点を見いだしている「環境リテラシーの育成とSTSカリキュラム」（河村・今谷・山本、1994）と小学校社会科の防災単元でトランス・サイエンスな問題を取り上げる授業実践（吉川、2016）の2編だった[14]。

② 技術科

技術科におけるSTS教育の研究・実践は3編であった。その1つは「科学と技術が表裏一体、相互補完の存在であるという教科理念を持つ『科学技術科』という教科を創設すべきである。〈中略〉第1分野、第2分野は従来の理科、第3分野を技術分野としても良い」（阿部、2006）とし、さらに「その分

野の間を、例えばSTSのような考え方の下で関連づけ、連携させるのが一番妥当であると思われる。1つの教科として、科学的内容と技術的内容を『社会』との関わりで有機的に結びつけるのはそれほど困難なことではないだろうし、そのことによってこそ『科学技術』に対する『公共の知』としての適正・適切な判断力やモラルを育成できるのではないかと考えている」(阿部、2002)とあり、技術科の目標を加工技術等の習得にとどめず、科学と社会との関連性を扱うSTS教育の視点を取り入れて理科と有機的に結びつけ「科学技術科」とすることによって、教科の発展性を検討しているものであった。また、他の2編は検定教科書の記載内容について、1編は木工加工実習の分野(谷口・吉田、2001)、もう1編はエネルギー変換に関する技術の分野(相澤、2012)における、科学的内容・技術的内容・社会的内容の出現数について分析したもので、どちらも技術科の授業においてSTS教育を実践する可能性を論じたものであった。

③ 家庭科

家庭科におけるSTS教育の研究・実践は3編であった。その1つでは「家政学教育カリキュラムにSTS教育思想を導入する試みの理由は、家政学は本来、"統合"の原理を背景に、臨床家政学ともいうべきものをめざし、その独自性である『人間生活における人と環境との相互作用』、すなわちその関係性を研究対象とするからである」(住田、1991)のように、家庭科教育とSTS教育との間に、日常生活に関する具体的な知識を広範囲にわたって扱う点や、人間生活と環境(社会)との関係性を扱うという点に共通点を見いだし、家庭科教育へのSTS教育思想の導入を提案している。また「家庭科教育に不可欠な"知識と行動の有機的関係"を可能にする一方法としてSTS教育に着目し、STS教育導入の家庭科教育を提起した。それは、学習者自らの生活の在り方を共同体という暮らしの中(市民生活)で問うものであり、その教育的基盤に『市民としての責任』を置く。また、その学習プログラムの総称を"HE-Com"(Home Economics in the Community：地域社会における家庭科)と名付けたが、それは、アメリカSTS理科カリキュラム、"『Chem Com"(Chemistry in the Community：地域社会における化学)』にならったものである」(住田・

西野、1994)や、「『生態学的消費者教育』は、環境問題の一因とされる科学(science)や技術(technology)を、社会(society)との関連においてそのあり方を問い直すSTS教育の反省的視座から、個人の消費生活が環境に及ぼす影響を配慮した健全なライフスタイルを実現出来る人間の育成を目指す構想である」(井上・住田、2000)のように、消費者教育に、価値観を扱うSTS教育の視点の導入を試みたものであった。これら3編はいずれも住田の関わった一連の研究であり、STS教育を導入した新しい家庭科教育を提起したものであった。

④ 保健体育科

保健体育科におけるSTS教育の研究・実践は1編であった。その内容は「環境が健康、疾病、安全、発育発達と関係することから、公衆衛生、健康教育、学校保健、STS等との関連が必要であること」(内山、1999)や「STSが健康、安全の、社会の健康、安全と関係する構造をもっているように、環境教育もSTSとの関係構造をもたなくてはならない」(内山、1999)にあるように、保健教育における環境教育の在り方に関する記述の中で、狭義の環境教育には含まれない事柄を指し示すためにSTSの概念を引用したものであった。

⑤ その他(国語科、算数・数学科)

国語科におけるSTS教育の実践は『「STS教育」理論と方法』(野上・栗岡編、1997)の中に1つあった。それは、国語表現で「医学の進歩と生命倫理を考える」をテーマに、小論文やディベートを中心に取り組まれた実践であった。

また、算数・数学科におけるSTS教育の研究・実践は、算数・数学教育関連学会の大会において2件の発表があった。うち1件は、水不足を核とした授業において、社会的な影響の学習や雨水を貯める装置の検討の他に「雨量の測定」「比例の考え方」「単位面積当たりの考え方」等を取り入れた実践(向平・松井、1995)であった。

①〜⑤の検討から、国語、算数・数学、社会、技術、家庭、保健体育ともに、それぞれの教科からSTS教育に接近し、STS教育の社会的側面を取り込むことによって、各教科の学習領域の拡大を図っているものであった。しかし、い

ずれもSTS教育を各教科の発展のための手段としているものであり、STS教育のカリキュラムや教材開発および実践等の具体例はなく、これらの教科ではSTS教育の議論が進展しなかったことが明らかになった。

⑥ 各教科以外でのSTS教育

学校におけるSTS教育は、各教科内で実施されるものに限定されるわけではない。例えば、教科間のクロスカリキュラムによるSTS教育、STS科のような1つの科目におけるSTS教育、総合的な学習の時間の中でのSTS教育等の多様な形態が考えられる。このような取り組みの例として、STS教育の考え方を導入した「人間生活ベースの新理科」「人間生活ベースの新家庭科」の授業を構想し、食物の消化吸収と栄養について、理科と家庭科のねらいを理科教師と家庭科教師がティームティーチングによって相互補完しながら行った実践（野上・小谷・椹木、1994）があった。また、『「STS教育」理論と方法』（野上・栗岡編、1997）の中で、現代社会における環境問題の授業において、酸性雨に関する化学実験を導入したクロスカリキュラムの授業（陶山、1997）が行われていた。しかし、STS教育には様々な実践形態が考えられるものの、この2例しか見あたらなかった[15]。

⑦ 学校教育以外でのSTS教育

STS教育は学校で取り組まれているものだけでなく社会教育等でも実施されている。例えば、社会教育主事認定講習会における「STS教材モジュール作成実習」（OGAWA、1992）、STS教育やキャリア教育を意識した現職教員の民間企業研修（藤岡、2004）があった。

⑥～⑦の検討から、STS教育には多様な実践形態が考えられるものの、そのほとんどが「学校」での「理科教育」におけるものであることが明らかになった。

（3） STS教育の定義・目的は何か

STS教育の定義や目的は文献によって幅があり、現在もコンセンサスは得られていない。しかし、「STSやSTSリテラシーはスローガンとしての性質を持つ」「スローガンは定義するべきものではなくて解釈されるべきもの」（小

川、1995)の主張もあるように、STS教育の研究・実践の交流を通して背景にある価値観を明瞭にし、どのようなSTS教育が日本に必要また実現が可能なのか検討するために、これまでSTS教育をどのように解釈し定義してきたのか傾向をつかむことは、今後のSTS教育の研究・実践において有効である。そこで、収集した文献の中に記されているSTS教育の定義や目的を抜き出し、その内容ごとにまとめた。

　まず、「STS教育を「S（Science、科学）とT（Technology、技術）とS（Society、社会）との相互関連性についての教育」としておこう。」（梅埜、1993）や「STS教育とは、簡単に言えば、科学、技術、及び社会の相互作用に関する教育、あるいは、科学・技術に関連深い社会問題に関する教育である。」（鶴岡、1999）は、研究者や教師の間で共有されているといってよいであろう[16]。

　STS教育を通して身に付けさせたい能力として示されていた例を以下に挙げる。「従来の理科教育では、自然科学の知識体系と科学の方法の習得が中心になりがちであった。しかし、この従来の理科教育の枠を越えて、特定の事物・現象が技術及び社会とどう関連しているのかを考察させ、生徒が価値判断して、自己の態度を決定できる能力を育成することは重要である。」（野々山、1994）、「STS教育は、すべての生徒が、科学―技術―社会の相互関連を理解し、現代の社会・技術・政治的文脈において科学的素養のある市民として民主的な意思決定に積極的に参加できるような社会的能力を獲得することを目標とするものである。」（中山、1998）、「STS教育は、科学・技術・社会の相互作用についての適切な理解の上に立ち、生じた問題について思慮深く考察し、意思を決定し、決定した意思に基づいて行動できる人間の育成をねらいとしている。」（平賀、1998）、「科学と技術に関連した社会的問題に、将来の一人の市民として効果的に関与することができる、問題解決と意思決定能力をもった生徒を育成する」（沼尻・芳賀、1993）である。すなわち、科学・技術・社会の相互作用や関連性についての教育活動を通して、民主的な意思決定に積極的に参加するために必要な能力としての意思決定能力や問題解決能力を育成し身に付けることが目的とされている。

また、科学・技術・社会の相互作用や関連性についての教育活動を通して、理解させたい知識や習得させたい考え方として以下のようなものが挙げられている。例えば、「理科教育ないしは科学教育は『科学の内容理解』であり、それに対してSTS教育は『科学の性格理解』である。科学的事実や法則などを教えることが理科教育の目標であり、それに対してSTS教育では、科学の方法や特徴、社会的な役割などを理解することを目標とする。」（関口、2006）、「STS教育の基本的な目的は、科学・技術の発展が人類文化・社会に否定的な影響をもたらすという科学のマイナス面をも含め、科学―技術―社会の関係がもつ共生的特性を理解することを主眼とするものである。」（中山、1992）の指摘にあるように、STS教育は、科学を客観的な視点から捉え、科学の方法や特徴等の科学の性格理解といった「広義の科学論的理解」[17]（鶴岡、1999）をめざす教育といえる。

　そして、STS教育を行うにあたっての科学観として、以下のようなものが参考になる。例えば「これまでの科学教育では、科学、技術と社会をみる眼があまりに科学や技術に偏重し、社会をその視野から除いた、きわめて一面的な印象を与えることになりがちであるという批判的反省のもとで、科学的知識がいかに生産され、それがいかに応用されるのか、その仕組みを、批判的に社会との関連において、一般市民の立場から明らかにしてゆこうとするのがSTS科学教育である。そこでは、従来の伝統的科学観や、学究中心主義の科学教育思潮が問い直されざるをえない。」（中山、1998）、「STS教育とは、科学とは没価値ではなくて、そのときどきの技術と社会と相互に影響しあうものである、という認識のもとに教材研究がなされて実践される教育である。」（平井、1995）である。他にも、STS教育は「素朴な帰納主義的科学観、さらには、唯物弁証法的科学観とは異なった科学観に依拠しているのである。簡潔に言えば、『客観的、価値中立的科学』を否定し、これを相対化する立場である。」（小川、1993）のような、相対主義的な科学観に立脚する教育であるという主張も見られる。

　また、他の文献とは異なる特徴的なSTS教育の定義も見られた。例えば「知らず知らずのうちに、自分たちの生き方が自分たちの意図を超えたところで、

技術に合わせて決められてしまっているのではないか。確かに、技術の導入はわれわれの生活を便利にしている。しかし、便利さと同時に自分の意図しなかった代償をも、支払わされてはいないか。〈中略〉われわれが自らすすんで選んだ選択によって、自らを本来の自分の意図から縁遠くしてゆくという自己疎外現象（＝技術における人間の自己疎外）がみられるのではなかろうか。この様な視点から見る限り、<u>STS教育は、われわれの主体的な意志で技術を支配することによる人間の自己回復のための教育という側面を持っているのである。</u>」（坪井、1994）が挙げられる。科学技術の自触作用に対して、社会の側つまり人の手による科学技術の制御に焦点をあてたものである。他にも、科学、技術についても異文化として捉え、西洋科学と伝統的科学、西洋技術と伝統的技術の区別が必要であるとしたもの（小川、1993）や、欧米を発祥とする自然科学と日本における理科の差異に焦点をあてているもの（川崎、1993）もある。日本の理科と西洋の科学を同一視せずに、日本の「理科」教育の問い直しを試みたものである[18]。

（4）STS教育推進のためにどのような方策がとられたか

　STS教育の推進のために、どのような方策がとられたのかという視点で文献の調査を行ったところ、そのほとんどがSTS教育のモジュール教材の開発であった。しかし、STS教育の支援を目的とする研究も数例みられたので以下に挙げる。

① 理科教師へ調査から、STS教育の普及のための課題を明らかにした研究
1) STS教育の実践にあたって、現在の努力で解決が可能な短期的な問題として「適切なSTS教材やカリキュラムの不足」「授業を担当する教師の能力」「教師がSTSを学ぶ機会の少なさ」を理科教師による調査から明らかにしたもの（TANZAWA、1992）
2) 教師としてのキャリアが長いほど科学論的内容に対する意識が高いことや、教師個人のレベルでは科学論的内容に需要があることを明らかにし、STS教育の普及は教員養成や教員研修が手がかりになるとしたもの（大

辻・鶴岡、1994)
② STS教育を実践する教師への支援策
STS・環境問題に関するメディア情報のデータベースの作成に向けた試み(平賀・冨樫・福地、1993)
③ STS教育を行う必要性や意義について具体的な根拠を挙げた調査・研究
1) 学校教育でSTS教育を実践する根拠として大学入試の小論文には比較的多くのSTS的な問題が出題されており、その出題意図から大学側が受験生に求めている能力がSTS教育で育成しようとしている資質、能力と極めて親和度が高いということを明らかにした調査(大辻・春山・小川、1997)
2) 純粋自然科学の知識の獲得は、STSリテラシーの向上を必ずしも約束しないことを明らかにし、市民がSTS問題に出会った時に適切な意思決定を行うための基礎としては、純粋自然科学を内容とする理科科目の履修だけでは足りないことを明らかにした調査(鶴岡・小菅・福井、2008)

STS教育の普及・推進を目的とする研究として上記の3点を挙げたが、いずれも個々の研究者の問題意識等による研究・報告であり、組織的な研究はほとんど見られなかった。

5. STS教育の課題

日本にSTS教育が紹介されて以降、多くの研究者や教師によって研究・実践が進められ、科学研究費助成事業による研究報告を含めると200件以上が報告・発表されている。しかし、近年は研究・実践の発表数が減少している。そこで、なぜSTS教育の研究・実践の発表数が減少しているのかその課題を検討する。

(1) STS 教育の制度化へ向けた取り組みが低調なまま進展せず、教育内容・目標・方法・カリキュラム等が具体化されなかった

　STS 教育の定義や目的は、研究者によって幅がありコンセンサスは得られていない。しかし、同様に定義や目的のコンセンサスが得られていない環境教育は、環境教育をテーマとする国際会議が開催され、環境教育を専門とする学会が設立され、文部省の審議会の答申等では環境教育について言及され、学術会議による検討会からも報告書が提出されている[19]。その結果、「環境教育指導資料」「環境の保全のための意欲の増進及び環境教育の推進に関する法律」等、制度化が進み、環境教育は広く一般に浸透したといっていいだろう。

　一方で STS 教育は、理科教育関連学会の大会での分科会の設置、専門雑誌における特集等はあったものの、学会等の組織をあげた STS 教育の制度化へ向けた表立った取り組みはなく、学術会議の報告書や国の政策レベルの審議会等に STS 教育を題名に含むものは見られなかった。その結果、STS 教育の制度化は進まず、その教育内容、目標、方法、カリキュラム、STS 教育の効果の測定方法や評価方法の検討等が、一部の研究者による研究に留まったままで、組織的な検討や具体化がなされなかった。

(2) 「STS を通しての理科教育」と「理科教育における STS の教育」が混在し次第に「STS を通しての理科教育」が STS 教育として語られ理科教育に包含された

　「STS を通しての理科教育」に対して以下のような指摘がある。例えば「人工生命とか臓器移植といったバイオテクノロジーの最新の科学、技術の成果が社会に影響を与える問題に焦点化したり、あるいは環境汚染や環境破壊の事例を列記して、それをトピック的に教材として教え込みがちなケースが見られる。」(丹沢・貝沼・長洲、1993) や、遺伝子組換え実験の実施を軸とした STS 教育実践に対して「技術的追体験がそのほとんどを占めており、社会的視点や対立点についての資料は少ない。〈中略〉技術追求型の問題点と危険性は、学生用の簡易実験からその技術一般を類推する安易さと、社会的ジレンマが理解されにくい」(半本、1995) 等である。これらは、野上 (1994) の論を

借りれば「最後のS（society）がないST教育や、Sが小さいSTs教育」であり、STS教育の名で研究・実践されているものの、実際には最先端の科学技術の解説や技術的な追体験で終わってしまっている。これらは、STS教育を語るものの、先端技術を学習の動機付けに使用した理科教育にすぎない。

STSの社会的側面を理科教育の手段として利用した「STSを通しての理科教育」は、日常生活と関連させた理科教育として浸透したといってよいだろう。しかし、「STSを通しての理科教育」を、STS教育と語る必然性は希薄なため、次第にSTS教育と語られずに理科教育に包含され、その結果STS教育と題する研究や実践は減少したと考えられる。

（3） STS教育が将来理科を専門としない生徒へのやさしい科学として認識された

以下の指摘が参考になる。「STS的要素や科学史（STS研究において一定の役割を担っている）を理科教育に導入するのは、理科系科目の苦手な中学生や高校生に理科を教える方策である。そのために、STSや科学史は〈やさしい理科〉〈やさしい科学〉という性格を与えられた。実際、高校の理科でSTS的要素を多く取りいれている現行の科目は、「総合理科」「物理／化学／生物／地学IA」であり、これらはもともと大学に進学しない生徒を想定した科目である。〈中略〉科学知識を伝達するためにSTSを利用するならば、STSは方便に過ぎなくなってしまう。」（松山、1999）である。理科系科目が苦手な中学生や高校生に科学知識を伝達するためにSTS教育を利用するのは、STS教育が理科教育のための手段にすぎないという点で技術追求型のSTS教育、「STSを通しての理科教育」と同様である。これも（2）と同様に、結果として、STS教育を語る必然性はなく理科教育に包含されたと考えられる。

（4） 専門外の内容また生々しい現実を扱うSTS教育に取り組む理科教師は少なかった

収集した文献の中には、STS教育を直接批判するものは見られなかった。しかし、将来理科教師になろうとしている大学生に、SATISの単元「臓器移

植」をとりあげ、ひとりの教師として中学校の1年生に導入することを試みるか否かを問うたアンケート調査の結果（野上、1994）が参考になる。57名のうち、4名が試みないと回答し、その理由は次のようなものであった。「授業としてはできない、なぜなら、自分のこのトピックへの認識も甘く、さらに重要な事に、一般的な世論も二分されたままで固まっていない」「移植は興味深く、人として考えるには足るテーマだと思うが、扱うにはしんどい。自分自身の考えが少なくとも煮つまるまではおいておきたい。」である。これらは、STS教育の扱う領域が専門外であることや、答のない生々しい現実を扱うことへの躊躇である。また、「科学を没価値的で真理追究の学問であるとするものが、回答者全体の3割から4割いたが、理科教師の約7割はこの考えを肯定した。」（丹沢ら、2003）という報告にあるように、多くの理科教師は純粋自然科学だけを扱うという意識が強く、オープンエンドな取り組みを苦手とする理科教師の認識も、上記の大学生と意識と同様だと考えられる。さらに、STS教育は「理科の範囲を逸脱しているという批判も聞くが」（鈴木、1990）という指摘からも窺えるように、制度化が進まない中であえてSTS教育に取り組むのは、問題意識をもった、熱意のある一部の教員に限られていたと考えられる。

（5）SISCON-in-schoolsやSATIS等のプログラムは紹介されたものの、日本で開発されて一般化されたプログラムや教材がほとんどなかった

最初にSISCONを日本に紹介した渡辺（1977）は「SISCONをそのまま日本の教育に広く取り入れることは、数多い文献・資料の入手の点から言っても、また討論に不慣れな日本の教師・学生の実情からみても、きわめて困難であろう」と指摘している。その後、海外のSTS教育が紹介され、日本でもSTS教育の教材開発・実践が進んだ。しかし、STS教育に興味を持った一般の教師が参考にするような、教材案や授業案が掲載された書籍、もしくは教科書として作成された書籍は少ない。その結果、熱心な研究者や教師によってSTS教育が取り組まれたものの、その後教育現場への一般化が進まなかったと考えられる。

6. おわりに

本章では、2016年までのSTS教育の研究・実践の文献を収集し調査分析したことをまとめた。2017年以降のものは、まだ、検索システム等に充分に反映されていないことが予想されるため調査分析の対象外としたが、「地域社会の形成者を育成する小学校社会科授業の開発：トランス・サイエンスな問題を取り上げる地域学習の単元構成」（吉川、2017）や「SSH校における社会科の役割：『科学的リテラシー』の再考をふまえて」（山本、2018）が社会科の教員によって報告されている。また、「科学技術と社会への多角的視点を涵養するためのカードゲーム教材の開発」（標葉・江間・福山、2017）のように、カードゲームを用いた教材開発も報告されており、現在もSTS教育・実践の研究が継続されるだけでなく、研究・実践している教員やその内容が多様化していることがわかる。

科学技術に関連する様々な意思決定過程の民主化への取り組みがすでにはじまっていること、また、選挙権年齢が「20才以上」から「18才以上」に引き下げられたことから、中等教育でのSTS教育の重要性はいっそう高まっている。さらに、ヒト授精卵を用いたゲノム編集医療の研究、福島第一原子力発電所の爆発事故等、現代の科学技術社会の様相を考えると、STS教育の普及・浸透は喫緊の課題である。科学技術政策の形成過程への国民参画の基盤をつくるためには、科学の方法や特徴といった科学の性格理解や、社会における科学の役割や共生的特性といった「広義の科学論的理解」をめざす教育や、意思決定・合意形成力や問題解決能力を育成するための教育が重要である。

なお、本章は以下の論文・書籍を大幅に加筆修正したものである。注は以下に示すが、引用文献は紙幅の都合上省略する。引用文献は下記の論文・書籍に資料としてまとめられているので参照されたい。

内田隆・鶴岡義彦（2014）「日本におけるSTS教育研究・実践の傾向と課題」、『千葉大学教育学部研究紀要』第62巻、31頁-49頁、千葉大学教育学部

内田隆（2018）『科学技術社会の未来を共創する理科授業の研究 ― 生徒の意思決定・合意形成を支援する授業』184 頁 -200 頁、風間書房

注

1) STS education は STS 教育、STS approach は STS アプローチとした。
2) STL アプローチは、小中学生対象の STS 教育において「社会 -Society」にまで目を向けさせるのは難しいとして、「社会 -Society」を最も身近な社会である「生活 -Life」に置き換えたものである（平賀、1994）。
3) STS に E（環境 Environment）を加えた STSE も科学教育学会の大会で提唱されている（鈴木・原田、1992）。また、カナダにおける科学的リテラシーのビジョンの研究の中でも STSE についての報告がある（小倉、2005）。しかし、本研究で収集対象とした文献中には STSE を含む文献はなかった。
4) タイトルに科学技術社会を含む書籍や、理科教育の解説書の中で STS 教育について触れている書籍は存在するが、ここではタイトルに STS を含み教育を主たる分野としている書籍だけを選び 5 冊とした。
5) 分析にあたっては「我が国における科学技術リテラシーの基礎文献・先行研究の分析」（長崎・阿部・斉藤・勝呂、2005）を参考にした。
6) 科学研究費助成金による研究の中で、複数年にわたって研究が行われているものは、報告書が提出された最終年を発表した年としてグラフを作成した。
7) 1979 年に SISCON を日本に紹介した里深文彦監訳による、『科学・技術・社会をみる眼：相互作用解明への知的冒険』（Gibbons, M. and Gummett, P. 編、1987）が同時期に出版されている。監訳の理由に「これまでの科学の成果を上から下に教育するための科学教育にかわって、科学研究がいかにして行われるか、その仕組みを、批判的に社会との関連において、民衆の立場から明らかにしていく教育が、何よりも求められていると思う。」と、教育について言及しているものの、STS 教育に関する記載はない。
8) 1989 年に理科教育学会、科学教育学会の大会で題名に STS 教育を含む発表がされている。また、カシオ科学振興財団助成研究報告書『科学技術社会における市民教育としての科学技術教育』（小川、1989）では STS 教育について詳細に論じられている。
9) この時期に STS Network Japan、STS 関西、STS 教育研究会等の STS 教育にかかわる団体も発足している。
10) 日本理科教育学会の 2018 年の全国大会でも環境学習・STS 教育・総合的学習の分科会が設けられている。
11) 『科学・技術・社会（STS）を考える－シスコン・イン・スクール』（Solomon、1993）が出版されている。
12) 下線は筆者が強調するために付したものである。これ以降の下線も同様である。

13) 環境教育とSTS教育については鈴木・原田・玉巻 (1990)、(熊野、1991)、(松原、1993)、(沼尻・芳賀、1993) に詳しい。
14) 2009年に出版された『公民教育辞典』(日本公民教育学会編、2009) にもSTS教育はない。社会科ではSTS教育はほとんど普及・浸透していないといってよい。
15) 大隅・立本 (2003) は「総合的な学習の時間」のSTS教材開発を行っているが実施はしていない。
16) 一方で、科学・技術・社会の「三つの要素に還元しないようなSTS問題、STS現象の捉え方、「総体としてのSTS」そのものを取り上げるというアプローチを模索する必要がある」という主張もある (小川、1995)。
17) 鶴岡 (1981) は「科学と人文」「科学と社会」「科学と技術」を広義の科学論としている。
18) 『日本人はなぜ「科学」ではなく「理科」を選んだのか』(藤島、2003) では「西洋科学としての科学」と「伝統科学としての理科」に焦点があてられているものの、STSには触れられてはいない。日本の科学教育の文脈におけるSTSという用語には、この西洋科学と伝統科学の区別をも含むという認識は、あまり定着していないと考えられる。
19) 例えば、日本学術会議環境学委員会環境思想・環境教育分科会から、2008年に「学校教育を中心とした環境教育の充実に向けて」、2011年に「高等教育における環境教育の充実に向けて」が提言されている。

第Ⅲ部

科学的リテラシー育成を目指した
理科教育の諸考察

第8章
小学校「風とゴムの力の働き」の問題点と改善の方策
― 主としてエネルギー・エネルギー問題の視点から考える ―

鶴岡義彦

1. 序　　言

　我が国の場合、国家的基準である学習指導要領は、各学校で編成する教育課程を強く規定する。また、日常の授業を大きく方向付ける教科書も学習指導要領に準拠して編集され、検定される。それ故、授業、とりわけ全教科担任制・学級担任制を原則とする小学校の授業は、教科書、そして学習指導要領に強く規定されるということができる。

　ところで、小学校理科には各種の単元があり、単元の配置や単元内容については、種々の評価がある。小学校理科教育にかかわる者は、それらに留意する必要がある。学習指導要領が約10年毎に改訂されることを考慮すれば、その時々の学習指導要領、学習指導要領解説、教科書どおりの授業を実施するだけでなく、そうした種々の評価にも留意すべきである。

　本章では、2011年から全面実施された小学校学習指導要領[1]における第3学年理科の単元「風やゴムの働き」を取り上げ、問題点を指摘する。そして学習指導要領に基づきながらも、より教授・学習価値の高い単元や授業とするための改善方策を提示する。なお、2020年全面実施の小学校学習指導要領[2]の下では、この単元は通常「風とゴムの力の働き」と呼ばれているが、単元目標は、記述の形式以外何ら変わっていない。

　本章では、2008年告示・2011年全面実施の学習指導要領に則して「風やゴ

ムの働き」という単元名称を使い、当該学習指導要領と同・解説[3]を主たる議論の対象とする。ただし、必要に応じて、新、即ち2017年告示・2020年全面実施の学習指導要領や同・解説[4]に触れることとする。特に断らない場合は、2008年告示・2011年全面実施の学習指導要領の時代のものを扱っている。

2. 学習指導要領等における単元「風やゴムの働き」の位置づけ

（1）学習指導要領等に示された本単元の目標・内容

旧小学校学習指導要領によれば、第3学年のA区分[5]の目標は、次の通りである。

> 物の重さ、風やゴムの力並びに光、磁石及び電気を働かせたときの現象を比較しながら調べ見いだした問題を興味・関心をもって追究したりものづくりをしたりする活動を通して、それらの性質や働きについての見方や考え方を養う。

また、単元「風やゴムの働き」の目標は、次の通りである。

> 風やゴムで物が動く様子を調べ、風やゴムの働きについての考えをもつことができるようにする。
> ア　風の力は、物を動かすことができること。
> イ　ゴムの力は、物を動かすことができること。

ここでは、新学習指導要領における「風とゴムの力の働き」の目標も、少し長くなるが示しておこう。

> 風とゴムの力の働きについて、力と物の動く様子に着目して、それらを比較しながら調べる活動を通して、次の事項を身に付けることができるように指導する。
> ア　次のことを理解するとともに、観察、実験などに関する技能を身に付けること。
> （ア）風の力は、物を動かすことができること。また、風の力の大きさを変えると、物が動く様子も変わること。
> （イ）ゴムの力は、物を動かすことができること。また、ゴムの力の大きさを変

えると、物が動く様子も変わること。
　イ　風とゴムの力で物が動く様子について追及する中で、差異点や共通点を基に、風とゴムの力の働きについての問題を見いだし、表現すること。

　小学校の理科は第3学年から始まる。本単元は、最初の物理系単元である場合がほとんどである。さて次に、法的拘束力はないが、やはり文部科学省の著作物である学習指導要領解説 理科編[6]では、本単元は、次のように解説されている。
　本単元の内容は、「エネルギー」についての内容のうち「エネルギーの見方」にかかわるもので、第5学年の「振り子の運動」の学習につながる、という。また、風やゴムを働かせたときの現象の違いを「比較する能力」を育てるとともに、それらについての理解を図り、風やゴムの働きについての見方や考え方をもつことができるようにすることがねらいである、という。そして具体的には、風の場合で言えば、次のような学習をねらっている。

　　　風の力で動く物をつくり、風を当てたときの物の動く様子を比較しながら、風の強さによって物の動く様子に違いがあることを調べ、風の力は物を動かすことができることをとらえるようにする。

　さらに、比較に関して、「風については、例えば、送風機などを用いて風を起こして、風の強さを変えることが考えられる」としている。
　まとめて言えば、本単元の学習では、動く物を作ること、風によって物を動かせることと風の強弱によって物の動きに違いが出ることを知ること、風は送風機などで起こすことがめざされている。
　なお、新学習指導要領解説によれば、本単元について、「エネルギー」のうちの「エネルギーの捉え方」に関わる内容と言い、やはり第5学年の「振り子の運動」の学習につながる、と位置づけている。何ら本質的な変化は認められない[7]。

（2）教科書における本単元の内容構成

小学校理科の教科書は6社[8]から出版されているが、学習指導要領を基準として、また同解説を参考にして編集されているため、大差のない内容となっている。ここではシェア上位の2社のものを取り上げてみよう。

表8-1　A社「風やゴムのはたらきをしらべよう」の概要

○導入ページ
　帆船等の写真を示し、船や車を走らせる風のはたらきをしらべようと呼びかける。
　「風で動く車の作り方」を示す。
1. 風のはたらき
？「車にあてる風の強さによって、車のうごき方がかわるのでしょうか」という問い
　〈実験1〉自作の帆かけ車に、送風機で弱い風と強い風を当ててどこまで走るか調べて、結果を比べる。
　　　　↓
　〈わかったこと〉
　　風が強いと、車は遠くまで走った。
　　風が弱いと、車はすぐに止った。
→　「風は車などをうごかします。風の強さによって車の動き方はかわります」と結論づけている。
　この後に、〈やってみよう：もっとよく車を走らせよう〉として、帆の大きさや形を変える試みの紹介や、〈ジャンプ：風のはたらきのりよう〉として、水をくみ上げたり穀物を粉にしたりする風車、風力発電の簡単な紹介がある。
2. ゴムのはたらき
　ゴムを引っぱる長さに注目して活動するが、全体として、風の場合と同様の流れ。
　最後に、〈作ってみよう：風やゴムでうごくいろいろなおもちゃを作ろう〉のページがある。

表8-2　B社「風やゴムのはたらき」の概要

○導入ページ
　風鈴、鯉のぼり、風力発電所などの写真を提示。
　「風の強さやゴムの引っぱる長さをかえたとき、ものの動き方もかわるのか、調べましょう」と呼びかけ。
1. 風で動く車をつくろう
？「「ほ」をつけた車をつくり、風で走らせよう」と呼びかける。

〈せい作：風で動く車をつくろう〉
この製作の後、外に出て、風が吹いているところに持って行ったり、うちわで扇いだりする活動がある。
2. 風の力を調べよう
　？「風が強くなると、風がものを動かす力も強くなるのだろうか」という問い
　〈じっけん1〉「風の強さと車が走るきょり」
　送風機などで弱い風と強い風とを送り、巻き尺などで車が走った距離を測る活動。
　↓
　「わたしのレポート」を示した後、次のように結論づけている。「風には、ものを動かす力があり、風の強さがかわると、ものを動かす力の強さもかわります」。
3. ゴムの力を調べよう
　輪ゴムの引っぱる長さや本数の違いに注目して活動するが、全体として風の場合と同様の流れ
　最後に〈理科の広場：風やゴムのりよう〉、〈せい作：プロペラで動く車をつくろう〉等がある。

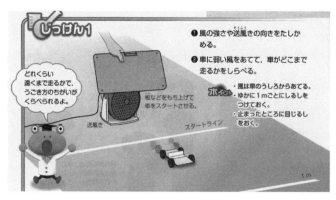

図8-1　A社の実験

　両社の教科書は、実に学習指導要領と同解説に忠実である。それ以外の出版社の教科書も含めて、内容の骨格は共通していて、次の通りである。①帆かけ車などを作り、②風によって車が動かせること、また、③送風機の強弱を変えて比較し、強い風の方が弱い風の場合より車を大きく（遠くまで、速く）動かせることを調べている。④ゴムの場合も、引き伸ばしたゴムで車を動かす活動などを行い、風の場合と基本的に同様である。

3. 問題の所在と改善の方向性

（1） 問題の所在

筆者は、本単元の内容に問題を感じる。各校で実践されたり、教員向けの書物に掲載されたりしている学習指導案によれば、本単元には8〜12時間程度[9]が充当されている。しかし、はたして、この単元内容を学校で取上げて、10時間前後もの時間をかける価値はあるのだろうか。

学習者は小学校3年生だが、この程度の内容なら、彼ら・彼女らの日常生活経験を全く超えていないのではなかろうか。子どもたちは、風の働きに関する様々な日常経験を有している。風によって木の葉が転がり、校庭に砂埃が舞い上がる。風によって髪の毛や鯉のぼりがなびき、旗が翻る。風によって帽子やハンカチが飛ばされる。風に向かって自転車のペダルを踏むのは辛いが、追い風なら楽である。風に物を動かす働きがあること、強い風の方が弱い風の場合より、動かす働きは大きいこと、これらを知らない子どもがいるだろうか。

筆者は、これまでの数回にわたる本単元の授業参観からも、疑問を感じざるを得ない。たいてい、帆かけ車を作り走らせだした頃までは、それなりに熱中している。初期は、自分（自班）の車を他人（他班）のものより遠くまで走らせたいという競争心で熱中しても、まもなく飽きてきて、体育館などで行った場合、床に寝そべる姿さえ見られるようになる。学習内容・学習活動が日常生活経験を超えることがない、つまり貧困だからではないか。

（2） 改善の方向性

筆者は、本単元について、大きく言えば、次の2つの観点から改善すべきであると考える。

① 「エネルギー」ないし「エネルギーの見方」にかかわる単元として徹底すること。

学習指導要領は、「科学的な概念の理解など基礎的・基本的な知識・技能の確実な定着を図る観点から、「エネルギー」「粒子」「生命」「地球」などの

科学の基本的な見方や概念を柱として、子どもたちの発達の段階を踏まえ、小・中・高等学校を通じた理科の内容の構造化を図る方向で改善」[10] されたはずであった。しかし実は、それらは、いわゆる物理、化学、生物、地学の区分とほとんど変わらず、新鮮味のないものに堕していないだろうか。

② 環境・エネルギー問題との関連を尊重すること。

学習指導要領では、理科を学ぶことの意義や有用性を実感する機会をもたせ、科学への関心を高める観点から、「実社会・実生活との関連を重視する内容を充実」することや、持続可能な社会の構築が求められている状況に鑑み、「環境教育の充実」を図ることが謳われていたはずである[11]。本単元でも環境・エネルギー問題に対する何らかの気づきを与えることは可能ではなかろうか。

4. 本単元の改善方策

(1)「エネルギーの見方」を尊重すること

既に述べたように、理科の内容は、小学校から高校まで、エネルギー、粒子、生命、地球という科学の基本的な見方や概念を柱として、構造化されたという。「風やゴムの働き」は、これらのうち「エネルギー」についての基本的な見方や概念を柱とした内容に属し、更にその中の「エネルギーの見方」[12] にかかわるものとされる。

① 「風」の本体「空気」に注目すること

本単元のタイトルは「風やゴムの働き」だが、そもそも、「風」と「ゴム」という用語は同等だろうか。「ゴム」は、通常、弾性のある高分子物質か、それで作られたもの（輪ゴム、ゴム紐など）を指す。つまり、物質、物体、「モノ」である。しかし、「風」は、どちらかと言えば、「モノ」というより「コト」である。「風」とは、「運動している空気」「空気の流れ」であり、「モノ」としては「空気」である。輪ゴムは転がっていようが、床に落ちていようがゴムである。風も、暴風でも微風でも風である。しかし、「風」は止まると、つまり「凪」のときは、なくなってしまう。

自然科学は、原則として、物に注目して物と物との相互作用のカラクリを探究する学問である。それ故、本単元でも、風の本体である「空気」に注目しなければならない。「空気」と「ゴム」とが対応し、「風」なら、例えば「引き伸ばされたゴム」と対応する言葉となる。
　② 運動エネルギーの見方の基礎を築くこと
　本単元にかかわる主なエネルギーは、風の働き場合、運動エネルギーである。運動エネルギー K は、運動する物体の質量を m、運動速度を v とすれば、$K = 1/2 \cdot mv^2$ と表される。つまり、物体の運動エネルギーは、物体の質量と速度に関連することが分る。それ故、本単元では、「空気の塊が次々と帆かけ車にぶつかっている」「大量の空気ないし濃い空気が、勢いよく帆かけ車にぶつかるほど、帆かけ車を大きく動かす」といったイメージを持たせたい。こうしたイメージこそ、ある物体が他の物体にぶつかったときにどれだけの働きをするか、という、一般的な運動エネルギーの働きの見方の基礎となる。ボーリングの玉がピンを倒したり、自動車が衝突して前の自動車を動かしたりする場合と、基本的に同じ現象だからである。だからこそ、「風」の本体が空気であることに注目させる必要があるのである。
　ところで、学習指導要領解説には、この単元は、第5学年「振り子の運動」[13]につながる、と書かれている。はたしてそうであろうか。「振り子の運動」では、振り子の等時性を学習する。振り子の錘が運動を始めるときは、むしろ位置エネルギーの問題である。振り子の錘を他の物体に衝突させたりはしないのである。子どもたちに、風の働きと振り子の運動との関連に気づかせることはできるのだろうか。本単元が直接的につながるのは、学習指導要領解説では全く言及されていないが、むしろ第5学年の「流水の働き」である。「風やゴムの働き」における「風の働き」は、「流れる空気の働き」であるから、「流れる水の働き」につながるのは、当然のことである。「流水の働き」では、侵食、運搬、堆積という三作用を学習するが、風の場合も基本的にはこれらの三作用を引き起こすことができる。風であれ流水であれ、運動している物体が行う働きに他ならない。
　水は高圧洗浄に使われ、近年残念なことに起こってしまった、福島原子力発

電所の事故の結果として、放射性物質の洗浄にも使われている。空気も洗浄に役立つ。空気を噴射すれば、家屋の敷居や障子の桟の埃を吹き飛ばすことができる。圧縮空気を使って給水管の汚れを除去するJAB工法[14]ある。いずれも高速流体の衝撃を利用しているわけである。

　以上のことをまとめて言えば、風の本体である空気に注目させ、風の働きを流れる空気（運動する物体）の働きとしてイメージ化させることが、運動エネルギーの理解の基盤になる、ということである。

　「空気の塊が次々と帆かけ車にぶつかって、車を動かす」というイメージを持たせるには、「空気砲」が最適であろう。密閉された段ボール箱の一部に穴を空け、箱の側面を叩くことによって、内部の空気を噴射させる装置である。小型の物は、ペットボトルなどを使っても簡単に作れる。内部の空気に線香の煙などを混ぜておけば、噴射された空気の道筋が鮮明に捉えられる。

図8-2　空気砲の例[15]

　なお、ゴムの働きは、弾性力による位置エネルギーの問題だから、「振り子の運動」に関係はある。振り子は運動を始めるときは、位置エネルギーによっている。いずれも元の位置（安定した状態）に戻ろうとするという点で共通する。しかし、この点について子どもたちに気づかせることは困難であろう。

　学習指導要領解説が、「風やゴムの働き」について、5年「振り子の運動」につながる単元と位置づけ、より関係が深い「流水の働き」とのつながりを指

摘しないのは問題である。エネルギー、粒子、生命、地球という科学の基本的な見方や概念を柱として構造化したというが、実際は、物理、化学、生物、地学という区分と何ら変わらない。「エネルギー」に属すという「風やゴムの働き」は「エネルギー」に属す「振り子の運動」につながるとするだけで、「流水の働き」は「地球」に属す単元と位置づけ、一言もつながりを指摘していないのだから。

（2）「環境・エネルギー問題」を尊重すること

既に指摘したが、2008年改訂告示の学習指導要領は、実社会・実生活との関連付けの重視、そして持続可能な社会構築に寄与するための環境教育の充実という方向で改善が図られたはずである。こうした観点から本単元「風やゴムの働き」を吟味するとき、取り扱いに一工夫あってよいのではないかと考える。何社かの教科書に、風力発電所の写真が掲載され、風の利用というコメントが付けられている。しかしそれだけでは物足りない。

① 比較する能力を育成すること

小学校理科では、学年毎に育成すべき「問題解決の能力」が定められている。即ち、第3学年から順に、比較、関係づけ、条件制御、推論である。「風やゴムの働き」は3年の単元だから、「自然の事物・現象を比較しながら調べること」を重視し、比較する能力の育成がねらわれている[16]。

これに基づく学習内容・学習活動としては、既に見てきたとおり、学習指導要領解説でも教科書でも、送風機によって起こした強風と弱風の場合との比較である。この比較自体を否定はしないが、これだけでは、繰り返しになるが、子どもたちの日常生活経験を全く超えず、面白みがなく、持続可能な社会の構築や実社会・実生活との関連付けとも、深いつながりを感じない。何を比較すべきなのか。

② 自然の風と人為の風とを比較すること

筆者は、①自然の風（天然の風）と人為の風との比較を行うべきであり、②実験の際に送風機を使うのはなぜかを問うべきである、と考える。こうすることによって、本単元は、環境・エネルギー問題に対していっそう深く具体的な

つながりをもち、より知的になる。電源とつながった送風機で人為的に風を起こし、風の強弱を調節して、実験を行う。実験を行うためには、安定的な風、調節可能な風を引き起こしたいからである。送風機という装置によって、電気エネルギーを運動エネルギーに変換している。

ところで、風力は自然エネルギー・再生可能エネルギー源の1つであり、枯渇性で二酸化炭素を大量に放出する化石燃料や放射能汚染のリスクを有する核燃料と異なる。しかし、後者による火力発電や原子力発電のほうが、風力発電よりも安定性があるとされる。自然の風は、吹いたり吹かなかったり、強く吹いたり弱かったり、不安定であるというのである[17]。ただし、風力発電所を各地に作れば、極端な不安定性はなくなることにも留意しておきたい。

それ故、自然の風と人為の風（送風機による風）とを比較することは、ささやかとはいえ、環境・エネルギー問題という、現在から将来にわたる重要なテーマへとつながる気づきをもたらす可能性を持っているということができるだろう。子どもたちでさえ、ただちに正解を答えるような問い、強い風と弱い風の場合を比較して、どちらが帆かけ車を大きく動かすか、という問いを発するだけでは、十分な教育的価値は認められない。時に、強風と弱風の場合とを比較させ、帆かけ車の走行距離を丁寧に測定させている授業も認められるが、本単元では、定量的な比較は無理であり、無意味である。

比較ということではないが、ゴム動力で回転させたプロペラによって帆かけ車を走らせるという活動なら、一定の価値がある。エネルギーの変換や動力の伝達へとつながる基盤づくりになるからである。

5. 結　語

小学校理科第3学年の単元「風やゴムの働き」の持つ問題点を指摘し、改善方策を提言した。本単元の内容には、子ども達の日常生活経験を超えるものがないため、10時間程度をかけて取り上げることを問題視した。学習指導要領に位置づけられた単元故に、取り扱う必要はあるが、その取り扱いには工夫が必要である。

学習指導要領は、現在、取り扱いの上限を拘束していない。つまり、発展的な取り扱いをしてもそれを学習者が望むなら、あるいは発展的な情報を提供した方が理解しやすいと教師が判断するなら、それは可能となっている。約10年毎に改訂される学習指導要領に縛られ過ぎてはならない。本単元を、「振り子の運動」につながるとして、「流水の働き」とのつながりに言及しないことも不思議である。これは、理科の内容構造化を、エネルギー、粒子、生命、地球という科学の基本的な見方や概念を柱として行ったというが、「エネルギー」を「物理」にのみ対応させた結果ということができる。また基礎的な問題として、「風やゴムの働き」における「風」と「ゴム」という言葉にこだわった指摘をしたが、理科指導においては、科学用語はもちろん、広く言葉に繊細な神経を注ぐべきである。科学における共通理解は言葉を媒介として行われること、また、科学で使う言葉は理科において使われて鍛えられ、洗練されていく必要があるからである[18]。

　更に、実社会・実生活との関連付けの重視や持続可能な社会の構築への寄与という点からも、工夫の余地があることを指摘した。学習指導要領解説では、実社会・実生活との関連付けについて、「理科を学ぶことの意義や有用性を実感する機会をもたせ、科学への関心を高める観点から」と書かれていて、どちらかといえば、理科教育・科学教育推進のための手段といったニュアンスを感じるが、現代理科教育においては、科学と社会との関係なども理科教育の内容と位置付けられていることに留意しておきたい[19]。

付記：本章は、次の論文を再録したものである。ただし学習指導要領が改訂告示に伴うわずかな修正を施した。

鶴岡義彦（2015）「小学校理科『風やゴムの働き』の問題点と改善の方策：主としてエネルギー・エネルギー問題の視点から考える」、『千葉大学教育学部研究紀要』Vol.63, pp.169-173。

注
1) 文部科学省（2008）『小学校学習指導要領』、文部科学省．
2) 文部科学省（2017）『小学校学習指導要領』、文部科学省．

3) 文部科学省（2008）『小学校学習指導要領解説 理科編』、大日本図書．
4) 文部科学省（2017）『小学校学習指導要領解説 理科編』、東洋館出版社．
5) 小学校理科の内容はA「物質・エネルギー」とB「生命・地球」とに2区分されている。以前はA「生物とその環境」とB「物質とエネルギー」、及びC「地球と宇宙」という3区分だった。
6) 文部科学省（2008）『小学校学習指導要領解説　理科編』、p.23.
7) 文部科学省（2017）『小学校学習指導要領解説 理科編』、p.32.
8) 大日本図書、啓林館、東京書籍、学校図書、教育出版、及び信教出版である（2014年度のシェアの順）。信教出版の教科書は、長野県のみで使用され、他の都道府県では採択されていない。
9) 文部科学省（2011）『小学校理科の観察、実験の手引き』でも10時間が配当されている。
   http://www.mext.go.jp/component/a_menu/education/micro_detail/__icsFiles/afieldfile/2012/01/12/1304649_3_1.pdf（2018.12.28アクセス）．
10) 文部科学省（2008）『小学校学習指導要領解説　理科編』、p.3.
11) 同上．
12) 「エネルギー」は、更に、「エネルギーの見方」「エネルギーの変換」「エネルギー資源の有効利用」に分けられている。同上、p.14.
    なお、新学習指導要領では、その本質に変化はないが、「エネルギーの捉え方」「エネルギーの変換と保存」「エネルギー資源の有効利用」と、わずかに表現を変えている。文部科学省（2017）『小学校学習指導要領解説 理科編』、p.22.
13) 文部科学省（2008）『小学校学習指導要領解説 理科編』、p.23.
14) Jet Air Bubble Systemの略。水を流した状態で圧縮空気を給水管内に打込み、その時に発生する高速流体の衝撃力で、水アカや錆を取り除く。水と空気を同時に利用している。
15) 2007年2月4日開催の千葉県流山市での「米村でんじろうサイエンスショウ」における空気砲の例。
    http://www.city.nagareyama.chiba.jp/contents/23140/23150/20187/025932.html
    （2018.12.28アクセス）
16) 文部科学省（2008）『小学校学習指導要領解説 理科編』、p.8. なお、新学習指導要領解説では、「比較して調べる活動を通して」「差異点や共通点を基に、問題を見いだし、表現すること」が強調されている。文部科学省（2017）『小学校学習指導要領解説 理科編』、p.26.
17) 『エネルギー基本計画』（2014.4）において、原子力発電を「エネルギー需給構造の安定性を支える基盤となる重要なベース電源」と位置づけた理由の1つは、その点にある。
    http://www.meti.go.jp/press/2014/04/20140411001/20140411001-1.pdf （2014.9.28アクセス）．
18) 鶴岡義彦（2009）「理科における言語活動の多様な可能性を探る ─ アメリカ教科書の

事例を中心として―」『理科の教育』58（6）、pp.44-47.

　鶴岡義彦（2011）「理科教育における言語活動の充実のために：言葉への繊細さ」、『科教研報』25（3）、pp.85-90.

19）　鶴岡義彦（2010）「『科学的リテラシー』とは何か」、『理科教室』53（1）、pp.14-21. なお、高等学校の理科には「科学と人間生活」という科目があることに留意したい。

第9章
STS教育プログラムの開発・実践と生徒の意思決定の変容過程

今井　功

1. 研究の目的と方法

（1）研究の背景と目的

これまでSTS教育による生徒の変容に関する先行研究がいくつか行われてきた。例えば、丹沢・貝沼・長洲による組換えDNA技術についての授業[1]では、科学観の変容を探った。熊野・長洲・久田は、中学校の選択理科の授業でモジュール「薬とからだ[2]」を実施している。その結果態度領域では生徒の理科の授業に対する見方に明らかな変化が見られ、STSアプローチの必要性が読み取れる感想が見られたという。塩川・平井は、「STS教材『水俣病』の開発[3]」を目指して、長時間の授業を高等学校で実施した。プレテストとポストテストの結果から、理系生徒と文系生徒との差異を分析した。以上は態度の変容を扱っていた。

藤岡[11]による「STS地球環境学[4]」の年間プログラムでは、高校地学でSTS教材を作成し、質問紙法により前後の認識の変化を比較し、次の結果を得たという。①自分の生活と科学の結びつきを考えた生徒が増加したと推測できる。②科学技術に対する生徒の期待が増加した。③わずかであるが、科学と技術、社会と技術、社会と科学の関連の深さを認識するようになった。また、石川・塩川の「身近な電池のSTSとリサイクルについてのモジュール開発とその有効性[5]」がある。ここでは、科学・技術・社会の相互作用との関連で、

広く総合的な視野で捉えることができるようになったことや、本モジュールのテーマを自己の身近な問題として捉え、地域の廃棄物の回収・処理の現状や家庭におけるごみの出し方などに強く関心を示したことなどが報告されている。

しかしながら、これらの先行研究では、生徒による意思決定の変容過程に焦点をあてた議論は十分になされていない。また、有効なプログラムではあっても、学校現場における理科の授業で手軽に実践できるプログラムとはいえない。

STS教育の究極的な目的の一つは、小川が言うように、「一般市民一人ひとりが、自らの責任において当面の問題に対してどのような態度や行動をとるべきかを判断し、またその判断に基づいて実際に行動できるようになることである。その際、重要になるのは、その問題にかかわるさまざまな価値の葛藤について熟慮、洞察したうえで、ある判断なり行動に達することである。STS教育では、この意思決定の問題を避けて通ることはできない[6]」。

そこで、本研究では中学校理科で教えている生物学の発展的な内容を含めたものと、身近な素材から是非を考えるSTSプログラム、意思決定場面を含むプログラムを開発・実践し、生徒の是非判断の意思決定変容過程を明らかにしたい。生徒の意思決定変容過程を追うことによって、次の点が明らかにできると考えた。

① STSプログラム上のどの部分で、意思決定の変容が起こったのか。
② STSプログラムの学習による知識の定着・理解の度合い。
③ STS問題に関する興味・関心の度合い。
④ 望ましい意思決定ができたか。
⑤ プログラムの有効性。
⑥ 今後のプログラム開発に役立てる情報を得ることができたか。

(2) 研究の概要と方法

本研究を具体的に示せば、次の3つから成る。
① 生物学に基礎付けられたクローン技術を取り上げ、とりわけそのヒトへの適用の問題を科学技術の利用や、生命倫理の視点から検討する必要の

あるプログラムを開発し、授業実践する。また、同様な視点から、実際に販売されたクローンペットを題材としたプログラムを開発し、授業実践する。
② 日常的に使用している飲み物の容器を題材にし、環境問題、コスト、利便性などの視点から検討する必要のあるプログラムを開発し、授業実践する。
③ 授業の諸段階で生徒の考え方を調査して、意思決定変容過程を明らかにし、STSプログラム上のどの部分で、意思決定の変容が起こったのか、STSプログラムの学習による知識の定着・理解の度合い、STS問題に関する興味・関心の度合い、望ましい意思決定ができたか、プログラムの有効性を評価する。

　STSプログラムによる生徒の意思決定の変容過程を見るために、質問紙による事前調査と事後調査を実施した。質問紙に意思決定の理由を記述させた。生徒の変容の過程が読み取れるように、プログラムのセクションごと、または、生徒の考え方を読み取りたいところで、生徒の考えを書かせた。そうすることによって、生徒の意思決定変容過程を読み取った。これらの生徒の記述を是非のパターンと科学・技術・社会問題に関して類型化し、意思決定の変容を決定した理由にどのような変化があるかを調べた。

　STS教育プログラムは次の3つを実施した。即ち、①ヒトクローンは是か非か、②われわれにとって飲み物の容器として何がよいか、及び③クローンペットは是か非か、である。

　ヒトクローンについては、まだまだ生徒にとって現実のものではない。やがて医療技術が発達し、国際社会でヒトクローンの研究が容認され、医療現場でヒトクローン技術が使われるようになるかどうかというときに、生徒は将来の社会人として、また、日本国民として研究予算の承認や、臓器移植推進への賛否など、自分なりの判断をしなければならなくなる。このようなSTSイシューズ（見解が分かれる複雑な問題）を扱った場合の生徒の意思決定変容過程を明らかにする。

　クローンペットについては、①でクローンに関する生物学的な基礎知識が身

についていることを前提として、プログラムを開発した。ヒトクローンについてはまだまだ現実的ではないが、実際に515万円ほどで販売されたクローンペットの是非について扱い、生徒の意思決定の変容の過程がヒトクローンの是非と異なるかを明らかにする。

飲み物の容器については、生徒にとって大変身近で、なおかつ自分たちが実際に使っているものを題材とした。一層日常生活と関連した身近なSTSイシューズを扱った場合の、生徒の意思決定の変容の過程を明らかにする。

なお、本章では、紙幅の都合上、①「ヒトクローンは是か非か」について報告する。

2. プログラム「ヒトクローンは是か非か」の開発と実践

（1）プログラム開発の視点

中学生は科学・技術の利用について興味・関心は高いものの、誤った知識や少ない情報で判断を下している。そしてその利用には賛否が分かれるものが多い。クローンについても同様である。そこで、プログラム「ヒトクローンは是か非か」には、次の方針をとった。

① クローンに関する正しい知識を理解させること。
② クローン技術の応用にはどのようなものがあるか、また、現実に利用されている技術は何かを理解させる。
③ ヒトクローン技術の応用事例を検討して、問題点を探り議論することを通して、多様な価値観があることを理解させる。

これらを前提としてSTS教育のためのプログラムを開発・実践することで、生徒たちは、「クローン技術の利点と問題点とを吟味した上で、ヒトクローンについて、より妥当な是非判断を下すことができるようになるだろう」と考えた。

クローンやヒトクローン問題では、今のところクローン人間の誕生について、全面禁止の方向が国際社会で決められている。とはいえ、今後トランスジェニック動物のクローン化や移植臓器の作製など、個人としてや社会人と

して、これからこの技術にどのように向き合うかは、今後生徒たちに意思決定をせまる問題になると考える。このプログラムではクローンについての知識を理解させるだけでなく、この技術の応用をヒト以外のもの、さらにヒトへの応用を容認するかどうかについて「意思決定」させる。その際に、意思決定の理由を明らかにさせる。意思決定変容過程を追えるように、プログラム上で生徒の意思決定に影響を与えると考えられる箇所に、生徒の感想や考え方をすぐに書かせることにした。授業の最後に書かせると、その時に考えたことを忘れている可能性があるので、すぐその場で書かせるように工夫した。このことにより、生徒の意思決定変容過程を追えるようにした。

(2) プログラムの内容構成と展開

　STS教育プログラム「ヒトクローンは是か非か」は、次に示す通り、5つのセクションで構成し展開するものとした。なお、ここでは、生殖と遺伝の基礎の学習を済ませた後の中学校3年生をターゲットとして、6時間程度を目安として作成した。

　　§1　クローンとは　　　§2　クローン技術　　　§3　遺伝とは
　　§4　クローン技術の応用　§5　クローン技術のヒトへの応用

　各セクションの内容を詳細に紹介する余裕はないため、要点のみを簡潔に示せば、次のとおりである。実際には、A4用紙9ページの小冊子（記述欄を含むテキスト）の形で、生徒たちに配布し授業に使用した。

　なお、ここで「§5　クローン技術のヒトへの応用」について少し補足説明を加えたい[7]。クローン技術のヒトへの応用として、考えられる可能性は、表9-1に示した。①子どもが欲しい夫婦が不妊の場合でも、クローン技術によって子を授かる可能性が生まれることである。夫婦のいずれかの体細胞を使って子を誕生させられるかもしれない。②必要な移植臓器作成の可能性の拡大である。ヒト以外の動物を使って作成するほかに、患者自身の細胞からクローン技術によってヒトクローンを作りその臓器を移植に供するということである。③科学研究への寄与である。人の発生過程の研究、寿命に関する研究、あるいは生殖細胞の分化の研究などへの寄与が考えられている。

表9-1 STS教育プログラム「ヒトクローンは是か非か」の構成と展開

§1　クローンとは ・クローンという言葉の由来 ・生物学用語としてのクローンの定義「まったく同じ遺伝子を持つ個体や細胞」 ・クローンの身近な例 　オニユリのムカゴ、サクラやキクの挿し木、ヒドラの出芽などの無性生殖 ・無性生殖と有性生殖 　有性生殖では、雌雄が必要で、両親の遺伝子を受け継いだ子ができ、親と同じ遺伝子とはならないこと。 ［記述のスペース］
§2　クローン技術 ・「全能性」と「分化」の説明 　受精卵は、1個の細胞だが、次第に体の各部分へと発生・成長してつくりと働きが決まってくる。畜産の分野では、良質の肉を確保するため、受精卵が2～4分割した段階で、切り分けて一卵性の双子や四つ子を作っている。成長・分化した体細胞は、普通全能性を持たない。 ・1997年のクローン羊ドリーの誕生（哺乳類における体細胞からのクローン） 　核を除去した未受精卵に、乳腺細胞1個を挿入した後、代理母の子宮に移植。 ・2つのクローン作製法 　発生初期（胚）の細胞を使う方法、成体の体細胞（全能性の復活）を使う方法 ［記述のスペース］
§3　遺伝とは ・遺伝について、形質、遺伝子、DNA等の用語を使って理解・確認 ・ミーシャー、ワトソン、クリックらの仕事の簡単な紹介 ・実験「細胞の核からDNAを取り出してみよう」 ［記述のスペース］
§4　クローン技術の応用 ・クローン技術の応用の可能性（ヒトへの応用を除く） 　HP【http://www.mext.go.jp/a_menu/shinkou/shisaku/kuroun.htm】（当時の科学技術庁のHP）などを参考にしつつ、①食料の安定供給、②医薬品の製造、③移植用臓器の作製、④希少動物の保護・再生、⑤実験用動物の革新について学習 ［記述のスペース］
§5　クローン技術のヒトへの応用 ・クローン羊誕生によりヒトへのクローン技術応用の可能性拡大 　①子を望む不妊夫婦への対応、②移植臓器の作製、③科学的研究への寄与 ・クローン技術のヒトへの応用の問題点を考える 　各自考える　［記述スペース］ 　話し合い⇒自分で気づかなかったこと　［記述スペース］ ・ヒトクローンの研究について考える 　ヒトクローンの研究は進めるべきか［記述スペース］、その根拠は［記述スペース］ 　ヒトクローン技術の是非についての考え［記述スペース］、その根拠［記述スペース］

しかしながら、ヒトクローンの研究、さらにクローン技術のヒトへの応用については、安全面及び倫理面から、いくつかの問題点が指摘されている。

① 特定の形質を持つヒトを意図的に作り出すことは、人間の育種（特定の方向への品種改良）につながる。
② 特定の目的達成のために特定の形質を持つヒトを創り出すことは、生まれてくるヒトを手段・道具とみなすことにつながる。
③ ヒトの生命の誕生に関して、日本人が共有する基本的概念（両性の関与、偶然性の介在等）から逸脱する。
④ クローン技術により生み出されたヒトと、男女の関与によって生まれたヒトとの間に差別が生じる可能性がある。

これらの諸点については、生徒たちが考え意見交換して気づくように支援・指導した。生徒たちに配布する冊子には書き込まないが、教師側から、情報提供を含め、考えるヒントなどを与えた。

（3） 意思決定変容の評価方法

評価については、生徒の意思決定の変容を見るために、次に示す2つの方法を採用した。第一に、プログラム実施（授業）前後における質問紙調査である。次に示す4つについて是非判断を、「1. とても良い」「2. 良い」「3. どちらともいえない」「4. 良くない」「5. とても良くない」までの5つの選択肢を設け、その意思決定の理由を自由記述させた。

① ヒト以外のクローンの研究について、どう考えるかの是非判断
② ヒト以外のクローン技術を応用することについて、どう考えるかの是非判断
③ ヒトクローンを研究することについて、どう考えるかの是非判断
④ ヒトクローンをつくること（技術の応用）について、どう考えるかの是非判断

これらの生徒の記述を類型化し、どのように変化するかを調べた。また、結果の処理においては、「とても良い」と「良い」を「是」、「どちらでもない」はそのまま、そして「良くない」と「とても良くない」を「非」3つの類型に

分け、事前事後の比較に用いた。

　第二に、生徒の意思決定変容過程を見るために、生徒の意思決定に影響を与えると考えられる箇所で、生徒の率直な感想や考え方を書かせることにした。この感想は1時間の授業の終わりに書くのではなく、学習内容の教授が終わったらすぐに書かせるようにした。なお、クローン技術のヒトへの応用の後で、感想を書かせなかったのは、クローン技術のヒトへの応用を示した後に、すぐに問題点を考えて書かせることにしてあるからである。

　生徒の感想を書かせた箇所を具体的に述べると、次のとおりである。
　①　クローンを定義した後
　②　クローンの作り方を示した後
　③　DNAを実験により取り出した後
　④　クローン技術（ヒトクローン以外）の応用例を示した後
　⑤　ヒトクローンの是非を論議した後

（4）開発したプログラムの実践

　既に少し触れたが、開発したプログラムは、次のとおり実施した。
　A：「ヒトクローンは是か非か」
　　対象生徒：千葉市内公立中学校3年生23名、
　　授業時間：選択理科の時間　6時間
　　実践時期：2004年5～6月、　授業者：筆者
　ちなみに、他の2つのプログラムについても、実施時期以外はすべて同一であった。（「B：われわれにとって飲み物の容器として何がよいか」2004年7・9月、「C：クローンペットは是か非か」2004年9～10月）

3．プログラム実践の前後における意思決定の変容

（1）意思決定変容分析のための類型化

　前述の①ヒト以外のクローンの研究についてどのように考えるか、②ヒト以外のクローン技術を応用することについてどのように考えるか、③ヒトのク

ローンを研究することについてどのように考えるか、④ヒトのクローンをつくること（技術の応用）についてどのように考えるか、の是非について、次のように生徒の意思決定を類型化した。

［類型1］是→是　［類型2］是→どちらともいえない　［類型3］是→非
［類型4］どちらともいえない→是
［類型5］どちらともいえない→どちらともいえない
［類型6］どちらともいえない→非
［類型7］非→是　［類型8］非→どちらともいえない　［類型9］非→非

また、①から④までの是非判断の意思決定の自由記述を、次のように分類した。

［理由A］クローン知識無…クローンの知識がない
［理由B］科学技術利用の期待（＋是にはたらく）…科学技術の向上に役立つ、絶滅危惧種の個体数を増やす、食糧危機からの脱出、子どもが欲しい夫婦が不妊の場合のこどもの誕生、など
［理由C］科学技術利用の不安（－非にはたらく）…科学技術の悪用、同じ人間が存在する、安全性、など
［理由D］倫理面（－非にはたらく）…命を大切に、命を犠牲にしてはいけない、など
［理由E］社会問題（－非にはたらく）…人権にかかわること、人口問題など

(2) ヒト以外のクローンの研究について

質問紙により、生徒の是非の意思決定の変容は表9-2のようになり、この結果を前述の類型にあてはめると表9-3のようになった。

そして表9-3を図示すれば、図9-1が得られる。

表9-2　ヒト以外のクローン研究に対する是非

	とても良い	良い	どちらともいえない	良くない	とても良くない
事前	4	12	3	3	1
事後	3	13	5	2	0

表 9-3　ヒト以外のクローン研究に対する是非の類型

類型	1	2	3	4	5	6	7	8	9
人数	12	3	1	2	1	0	2	1	1

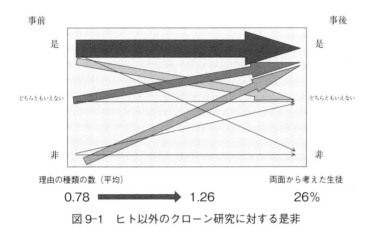

図9-1　ヒト以外のクローン研究に対する是非

　意思決定をした理由を分類［理由A］から［理由E］を平均すると、事前では平均0.78個の理由を挙げて意思決定していたが、事後では1.26個の理由を挙げて意思決定した。さらに、ヒト以外のクローンの研究について、利点と問題点の両面を挙げて意思決定した生徒が、事前0％から事後26％へと増加した。その理由の内訳は、利点は［理由B］科学技術利用の期待を、問題点は［理由D］倫理面を挙げている。すなわち、ヒト以外のクローンを研究することは、科学の発展に繋がるが、研究によって動物の命の失われるのはいけない

表 9-4　ヒト以外のクローン研究に対する是非の理由

ヒト以外のクローンの研究	事前	事後
［理由A］クローン知識無	5	0
［理由B］科学技術利用の期待	13	21
［理由C］科学技術利用の不安	3	1
［理由D］倫理面	2	7
［理由E］社会問題	0	0

178 第Ⅲ部 科学的リテラシー育成を目指した理科教育の諸考察

としている生徒がほとんどであった。

なお、是非判断の変容の類型ごとの理由変化を個別に示す紙幅がないが、全体としての理由の変化を示せば、前の表9-4となる。クローンに関する知識無しは、当然ながらなくなり、科学技術利用への期待が高まり、倫理面への心配が顕著に増加していることが分かる。

（3）ヒト以外のクローン技術の応用について

ヒト以外のクローン研究の場合と同様に各種のデータを得ているが、表9-2と図9-1に相当するもののみ示せば、表9-5と図9-2のとおりである。

生徒が意思決定をした理由［理由A］から［理由E］を平均すると、事前では平均0.70個の理由を挙げたが、事後では1.40個へと増加した。利点と問題点の両面を挙げた生徒が、事前0％から事後26％へと増加した。理由の内訳をみると、利点は［理由B］科学技術利用の期待を、問題点は［理由D］倫理

表9-5 ヒト以外のクローン技術の応用に対する是非

	とても良い	良い	どちらともいえない	良くない	とても良くない
事前	2	6	11	3	1
事後	2	12	5	2	2

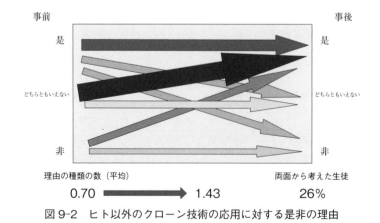

図9-2 ヒト以外のクローン技術の応用に対する是非の理由

面を全員が挙げている。一部の生徒は［理由C］科学技術利用の不安と［理由E］社会問題も一緒に問題点として挙げていた。

また、表9-6から、プログラム実践により、クローンへの無知がなくなったこと、科学技術利用への期待がほぼ倍増したこと、科学技術利用の不安ではなく倫理面としての生命尊重の考え方が増えていること等が分かる。

表9-6 ヒト以外のクローン技術の応用に対する是非の理由

ヒト以外のクローン技術の応用	事前	事後
［理由A］クローン知識無	7	0
［理由B］科学技術利用の期待	11	21
［理由C］科学技術利用の不安	4	0
［理由D］倫理面	0	7
［理由E］社会問題	1	5

（4）ヒトクローンの研究について

さて今度は、ヒトの場合である。ヒトクローンの研究については、表9-7のとおり、事前、事後ともに、中間（5⇒4）よりも肯定側（11⇒12）と否定側（7⇒7）とに分裂している。とりわけ強い肯定と強い否定が増えて二極化が進んだ。事後の方が、二極化が顕著になった点は、ヒト以外の場合（クローン研究とクローン技術の応用の両方）には認められなかった特徴である。生徒にとってより身近な問題に対するものの方が、二極化の傾向が大きいように思われる。

意思決定の理由について、［理由A］～［理由E］を平均すると、事前の0.86個から事後の1.48個へと、大幅な増加がみられた。利点と問題点の両面を挙げて意思決定した生徒が事前の0％から、事後では22％になった。理由の

表9-7 ヒトクローン研究に対する是非

	とても良い	良い	どちらともいえない	良くない	とても良くない
事前	1	10	5	4	3
事後	5	7	4	3	4

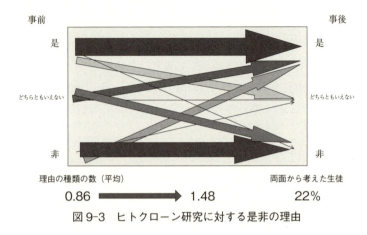

図9-3 ヒトクローン研究に対する是非の理由

内訳をみると、利点は［理由B］科学技術利用の期待を、問題点は［理由C］科学技術利用の不安を挙げている生徒と、［理由D］倫理面を挙げている生徒と、［理由E］社会問題を理由に挙げている生徒がいる。

(5) ヒトクローン技術の応用について

様々な人間の現実的目的のために、ヒトにクローン技術を応用するという、最もSTS的問題（issues）に対する生徒の反応はどうであったか。表9-8のとおり、否定側が多数を占め、また中間の選択者も多かった。

変容の類型に目を向けると、累計9（非⇒非）が約4割を占め他を大きく引き離している。また、累計3（是⇒非）と類型7（非⇒是）がともに皆無で、プログラムの前後で大きく考え方を変えた生徒がいなかったことが読み取れる。主に中間層の意見が明確化したという変容が起こっている。

意思決定をした［理由A］～［理由E］を平均すると、事前の0.86個から

表9-8 ヒトクローン技術の応用に対する是非

	とても良い	良い	どちらともいえない	良くない	とても良くない
事前	3	0	8	4	9
事後	1	5	3	5	9

第9章　STS 教育プログラムの開発・実践と生徒の意思決定の変容過程　*181*

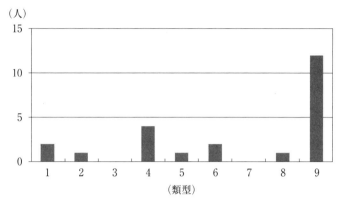

図9-4　ヒトクローン技術の応用に対する是非の変容の類型

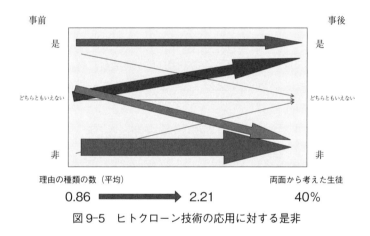

図9-5　ヒトクローン技術の応用に対する是非

事後の 2.21 個へと大幅な増加を見せ、これまでの中で最高の数値を示した。ヒトクローン技術の応用について、利点と問題点の両面を挙げて意思決定をした生徒が、事前は 0％であったものが、事後では 40％になった。その理由の内訳は、利点は［理由 B］科学技術利用の期待を、問題点は［理由 C］科学技術利用の不安、［理由 D］倫理面、［理由 E］社会問題を理由に挙げている。

　ヒトクローン技術の応用については、全体としてみたとき、否定的な立場の生徒が多数派であるが、今回のプログラムの実践によってもそれは変わらな

かった。ただし、中間的な立場の生徒は、プログラムによって意思決定の立場がやや明確化してきた。意思決定を理由づける観点の増加、そして長短両面からの理由付けの増加は、高く評価できるが、結果的にも是非の立場が割れていることについては、教育の面でも現実社会の意思決定としても、十分に留意しておきたい。

4. 生徒個々人レベルの意思決定変容過程

（1） 事例研究のための生徒の抽出

　以上、プログラム実践の前後における、是非の意思決定の変容を対象生徒全体として見てきたが、ここでは、生徒個人に注目して、プログラム実施過程（授業実践の過程）の各段階も含めて、意思決定変容のプロセスを検討したい。

　生徒個人に注目し、かつ変化の理由をも考慮に入れれば、原則として、生徒の人数だけ変容プロセスはあり得るが、それは不可能なため、2人の生徒を取り上げるにとどめる。生徒2人とは、次のような生徒である。

【生徒A】
① ヒト以外のクローン研究：類型3［是⇒非］
　理由B・科学技術利用への期待 ⇒ 理由D・倫理面
② ヒト以外のクローン技術の応用：類型6［どちらともいえない⇒非］
　理由C・科学技術利用の不安 ⇒ 理由D・倫理面
③ ヒトクローン研究：類型9［非⇒非］
　理由C・科学技術利用の不安 ⇒ 理由D・倫理面
④ ヒトクローン技術の応用：類型9［非⇒非］
　理由・C・科学技術利用の不安 ⇒ 理由D・倫理面

生徒Aの特徴：ドリーの誕生の話を聞いてから、動物のクローンの研究に否定的になった。野菜や植物のクローンは良いと考えているが、心臓が動いているものは研究の実験も不可としている。私は一人でよいというクローンのやや間違った知識であったものが、「命あるもの（心臓が動いているもの）を実験に使うのは良くない」と変容している。

【生徒B】
① ヒト以外のクローン研究：類型2［是⇒是］
   理由A・クローン知識無⇒理由B・科学技術利用の期待
② ヒト以外のクローン技術の応用：類型7［非⇒是］
   理由A・クローン知識無⇒理由B・科学技術利用の期待
③ ヒトクローン研究：類型7［非⇒是］
   理由C・科学技術利用の不安⇒理由B・科学技術仕様の期待
④ ヒトクローン技術の応用：類型4［どちらともいえない⇒是］
   理由B・科学技術利用の期待⇒理由B科学技術利用の期待

> 生徒Bの特徴：畜産で受精卵が4分割したときに、卵を4つに切り分けて、クローンを作っている話を聞いて、最初は「クローンについて知らないので知りたい」と答えていたものが、「食糧危機や絶滅危惧種の動物を救える」に変容した。「ヒトクローンは必要でない」としていたが、不妊治療の話を聞いて、ヒトクローンは賛成の立場に変容した。学習後にすべてについて「是」となった生徒である。

（2）事例研究・生徒Aの場合

① ヒト以外のクローン研究について

　学習前の調査では、ヒト以外のクローンの研究は「是」で［理由B］科学技術利用の期待であったものが、学習後には「非」で［理由D］倫理面に変わっている。具体的には、「絶滅危惧種についてなら良い」から「是」だったが、学習後には「動物といえども命は物ではないのでよくない」と「非」に変わった。途中はどうだったのかどこで変わったのか追跡する。

　クローンを定義した後の感想では、次のように、興味関心の高さが表れている。

> クローンがこんなにも身近に起こっていたなんて、初めて知りました。よくわからないことだらけだけれども、すごいことだというのはわかりました。核とかはわかりました。なんだか面白そうです。

しかし、全能性と分化を扱い、体細胞からドリーが作られたことを扱ったあとでは、心配が生まれた。

> ドリーが誕生したのは、少しまずいと思ったりもした。人間もクローンができるように…

　全能性を取り戻した体細胞から、クローン羊ドリーが誕生したという部分が、判断の理由の変化につながったと考えられる。その理由、[理由B] 科学技術利用の期待であったものが、[理由D] 倫理面に変わったのは、この記述の後からである。後の聞き取り調査からも、ここで考え方が変わったことがわかった。このことは後述する。
　DNA を取り出す実験後は、次のような記述となり、この実験には感動している。

> DNA が 2m も核の中にあるなんてすごいと思う。

　② ヒト以外のクローン技術の応用について
　学習前では「どちらともいえない」で [理由C] 科学技術利用の不安を理由にしていたが、学習後では「非」で [理由D] 倫理面と変容した。
　学習前は、次のように書いていた。

> クローンは同じものが2つになるので、良いことはよいのですが、きっと悪いことも1つはあると思います。

　科学技術について完全に否定するのではなく、科学技術についての不安を書いている。学習途中での記述は、次のように記し、広範な利用に驚いている。

> クローン技術がこんなに使われているなんて驚いた。

　そして学習の後では、次の記述のように、動物・ヒトに対する応用には強い拒否を示した。心臓に着目している。

> 野菜は許せる。動物やヒトは心臓の動きがあるから、それを止めてしまうようなことは絶対にしてはいけない。

第9章　STS教育プログラムの開発・実践と生徒の意思決定の変容過程　185

聞き取り調査を行ったところ、次のように語り、植物と動物を峻別していた。後者は、有性生殖が自然の法則であること、また心臓と血液の存在に着目している。

> 植物の世界でのクローンは、自然に発生していることが多いので、野菜はまだ許せる。いろいろなところにクローン技術が使われていることもわかった。しかし、ドリーの誕生は自然の法則（有性生殖）に反し、とても危険な感じがする。また、植物と違い動物では心臓が動き、血液が流れているので、研究や実験に使うには抵抗を感じるので、絶対にいけないと思った。

また、「§2　クローン技術」において、クローン羊ドリーの作られ方、とりわけ成体細胞の取り出し・全能性復活のための操作・核の取り出し・代理母の子宮への移植といった種々の人為的操作の箇所を学習して、倫理面を考えるようになったと語った。

③　ヒトクローンの研究について

学習前も学習後も「非」であったが、その理由は、[理由C]科学技術利用の不安から、[理由D]倫理面に変わっている。学習前には、次のように書いた。

> 二人同じ人がいたら人口が増加します。

ここでは、クローンによって全く同一の人間ができると捉えているようだったが、学習の途中では、次のように書いて、危険性を指摘している。

> ヒトの命を実験で使うのは良くないと思う。失敗したら尊い命が一つまた一つと失われていく。研究といえどもヒトの命はモノではない。

学習後になると、倫理面に注目がなされている。

> ヒトのクローンを研究することは、ヒトの命を実験に使うのと同じだと思う。失敗してしまう分、命が一つ一つ失われていってしまう。研究といえども、ヒトの命はモノではない。

さらに、聞き取りをしてみると、プログラム内容を手掛かりとしながら、考

えを広げ倫理的な問題意識が強まっていることが分かる。

> §4のクローン技術の応用の移植用臓器の作製の話を聞いて、研究や実験をしたら、動物の命が失われていくことに気づいた。もともと研究には反対であったが、最初の理由は同じ人格や性格の人間がクローンで生まれるということは間違いであることがわかった。研究が反対の理由として、ヒトの命を実験に使うのと同じだと思う。失敗してしまう分、命が一つ一つ失われていってしまう。研究といえども、ヒトの命はモノではない。

④　ヒトクローン技術の応用について

学習前後とも「非」であるが、［理由C］科学技術利用の不安から［理由D］倫理面に変わっている。まず、学習前では、「私は一人で良い」と、クローン研究の場合と同様に、ヒトクローンでは全く同じ人間が出来上がると受け止め、「非」の意思決定をしていた。

学習の過程でヒトクローンの問題点を考えている時、この生徒はドリーの実験の成功率を質問した。1／277であると伝えると、問題点を次のように挙げた。

> ドリーの成功率が1/277と聞いた。クローン羊を誕生させることは、すごいことかもしれないが、命を扱っているのだから、成功率が決して高いとはいえない。後の276の羊は卵とはいえ、死んでしまっているのだから。

ヒトクローンが是か非かの議論についての感想では、次のように記述し、多様な価値観の存在を認識したことがうかがえる。

> 人それぞれ考え方が違うと改めて思った。

学習後の意思決定の理由としては、次のことを挙げている。

> 研究と同じように、ヒトの命はモノではない。自然の命を人工的に作ってしまったら、絶対何か問題が起こると思う。大切な一つしかない命をモノの様に作ってしまっては、大切とは言えなくなってしまうと思う。
> ヒトのクローンを研究・応用することは、ヒトの命を実験に使うのと同じだと思う。失敗してしまう分、命が一つまた一つと失われていってしまいます。ヒトの命はモノではない。ヒトや動物は心臓があるから、その動きを止めるのは許せない。

この理由を、いつ考えるようになったか、聞き取り調査をした所、次のように答えた。

> ドリーの成功率が1／277と聞いて衝撃を受けた。クローン羊が誕生したことは、科学が進歩したことになるだろうが、他の266匹は死んでいることを軽く考えてはいけないと思った。そう考えていると、クローン技術のヒトへの応用で治療とかに利用できる可能性はあったけれども、高い成功率ではないとも考えられる。失敗したら命を落とす可能性があるので、やはり良くないと考えた。

クローンの成功率を自ら問い、その低さを知ったことが、意思決定の大きな決め手になったことが分かる。

⑤　プログラム全体を通して

生徒 A の場合、ヒト以外のクローンの研究については、「絶滅危惧種の動物を増やすためにクローンの研究はしても良い」と「是」の立場で、その理由も［理由 B］科学技術利用の期待であった。ヒトクローンは全く同じ性格・人格のヒトが作られると考えており、［理由 C］科学技術利用の不安を理由に「非」、ヒト以外のクローン技術の応用は「どちらともいえない」で、ヒトクローンについては、研究も技術の応用も「非」であった。

クローン羊ドリーの成功率1／277の話を聞いてから、研究・実験に伴い実験動物の命が失われることを考え、［理由 D］倫理面を理由にして、すべてが「非」に変わった。

（3）事例研究：生徒Bの場合

① ヒト以外のクローン研究について

学習前は「是」で［理由 A］クローンの知識無であった。学習後は「是」で［理由 B］科学技術利用の期待であった。学習の前の記述では「クローンについてあまり知らないから知りたいから」と書き、「是」の判断をした。クローンの定義学習後には、次のように、知ることの楽しさを書いている。

> クローンというのは、難しかったが、コンピュータでDNAの写真を見せてもらって、クローンのことがわかった。楽しかった。

§2のクローン技術で全能性や受精後発生初期（胚）の細胞を使う方法を学習した後では、次のように記述している。技術に感嘆し、不安などは感じていない。

> この全能性を取り戻したりする細胞のことは、難しいけれどもわかった。卵細胞が4分割した時に、切除してその1つからブタが4匹生まれるのはすごいと思った。

学習後には、具体的な例を挙げて、［理由B］科学技術利用の期待で意思決定をしている。

> 絶滅の危機の動物を増やせる。食糧危機とかになりそうだったら、魚などを増やせば生きていけるようになる。だから、研究することは良い。

② ヒト以外のクローン技術の応用について

学習前では「非」と答えていたが、学習後では「是」で［理由B］科学技術利用の期待と変容した。まず、学習前には、「必要でない」と、根拠は不明だが、断定していた。学習の途中でも、次のように書いている。

> 遺伝子のすごさがよくわかった。興味はあるけれども、自分ではやりたくない。

遺伝子操作でトランスジェニック動物を、作り出せることに驚きを感じている。しかし、クローン技術の応用については、やりたくないと「非」の意思表示がされている。

この生徒が、学習後には、次のように「是」に変容したのである。

> 絶滅の危機の動物などを増やして、危機から救うことができる。食糧などが少なかったら、魚やウシを増やして生活ができる。

この変化の理由をいっそうはっきりさせるべく、聞き取り調査を行ったところ、クローン技術の多様な利点に注目するようになり「是」に変化したことが分かる。親近感のあるパンダの登場も心を動かしたようである。

> 最初はクローンについての興味があったが、クローンを作るというのは、怖かったし、必要性を感じていなかった。しかし、クローン技術の応用のところで、食糧の安定供給と、パンダのような絶滅危惧種の動物を増やせることを聞いて、このクローン技術は必要だと感じた。

③ ヒトクローンの研究について

学習前は「非」で［理由C］科学技術利用の不安であった。学習後は「是」で［理由B］科学技術利用の期待に変わっている。学習前の記述は次のようであった。

> 研究することによって、自分と同じような人間ができるのはいやだ。

聞き取り調査を行ったところ、自分と同じ人格・性格の人間ができると考えて意思決定をしていた。学習の途中で、次のように変化している。「§5 クローン技術のヒトへの応用」の「①子どもを欲しい夫婦が不妊の場合」が意思決定に影響していることがわかる。

> 子どもが欲しくてもできない人がいるから、そういう人のために研究を進めても良いと思うから。しかし、きちんと約束事を決めないと悪く使うからちょっと危険だと思う。

学習後も、次のように記述し、科学技術利用の利点を受け入れている。

> 子どもが欲しい人などがいるから、そういう人のために研究をして、ヒトクローンを実現できればいいと思う。

④ ヒトクローン技術の応用について

学習前は「どちらともいえない」で［理由B］科学技術利用の期待であった。学習後は「是」で［理由B］科学技術利用の期待に変わっている。学習の前は次のように書いている。

> ヒトクローンが誕生することはすごいけれども、必要ではないと思う。

ヒトクローンは是か非かの議論の後では、次のように賛成している。

> 賛成の人も反対の人もいたが、私は賛成です。

「どちらでもない」から「是」に変わったのは何故か。学習後の記述から、その理由が読み取れる。

> 子どもが欲しくてもできない人がいるから、そういう人のためにもヒトクローン技術を応用できた方がよいと思う。無意味に作るのはダメだと思うが、必要であるなら良いと思う。

聞き取り調査を行ったところ、次のように答え、不妊夫婦にとっての子の誕生という福音に価値を置くとともに、社会における法整備の必要性を考えていた。このことが、生徒の「是」に変えたと考えられる。

> 最初はクローンに興味があったが、つくる必要はないと考えていた。しかし、不妊の夫婦にどちらかの体細胞からクローンを作って、子どもの誕生の可能性があることを知って、できることなら子どもを持たせてあげたいと考えた。私は子どもがすきで、結婚して子どもが欲しい。もし、自分に子どもができなかったら、何とかして欲しいと思うから、子どもクローンを作っても良いと思う。しかし、やみくもにヒトクローンを作るのはよくないので、法律によってきちんと規制した上で行うべきだと思う。

⑤ プログラム全体を通して

生徒Cの場合、ヒト以外のクローンの研究では事前で「是」、ヒト以外のクローン技術の応用で事前に「非」であった。その理由は両方とも［理由A］クローン知識無であった。しかし、畜産の世界でのクローン技術の実際の利用を知り、また絶滅危惧種の動物の個体数を増やすこと等を聞いて、［理由B］科学技術利用の期待を理由に「是」になった。

ヒトクローンの研究とヒトクローンの技術の応用では、「不妊の夫婦にクローン技術を使って子どもの誕生の可能性がある」ことを聞いてから、自分のことをも考えて、［理由B］科学技術利用の期待を理由に「是」になった。

第9章　STS教育プログラムの開発・実践と生徒の意思決定の変容過程　　191

5. 総　　括

　紙幅の都合で、生徒たちの事例の検討は2人しか示せなかった。もちろん、クローンペットや飲み物の容器に関する検討の部分は、取り扱うことができなかった。
　なお、今回開発したプログラムの評価については、データを示して詳しく論じる余裕はないが、クローンを始めとする生殖や遺伝に関する知識・理解面は向上していた。自分自身で考えたり、意見交換したりして、記述する機会を設けたため、表現する力や表現しながら思考を鍛える機会を設けることができた。科学・技術の研究・その応用に際しては、多面的に考える必要性があることに気づいた。社会的なルール・法律を作る必要性を指摘した生徒も現れた。これらの点で、STS教育プログラムとして、一定の評価ができると考えられる。中学校理科教師たちにも、プログラムについて評価してもらった。数時間程度のプログラムであり、小冊子などができているなら、実施は可能との回答があった。しかし、教師たちは、クローン等といった扱う教材・内容について、自らの知識・理解の不足、それによる扱い方の偏りに関する不安などを指摘する声があったことに留意しておきたい。
　しかし、いずれにせよ、これからの社会を生きていく生徒たちにとって、科学技術の進展に伴って生じてきた多数の社会的問題に関して、意思決定を迫られる。社会としても無視しては通れない課題である。ときには、こうした教材を教師自身が、あるいはグループで、開発すること、そして時には、生徒たちの思考のプロセスを綿密に追ってみることには、大きな価値があるはずである。

付記：本章は、筆者による、10数年前の修士論文研究から一部のみを取り出したものである。
　　　古いものだが、参考になれば幸いである。

注

1) 丹沢哲郎、貝沼喜兵、長洲南海男（1993）「高校生物のSTS授業による科学―技術―社会に関する捉え方の変容の調査を評価」、『筑波大学教育学系論集18（1）』、pp.191-216.
2) 熊野善介、長洲南海男、久田隆基（1996）「高度情報社会におけるSTSアプローチによる理科授業実践研究の動向」、『科学教育研究』、pp.212-220.
3) 塩川哲雄、平井俊男（1994）「STS教育教材『水俣病』の開発」、『高等学校レベルにおける「科学と技術と社会の関連」に関する教材の開発　平成5年度科研費一般研究（C）研究成果報告書』、pp.19-52.
4) 藤岡達也（1994）「年間プログラム『STS地球環境学』の作成とその効果」、『高等学校レベルにおける「科学と技術と社会の関連」に関する教材の開発・平成5年度科研費一般研究（C）研究成果報告書』、pp.53-58.
5) 石川聡子、塩川哲雄（1997）「身近な電池のSTSとリサイクルについてのモジュール開発とその有効性―STS教育と環境教育の立場から―」、『科学教育研究』21（1）、pp.152-220.
6) 小川正賢（1993）『序説STS教育　市民のための科学技術教育とは』、東洋館出版社、p.160.
7) 遺伝子技術やクローンについては、次の文献を参考にした。
   中原英臣（2000）『クローン』、ナツメ社．
   大石正道（2001）『遺伝子組み換えとクローン』、ナツメ社．
   武部　啓（2000）『遺伝子』、ダイヤモンド社．
   生田　哲（1998）『遺伝子技術とクローン』、日本実業出版社．

第10章
理科教育における生命倫理の授業開発

鈴木哲也

はじめに

「生命倫理を理科でどうするのか」については、現在まで日本ではほとんど議論が進んでいないのが現状である。「どうするのか」には、第一に、理科で生命倫理を取り扱うべきなのかという側面があり、第二に、理科で生命倫理を取り扱うべきだとしたらどのような内容をどのように扱うべきなのかという側面がある。

前者の側面に注目すれば、教科として理科の中で生命倫理を扱う必要があるのかさらに検討する必要があるだろう。生命倫理を社会科（公民科を含む）や総合的な学習の時間の中で扱うだけでなく、理科でこそ扱う意義はどのようなものであるのかについてもっと問われるべきである。

後者の側面に注目すれば、理科の中で生命倫理を扱うとしたとき、脳死やクローン、出生前診断、遺伝子治療などにともなう生命倫理的課題のうち、どのような課題を、どの学校学年段階に配列し、どのようなところに注目して扱っていくべきかについて検討する必要がある。「どのようなところに注目して」とは、理科の中での生命倫理的課題の科学技術的な側面のみを扱うのか、社会的な文脈も含めて扱うのか、生命倫理的課題に対する個々人の意思決定にまで踏み込んで扱うのかといったことである。また学校学年段階に配列する際に

194　第Ⅲ部　科学的リテラシー育成を目指した理科教育の諸考察

表10-1　大学生への調査結果を基にした学習指導要領を軸とした生命倫理の内容の導入の例

	生命倫理に関連しうる理科の学習指導要領（小中は平成29年、高は30年）の内容と生命倫理との対応	用語の知識（簡単な知識及び詳細な知識）	他人の価値観や判断を知る	意思決定をする
小学校	第5学年　B　生命・地球 (1)　植物の発芽、成長、結実 　植物の育ち方について、発芽、成長及び結実の様子に着目して、それらに関わる条件を制御しながら調べる活動を通して、次の事項を身に付けることができるよう指導する。 ア　次のことを理解するとともに、観察、実験などに関する技能を身に付けること。 （ア）　植物は、種子の中の養分を基にして発芽すること。 （イ）　植物の発芽には、水、空気及び温度が関係していること。 （ウ）　植物の成長には、日光や肥料などが関係していること。 （エ）　花にはおしべやめしべなどがあり、花粉がめしべの先に付くとめしべのもとが実になり、実の中に種子ができること。 イ　植物の育ち方について追究する中で、植物の発芽、成長及び結実とそれらに関わる条件についての予想や仮説を基に、解決の方法を発想し、表現すること。 (2)　動物の誕生 　動物の発生や成長について、魚を育てたり人の発生についての資料を活用したりする中で、卵や胎児の様子に着目して、時間の経過と関係付けて調べる活動を通して、次の事項を身に付けることができるよう指導する。 ア　次のことを理解するとともに、観察、実験などに関する技能を身に付けること。 （ア）　魚には雌雄があり、生まれた卵は日がたつにつれて中の様子が変化してかえること。 （イ）　人は、母体内で成長して生まれること。 イ　動物の発生や成長について追究する中で、動物の発生や成長の様子と経過についての予想や仮説を基に、解決の方法を発想し、表現すること。 第六学年　B生命・地球 (1)　人の体のつくりと働き 　人や他の動物について、体のつくりと呼吸、消化、排出及び循環の働きに着目して、生命を維持する働きを多面的に調べる活動を通して、次の事項を身に付けることができるよう指導する。 ア　次のことを理解するとともに、観察、実験などに関する技能を身に付けること。 （ア）　体内に酸素が取り入れられ、体外に二酸化炭素などが出されていること。 （イ）　食べ物は、口、胃、腸などを通る間に消化、吸収され、吸収されなかった物は排出されること。	ヒトの生命倫理の生と死について考える前段階として、身近な動植物の生と死を知ることに関しては左記のいずれにおいても可能。	（調査結果からはあまり必要とされなかった。）	（調査結果からはあまり必要とされなかった。）

第 10 章　理科教育における生命倫理の授業開発　195

	(ウ)　血液は、心臓の働きで体内を巡り、養分、酸素及び二酸化炭素などを運んでいること。 (エ)　体内には、生命活動を維持するための様々な臓器があること。 イ　人や他の動物の体のつくりと働きについて追究する中で、体のつくりと呼吸、消化、排出及び循環の働きについて、より妥当な考えをつくりだし、表現すること。 (2)　植物の養分と水の通り道 　植物について、その体のつくり、体内の水などの行方及び葉で養分をつくる働きに着目して、生命を維持する働きを多面的に調べる活動を通して、次の事項を身に付けることができるよう指導する。 ア　次のことを理解するとともに、観察、実験などに関する技能を身に付けること。 (ア)　植物の葉に日光が当たるとでんぷんができること。 (イ)　根、茎及び葉には、水の通り道があり、根から吸い上げられた水は主に葉から蒸散により排出されること。 イ　植物の体のつくりと働きについて追究する中で、体のつくり、体内の水などの行方及び葉で養分をつくる働きについて、より妥当な考えをつくりだし、表現すること。 (3)　生物と環境 　生物と環境について、動物や植物の生活を観察したり資料を活用したりする中で、生物と環境との関わりに着目して、それらを多面的に調べる活動を通して、次の事項を身に付けることができるよう指導する。 ア　次のことを理解するとともに、観察、実験などに関する技能を身に付けること。 (ア)　生物は、水及び空気を通して周囲の環境と関わって生きていること。 (イ)　生物の間には、食う食われるという関係があること。 (ウ)　人は、環境と関わり、工夫して生活していること。 イ　生物と環境について追究する中で、生物と環境との関わりについて、より妥当な考えをつくりだし、表現すること。			
中学校	2分野 (5)　生命の連続性 　生命の連続性についての観察、実験などを通して、次の事項を身に付けることができるよう指導する。 ア　生命の連続性に関する事物・現象の特徴に着目しながら、次のことを理解するとともに、それらの観察、実験などに関する技能を身に付けること。 ア　生物の成長と殖え方 　㋐　細胞分裂と生物の成長 　　体細胞分裂の観察を行い、その順序性を見いだして理解するとともに、細胞の分裂と生物の成長とを関連付けて理解すること。 　㋑　生物の殖え方 　　生物の殖え方を観察し、有性生殖と無性生殖の特徴を見いだして理解するとともに、生物が殖え	生物の殖え方を発展させて、人工授精や体外受精、クローンさらには精子バンクや代理母の簡単な知識を扱うことは可能。さらに発展させれば人工授精や体外受精から生じる精子バンクや代理母の問題も扱うことは可能。 遺伝子を発展さ	人工授精や体外受精、クローンさらには精子バンク、代理母についての医者や科学者、一般市民等のさまざまな人の意見を知る。	（調査結果からはあまり必要とされなかった。）

	ていくときに親の形質が子に伝わることを見いだして理解すること。 イ　遺伝の規則性と遺伝子 　㋐　遺伝の規則性と遺伝子 　　交配実験の結果などに基づいて、親の形質が子に伝わるときの規則性を見いだして理解すること。 ウ　生物の種類の多様性と進化 　㋐　生物の種類の多様性と進化 　　現存の生物及び化石の比較などを通して、現存の多様な生物は過去の生物が長い時間の経過の中で変化して生じてきたものであることを体のつくりと関連付けて理解すること。 イ　生命の連続性について、観察、実験などを行い、その結果や資料を分析して解釈し、生物の成長と殖え方、遺伝現象、生物の種類の多様性と進化についての特徴や規則性を見いだして表現すること。また、探究の過程を振り返ること。	せて、バイオテクノロジーや遺伝子操作、体細胞の遺伝子組換と生殖細胞の遺伝子組換の違いの簡単な知識を扱うことは可能。		
高等学校	科学と人間生活 (3)　これからの科学と人間生活 　自然と人間生活との関わり及び科学技術と人間生活との関わりについての学習を踏まえて、課題を設定し探究することで、次の事項を身に付けることができるよう指導する。 ア　これからの科学と人間生活との関わり方について認識を深めること。 イ　これからの科学と人間生活との関わり方について科学的に考察し表現すること。 生物基礎 (1)　生物の特徴 　生物の特徴についての観察、実験などを通して、次の事項を身に付けることができるよう指導する。 ア　生物の特徴について、次のことを理解するとともに、それらの観察、実験などに関する技能を身に付けること。 (イ)　遺伝子とその働き 　㋐　遺伝情報とDNA 　　DNAの構造に関する資料に基づいて、遺伝情報を担う物質としてのDNAの特徴を見いだして理解するとともに、塩基の相補性とDNAの複製を関連付けて理解すること。 　㋑　遺伝情報とタンパク質の合成 　　遺伝情報の発現に関する資料に基づいて、DNAの塩基配列とタンパク質のアミノ酸配列との関係を見いだして理解すること。 イ　生物の特徴について、観察、実験などを通して探究し、多様な生物がもつ共通の特徴を見いだして表現すること。 (2)　ヒトの体の調節 　ヒトの体の調節についての観察、実験などを通して、次の事項を身に付けることができるよう指導する。 ア　ヒトの体の調節について、次のことを理解するとともに、それらの観察、実験などの技能を身に付けること。	科学技術の例としてクローン技術やヒトゲノムの解析の知識など多くの生命倫理的課題を含む技術の知識を扱うことは可能。 遺伝子の視点からバイオテクノロジーや遺伝子操作を扱うことは可能。 脳のつくりを扱う発展として脳死の知識を扱うことは可能。さらに発展させれば臓器移植も可	クローン技術やヒトゲノムの解析など多くの生命倫理的課題を含む技術についての医者や科学者、一般市民等のさまざまな人の意見を知る。 遺伝子操作についての医者や科学者、一般市民等のさまざまな人の意見を知る。 脳死や臓器移植についての医者や科学者、一般市民等のさまざまな人の意見を知る。	クローン技術やヒトゲノムの解析など多くの生命倫理的課題を含む技術についてどこまで行ってよいのかについて法的な視野も含め自分なりの考えを持つ。 遺伝子操作についてどこまで行ってよいのかについて自分なりの考えを持つ。 さまざまな人の意見を知るうえで、リビングウイル（例えば臓器移植カードの記入をどうする

内容			
(ア) 神経系と内分泌系による調節 　⑦ 情報の伝達 　　体の調節に関する観察、実験などを行い、体内での情報の伝達が体の調節に関係していることを見いだして理解すること。 　④ 体内環境の維持の仕組み 　　体内環境の維持の仕組みに関する資料に基づいて、体内環境の維持とホルモンの働きとの関係性を見いだして理解すること。また、体内環境の維持を自律神経と関連付けて理解すること。 (イ) 免疫 　⑦ 免疫の働き 　　免疫に関する資料に基づいて、異物を排除する防御機構が備わっていることを見いだして理解すること。 イ ヒトの体の調節について、観察、実験などを通して探究し、神経系と内分泌系による調節及び免疫などの特徴を見いだして表現すること。	能。		のか等)を実際に考えたり、脳死心臓死のどちらを希望するのかを考えたりする。
生物 (3) 遺伝情報の発現と発生 　遺伝情報の発現と発生についての観察、実験などを通して、次の事項を身に付けることができるよう指導する。 ア 遺伝情報の発現と発生について、次のことを理解するとともに、それらの観察、実験などに関する技能を身に付けること。 (ア) 遺伝情報とその発現 　⑦ 遺伝情報とその発現 　　DNAの複製に関する資料に基づいて、DNAの複製の仕組みを理解すること。また、遺伝子発現に関する資料に基づいて、遺伝子の発現の仕組みを理解すること。 (イ) 発生と遺伝子発現 　⑦ 遺伝子の発現調節 　　遺伝子の発現調節に関する資料に基づいて、遺伝子の発現が調節されていることを見いだして理解すること。また、転写の調節をそれに関わるタンパク質と関連付けて理解すること。 　④ 発生と遺伝子発現 　　発生に関わる遺伝子の発現に関する資料に基づいて、発生の過程における分化を遺伝子発現の調節と関連付けて理解すること。 (ウ) 遺伝子を扱う技術 　⑦ 遺伝子を扱う技術 　　遺伝子を扱う技術について、その原理と有用性を理解すること。 イ 遺伝情報の発現と発生について、観察、実験などを通して探究し、遺伝子発現の調節の特徴を見いだして表現すること。	遺伝情報の発現と発生を発展させて、人工授精や体外受精、遺伝子組換、遺伝子操作、クローンの簡単な知識を扱うことは可能。さらに発展させれば人工授精や体外受精から生じる精子バンクや代理母の問題も可能。	人工授精や体外受精、遺伝子組換、遺伝子操作、クローンさらには精子バンク、代理母についての医師や科学者、一般市民等のさまざまな人の意見を知る。	人工授精や体外受精、遺伝子組換、遺伝子操作、クローンさらには精子バンク、代理母についてどこまで行ってよいのかについて法的な視野、グローバルな視点も含め自分なりの考えを持つ。

※鈴木（2008）の図2をもとに平成29（小中）、平成30（高）版指導要領に書き換え、生命倫理的な事柄を再配置したもの。

は、生命倫理固有の内容の系統性だけでなく、子どもの科学概念の発達さらには子どもの道徳性の発達なども考慮し検討する必要があると思われる。

　筆者は、後者に関して配列の一例を鈴木（2008）の中で考察した。考案したものを現行の学習指導要領（小、中は平成29年、高は平成30年）に対応するように修正し示したものが表10-1である。表10-1のように現行の日本の理科教育であっても生命倫理について取り扱うことは可能である。しかしそこで考察したものはあくまで日本の理科のカリキュラムに沿って導入可能性を検討したものの過ぎない。本来は、生命倫理の理解や思考を促すために理科でしかできないことがあるのであれば、理科教育自体の内容も変更することがあり得るだろう。

　本章では、いったん日本の現行の理科カリキュラムに依存せずに、3つの観点、すなわち、①新しい科学知識・概念の獲得と科学のミスコンセプションの克服（子どもたちの実態の観点）、②科学技術を社会と関連させてとらえる姿勢、科学技術の進歩によって生まれた倫理的な問題の体感、立場の違う意思をもつ者どうしの折衝（特に科学と技術、科学と社会、科学と倫理の視点からの科学リテラシーの観点）、③生命倫理と生命尊重の態度（生命と価値意識の観点）を関連させることを授業構築の柱とし、「脳死と心臓死」、「クローンとES細胞」を一連の授業を開発することを試みた。

　なおこの授業は2006年度〜2008年度にかけて自由の森学園高等学校の「生物」の授業において行いながら、絶えず修正してきたものである。また開発した授業は科学及び技術的な側面の知識量を調節することによって、高等学校だけでなく中学校や大学の一般教養レベルの授業でも利用可能だと思われる。

1. 授業構築の柱

授業構築にあたり、理科教育研究の成果をできるだけ取り入れるため、次の3点を主たる柱とした。
(1) 新しい科学知識・概念の獲得と科学のミスコンセプションの克服（子どもたちの実態の観点）

一連の本授業は理科の中で行うことを主眼としているため、科学リテラシーの中でも科学知識や科学概念の獲得も積極的に取り扱っていく。ただし、例えば脳死や臓器移植を扱う際、脳の仕組み各臓器の仕組みをどれだけ取り入れるかは対象となる学習者によって異なってよいだろう。また近年理科教育研究の中で科学概念に対するミスコンセプションの克服は主要な課題となっている。過去の授業実践の中で多く見られたミスコンセプション（生物と無生物の区別、心臓停止と心臓死の区別、脳死と植物状態の区別、自然界に存在するクローンと細胞操作によって作り出されたクローンの区別）を意図的に取り扱いながら克服できる工夫をしていく。

(2) 科学技術を社会と関連させてとらえる姿勢、科学技術の進歩によって生まれた倫理的な問題の体感、立場の違う意思をもつ者どうしの折衝、特に科学と技術、科学と社会、科学と倫理の視点からの科学リテラシーに注目した観点

　科学技術の進歩によって新たな倫理的な問題が生じること自体を認知させることは、理科教育の内容として十分なりうるものである。この倫理的な問題は、科学者の行為の結果によって生じたものではあるが、科学者だけで決めてよいものではない。科学技術の発達によって生み出された倫理的問題には市民参加が不可欠である。しかし一方で、科学技術の理解や倫理な問題の同定を市民が理解することは容易ではない。科学者と市民をつなぐ役としての科学コミュニケーターの力を借りて、科学者の営みと課題をもっと市民に向けた発信するとともに、市民の立場からすれば、もっと科学者の営みを認知し、倫理的な課題を共同して解決していく姿勢が必要である。科学リテラシーの一つの重要な側面と言える、科学・技術・社会が関連した課題を同定し、倫理的な問題に対して対立する意見をもつ者どうしが話し合いをし、解決策を見いだそうとしていく姿勢の育成が必要である。

　教員を目指している短大生・大学生合計460名を対象に調査をした鈴木（2008）の研究の図10-1によれば、高校の理科では、「多様な価値を知ることや個人が倫理的な課題に対し意思決定をすることも必要・できれば必要」を含めると6割を超えて支持されていることがわかる。理想に燃えている多くの学

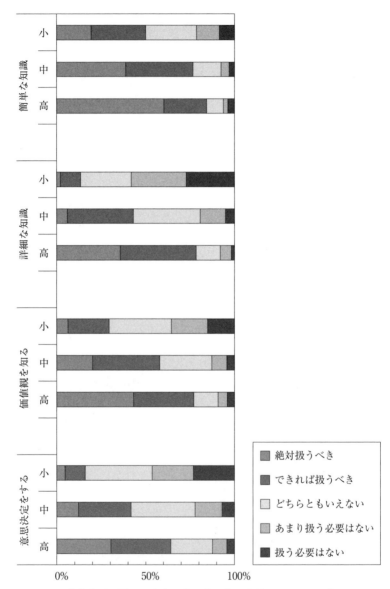

図10-1 生命倫理に関する内容を小・中・高の理科でどのように扱うべきか
(鈴木 (2008) より表1を引用)

生は理科でこのような価値や倫理に関することまで含めるべきであるとしているのであろうか。

(3) 生命倫理と生命尊重の態度（生命と価値意識の観点）

日本では小学校高学年から高等学校を通して、理科の中で動物の愛護や生命尊重の態度を育成することが学習指導要領の中に盛り込まれている。

一般的に、生命倫理で扱う題材は医療に関連する倫理であり、対象となるのはヒトに関連する今までになかった新たな事象（脳死、臓器移植、出生前診断など）が多い。

一方、生命尊重とは、教育全般で考えた場合には人権の尊重、自他の尊重も含まれる概念であるが、理科で使用する場合には、多くは人間以外の動物や植物である生物を尊重することを包含する意味となる。科学技術によって生じた新たな倫理的問題を扱う側面には、高等学校の生物でクローン羊のドリーを扱うなど一部含まれているが、多くは、理科教育が誕生して、直接生き物を授業で利用するようになって依頼、解決せず、存在し続けている倫理的問題が主である。例えば動物解剖や動物飼育等との関係で生命尊重が問われてきた[1]。

理科では生命尊重と動物愛護という用語が使われるが、鈴木（2004）によれば生命尊重と動物愛護の意味内容は異なる。

愛護の指導では「子ども達に他者と感じられる生物をいかに増やしていくのか、そして将来子ども達が大人になったときに自分の子どもや両親等を思い遣ることにどうつなげていけばいいのか」が課題となり、ベースとなる価値は「愛」である。愛護、では自分にとっての他者となったものを守ろうとする行為は優先して行うであろうが、生物間を公正に取り扱う視点は薄い。

一方、生命尊重では、他人の人権を認めるのと同様に、個体の生物または生物種の生存権を認める方向になる。ベースとなる価値は人間さらには生物間の「平等又は公正さ」[2]である。可愛がる視点からだけでは公正さは直接は導けない。

例えばメダカを可愛がって自分のメダカとして育てるのは「愛」という価値意識を育成しており、野生のメダカが生態系内で過ごせる環境づくりを行うような配慮を前提として一定期間稚魚を育て放流するのは、生物間の「平等又は

公正さ」という価値意識を育成していると言えるだろう。

　今まで存在することのなかった脳死のヒトの利用や体細胞クローン技術によってつくられたヒトの利用、ES細胞をつくる際の胚の利用など科学技術の発展にともなって新たに生じた人間の命を扱うことと尊重することの意味再考が求められることになる。そこで本章では、今まで理科では取り扱うことの少なかった人間の生死の問題を科学技術社会の文脈から扱うことにした。

2. 授業の概要

　「脳死と心臓死」、「クローンとES細胞」の連続する二つの授業を開発した。
　「脳死と心臓死」では、理科の中でほとんど扱われることのない死をテーマとし生命の科学的な死の概念を育成したうえで、科学的な手続きからだけでは決めることができない社会的な問題まで触れ、人間の死についてみんなで話し合い最終的に学習者が自分で脳死、心臓死を判断できる能力を育成するように授業を構築した。
　「クローンとES細胞」では科学的なクローン概念を育成したうえで、体細胞クローン技術、ES細胞技術を理解させ、技術の進歩により脳死からの臓器移植とは別の倫理的な問題が生じること、さらには現在iPS細胞の技術によって臓器移植や臓器交換が身近な事象として現実になろうとしていることに対しての各自の意見や考えをそれぞれが共有することができるように構築した。
　「脳死と心臓死」のところでは脳死判定及び脳死のヒトから臓器をとること、もらうことが倫理の主たる中心であったが、次の「クローンとES細胞」では自分自身の遺伝子をもった臓器をつくること、つくる過程で生じる卵利用の問題へと倫理の問題が変化していくところに連続して行う意味があると思われる。最終的にiPS細胞の技術が進み臓器交換ができるような世の中になったときにも新たな倫理的な問題が生じる可能性を示唆し、科学技術の進歩によって選択肢が増え、生命の量（クオンティティ　オブ　ライフ）は伸びても生命の質（クオリティー　オブ　ライフ）が良くなるとは限らない点にも気がついてもらうのが全体の授業のねらいである。

3. 作成した授業案と授業用プリント

(1) 授業案　脳死と心臓死

① ねらい

　生きていることを教える中心は理科の中では「生物」である。しかしその中で生命誕生や生命の仕組みは取り扱うが生物の特性である死についてはほとんど触れることがない。そこで本時では生命の死を中心とし、さらに現在普及が望まれている脳死から臓器移植を自分のことと自覚してもらうため、人間の死を科学を中心としながらもそれだけでは決めることができない社会的な問題にまで触れ、生徒が自分で脳死、心臓死の選択の判断をする能力を育成することを目的とする。

② 授業の展開

授業者の活動	学習者の活動	ミスコンセプションの予測と評価
生物が生きていることを思い浮かべたうえで、「死んでいる」ことの定義を考えてみよう！ ↓	動かない、呼吸をしない、心臓が止まっているなど自由に発言 ↓	
死んでいるものと無生物（ボールペン、自転車、時計など）と比較してみると？ ↓	無生物とかつて生きていたものを自覚しさらに発言 ↓	無生物と死んでいる生物を混同していないか
すべての生物に通じる死の定義と人間（又は高等な動物）に限定される死の定義とを分けてみよう！ ↓	すべての生物に通じる死の定義と人間の死の定義を検討し区分けする。 ↓	死を人間や高等動物だけの死に限定していないか
今までの議論をもとに人間の死をまとめてみよう！ ↓	心臓死は呼吸の停止、心臓の停止、瞳孔反射の停止の3点セットによって判断され、自分たちでもわかることを自覚する ↓	心臓が止まることだけで人間の死としていないか
心臓死と心臓の停止の違いは？ ↓		
脳死とはなんだろう？ ↓	脳死のイメージを発言する ↓	脳死はすべての脳が死んでいる状態だけだと思っていないか
植物状態、脳幹死、全脳死の脳	大脳損傷、脳幹損傷、大脳と脳	植物状態を脳死を考えていないか

の損傷が3パターンあることを図示する（ここではまだ言葉は提示しない。植物状態以外の用語には「死」という言葉が示されているため。） ↓ 脳幹と大脳の役割を説明し、それぞれの脳の部分が損傷するとどうなるのかについて予測してみる。 ↓ 自分たちで決めた死の定義からどれが「死」なのかを予測させる。 ↓ 脳幹死は必ず全脳死になり心臓死へと向かうこと、植物状態の場合にはケアをすれば個体は維持されることを説明 ↓ なぜ心臓死と脳死を選ぶ必要があるのか？ ↓ 臓器移植に関係していることに気づかせる。 ↓ リビングウイルにより選択できることを説明 各個人がなぜ決められるのか？ ↓ 死は科学的にだけで決められることではなく、文化や宗教なども関係する。例えばお葬式は何で行うのかなど ↓ 個人の決定や家族の意思決定は必要か？（討論）	幹の両方の損傷の図を描き、大脳と脳幹の役割からそれぞれどのような症状になるのかを考え発言する。 ↓ 死に相当するものがあればそれぞれが選んでみる（はじめに決めた死の定義を参考にする） ↓ 植物状態は生きている人間、脳幹死、全脳死は国によって判断がことなることを理解 ↓ 心臓死と脳死を選ぶ必要が臓器移植からきていることに気がつく ↓ 科学的な死、社会的な死、身近な人の死、縁のほとんどない人の死などでそれぞれ立場が異なることを自覚したうえで、死の選択には個人の決定や家族の決定が関わることに関して自分の立場を表明したうえで自由に討議し、今後どうしていったらいいのかについて話し合う。 （自分と違う立場の考え方も知る）	生徒自身による学びの自己評価を行い、授業内容や意見、感想等を記録シートに記入

③ 授業用プリント　脳死と心臓死

脳死と心臓死

生命の一個体の時間の終わり ― 死について
生きていることと死んでいることとはどこがちがうのだろう？　死の定義をかんがえてみよう！
(生物と無生物の違いも一緒に考えみよう！)

それでは次に、人間の死について考えてみよう
心臓死って何？

脳死って何？　植物状態と言われる人とは何が違う？

脳の主な働き
脳幹

大脳

脳幹、大脳がそれぞれ破壊されるとどうなるかを予想してみよう。

なぜ脳死を選ぶ必要があるのだろうか？

今まで日本では脳死判定にはリビングウイルなどによる個人の意思決定による同意と家族の意思決定による同意が必要であった。また改正により現在では本人の同意が不明な場合でも家族の意思決定により脳死判定を選べるようになった。なぜ本人と家族の同意が必要だったのか、またなぜ現在では本人の同意が不明な場合家族の意思決定により脳死判定が可能になったのかについて考えてみよう。

時間があれば考えてみよう！
人間にとって科学的な死は社会的な死なのだろうか？　何のためにお葬式はあるのだろうか。

　自分が脳死か心臓死かを選択しても自分にとっては特にはメリットはたぶんないでしょう。ただし、脳死を選択することで見ず知らずの又は近親者の人（特に心臓病の人は脳死のヒトから心臓を移植してもらうことで生存率が高くなるでしょう）を救うことができます。また他人が脳死を選択してくれたおかげで臓器提供が自分や家族にもたらされるかもしれません。私たちは脳死か心臓死かを自分の意思で決めることができます。あなたはどうしますか？（ここに書いたものは練習であり、リビングウイルとしては使用しません。）

※上記のプリント中の余白は生徒に配布した実際のプリントよりも少ない。

(2) 授業案 クローンとES細胞

① ねらい

脳死のヒトから臓器移植を行うことに関しては、脳死のヒトは自発呼吸はできないが血液循環はなされており心臓が動いている体から臓器をとることに対して常に倫理的な問題がつきまとう。それでは、脳死のヒトの体を利用しない、クローン、ES細胞、そしてiPS細胞のそれぞれの技術が発達するにつれて新たに生じる倫理的な問題にはどのようなものがあるのであろうか。

本時ではクローンの生物学的な意味からスタートし、iPS細胞という発想までの科学的技術的理解と倫理的課題を同定し、それぞれ自分の意見をもつことができるようになることを目的としている。

② 授業の展開

授業者の活動	学習者の活動	ミスコンセプションの予測と評価
クローンのイメージは？（ここでは体細胞クローンの羊や牛に特化していると予想される） ↓	クローンから連想できるイメージを自由に発言する ↓	クローンのイメージが人や羊、牛などの体細胞クローンのイメージに偏っていないか
クローンとはどういうことを言うのだろう？（遺伝子情報が全く同じもの） ↓	クローンとは全く同じ遺伝子をもつものどうしをいうことを認識する ↓	クローンと遺伝子操作を混同していないか クローンでつくった生物は年齢も同じものができていると思っていないか（クローン生物も成長しないと親にならないこと） ※クローンは身近にも存在することに気づかせる
身近にみられるクローンは？ソメイヨシノザクラやジャガイモなどの栄養生殖、アメーバなどの分裂、一卵性双生児などを想起させる。 ↓	同じ遺伝子をもつ生物どうしにはどのようなものがあるのかを日常から連想し発言する ↓	
一卵性と二卵性の違いを説明 ↓	一卵性がクローンで二卵性がクローンではない理由に納得する ↓	
生殖細胞によるクローンと体細胞によるクローンの仕組みの違いを説明	生殖細胞のクローン技術、体細胞のクローン技術を描き、それぞれの技術の作業の手順を知る	（細胞年齢やテロメアを知っている可能性があることを予測）

↓ クローンを作る意味は？臓器だけつくれたら？	クローン人間をつくる意味を考える	クローン人間は自分の言うことを聞いてくれると思っていないか
↓ ES細胞による再生医療の仕組み	↓ ES細胞による再生医療の技術の仕組みを描き手順を知る	クローン人間の臓器を利用できると思っていないか（人権はクローン人間にもあり）
↓ 他人の臓器と同じもの→この時点で脳死のヒトからの臓器移植はいらないのでは？	↓ ES細胞でつくった臓器のメリットと問題点を自由に発言し、臓器移植がいらなくなる可能性とともにつくった臓器が他人の細胞の臓器であることに気づく	
↓ ES細胞から臓器をつくると「他人の」臓器と同じため免疫抑制剤が必要		
↓ 体細胞クローンの技術を使ってES細胞をつくれれば本人と全く同じ遺伝子をもったES細胞になることに気づかせる。	↓ クローン技術とES細胞の技術の両方を取り入れることで、自分の臓器がつくれる可能性があることに気づく	
↓ クローン、ES細胞に共通する倫理的な問題（途中で生徒が気づいたときはその時点でとりあげる）	↓ ここまでで倫理的な問題がないかを振り返る	
人間の卵はどうやって手にいれるのか？ 卵を利用していいのかどうかの基準はどのように考えればよいか？	↓ 人間の卵の入手、利用、ES細胞を取り出した胚のその後などで倫理的問題があるかもしれないことに気づく	
↓ iPS細胞の技術、卵を使用しないでES細胞とほぼ同じ働きをもつ万能細胞をつくる技術が登場 iPS細胞の技術の倫理的課題の共通点と相違点は？	↓ iPS細胞の技術がこれらの倫理的な問題の多くを解消している技術であることを知るとES細胞と同様の問題も含め新たな問題があることにも気づく	※ ES細胞の技術、iPS細胞の技術それぞれの技術からしかできないこと、それぞれの技術は将来の可能性も含めて異なる利用可能性があることも視野に含めるよう促す。
↓ これから私たちはこのような技術とどう付き合っていくべきか？（討論）	↓ このような技術を全面的に受け入れるか、入れないかの立場を各個人が表明したうえで	※ここまででクローン技術、ES細胞の技術、iPS細胞の技術のそれぞれの方法及び

		総合討論をする	現在なせること、将来できる可能性のあること、そして倫理的課題を黒書にまとめ各生徒が確認できる状態にする。
			生徒自身による学びの自己評価を行い、授業内容や意見、感想等を記録シートに記入

③ 授業用プリント クローンと ES 細胞（そして iPS 細胞へ）

クローンと ES 細胞（そして iPS 細胞へ）
クローン
クローンのイメージ
身近なクローンにはどのようなものがあるのだろうか？ 具体的に書いてみよう。

クローンとはどういうものを言うのだろうか？ クローンの定義を考えてみよう。

体細胞の核を利用したクローンをつくる意味はどこにあるのだろうか？ また体細胞クローンの問題点は何か。

ES 細胞による再生医療の仕組みを図示しながらまとめてみよう。

体細胞クローン技術を使って ES 細胞がつくれると？

体細胞クローン、ES 細胞をつくるうえで共通にある倫理的な問題は何か？

iPS 細胞とはどのような技術が用いられているのだろうか。まとめてみよう。

ES 細胞をつくる技術と iPS 細胞をつくる技術の間の倫理的問題の共通点と相違点をまとめてみよう。

私たちはこれからこのような技術とどのように付き合っていったらいいのだろうか。みんなで話し合ってまとめてみよう。

※上記のプリント中の余白は生徒に配布した実際のプリントよりも少ない。

おわりに

　本章は理科の中で生命倫理の内容をどのように配列していくべきなのかについて、一端現行の日本の学習指導要領を離れて、考察を行ったものである。生命倫理的課題の「順序」に注目したのである。ダリル・メーサー（監）(2000)の『命の教育』において、理科の中でも生命倫理が扱える可能性を示唆し教材が開発されている。しかし鈴木（2008）で指摘したように、学習指導要領に合わせて生命倫理の内容を導入しようとすると、生命倫理の内容の配列がばらばらになる。科学の内容にも順次性があるように生命倫理の内容にも順次性があってよい。順次性の基準を生命倫理の課題が発生した順である歴史性に注目した場合、例えば日本の新聞で紹介された順であると、クローン→脳死→ES細胞になる。また生徒の理解に基づく生命倫理的な課題に付随する科学的な側面の難易度でいえば（今後の詳細な検討が必要であるのは前提としてあえて言うならば）、優しいほうから脳死、クローン、ES細胞になるであろうか。このような配列の理由としては、クローンやES細胞は、発生の過程や細胞の仕組み、遺伝子などが関係し、さらにはES細胞の場合には発生の過程での幹細胞の理解が必要となるからである。

　本章では脳死→クローン→ES細胞→iPS細胞の順に取り扱ってきたが、さらに連続して行うとすれば、生命を積極的に操作する遺伝子組み換えや遺伝子治療（遺伝子診断を含む）へとつなげていくことが可能であろう。

　生命倫理を理科の中で扱える教材の開発・共有はまだまだ不十分である。まして、生命倫理を理科の中で体系的に扱えるものは皆無である。本章をもとに、理科の中で生命倫理をどのように体系化して教材を構成し教えていくべきなのかについて今後さらなる議論が望まれる。

　現在日本では、15歳以下でも脳死の体から臓器を取り出し、他者へ臓器移植をすることが可能となっている。脳死の問題を、対象者になりうる中学生さらには小学生でも理解し、考えることが可能な理科教材の開発が急がれるべきであろう。

付記：本稿は鈴木哲也（2009）「理科教育における生命倫理の授業開発（1）―『脳死と心臓死』から『クローンとES細胞』への連続した授業を通して―」『埼玉純真短期大学研究論文集』第2号 pp.73-79を大幅改稿し、加筆・修正したものである。

注

1) 明治後期の段階で、小学校の理科授業における動物利用に関して、子どもに抵抗がない動物を選ぶ、子どもが残酷だと感じないような取り扱いをするなどの子どもを配慮する視点はあった。昭和初期の文献では、動物に苦痛を与えないように配慮する視点がさらに含まれていたことが鈴木（2017）によって指摘されている。
2) 厳密に言えば、平等と公正さは意味合いが異なることがある。身分や立場の違いを考慮せず資金を同じ分ずつ配分することは平等ではあるが公正とは限らない。不平等ではあるが身分や立場の違いを考慮して資金を配分した場合に公正さが保たれることがありうる。

文献

ダリル・メーサー（2000）（監修）『命の教育』（清水書院）

鳩貝太郎（2004）『生命尊重の態度育成に関わる生物教材の構成と評価に関する調査研究』平成13年～平成15年度科学研究費補助金（基盤研究C）研究報告書、鈴木哲也「第2章3 理科教育における生物愛護と生命尊重の捉え方の再考」pp.65-69.

文部科学省（2017）『小学校学習指導要』.

文部科学省（2017）『中学校学習指導要領』.

文部科学省（2018）『高等学校学習指導要』.

鈴木哲也（1996）「理科教育における生命尊重論に関する基礎的研究」『教育学研究収録』（筑波大学大学院博士課程教育学研究科）20、pp.79-90.

鈴木哲也（1999）「理科教育における多様な生命の見方に基づく生命尊重論」『生物教育』39、pp.129-139.

鈴木哲也（1999）「理科教師の生命尊重の意味内容の解明」『教育学研究収録』（筑波大学大学院博士課程教育学研究科）23、pp.119-129.

鈴木哲也（2001）「理科教育における大学生の生命尊重のとらえ方の解明―生物教育における生命倫理のあり方を視野に入れて―」『生物教育』42（1）、pp.11-20.

鈴木哲也（2008）「小中高を通した理科教育における生命倫理の導入に関する研究―学生に対する実態調査を基にして―」『埼玉純真短期大学研究論文集』pp.55-64.

鈴木哲也（2017）「大正後期から昭和初期における尋常小学校理科教授書に見られる解剖観―信濃教育を事例として―」『未来の保育と教育』（東京未来大学保育・教職センター紀要）pp.73-78.

武村重和・秋山幹雄（編集）（2000）『理科 重要用語300の基礎知識』（明治図書）、鈴木哲也・長州南海男「生命倫理」、41.

（東京未来大学こども心理学部　鈴木哲也）

第11章
責任ある環境行動で必要となる科学的リテラシー

岩本　泰

1. レイチェル・カーソンの警告

　環境問題と科学教育とのつながりには、重要な関連性がある。例えば、かつてアメリカの環境史に深く刻まれた DDT という物質に関わる問題を挙げることができる[1]。現在では安易な使用が禁止されている DDT の危険性を理解するためには、専門的には有機化学や生態系、生物濃縮、遺伝子、土壌学など、生物・化学・地学を横断する科学的知見が必要となる。もともと DDT は、じゃがいもにつく害虫を駆除する目的で開発された農薬として安価で農産物の大量生産に寄与したり、戦前戦後の公衆衛生向上に貢献したりする功績につながった。その開発に中心的な役割を果たしたパウル・ミュラーは、その功績が認められて 1948 年にノーベル生理学・医学賞を受賞している。DDT はノミやシラミの駆除だけでなく、発疹チフスといった生活環境の向上に大きな影響を発揮したため、戦後の日本でも身近な化学物質の一つとなった。こうした成果もあって DDT は、人間生活を向上させる万能薬として、広まっていった。
　しかしながら、DDT の特性の一つである分解されにくく効果が持続するメリットが、結果として様々な生物の遺伝子を傷つけ、次の世代にも影響し続けることを、海洋生物学者で作家のレイチェル・カーソンが 1962 年に出版した『沈黙の春』[2] で警告した。このときカーソンは、海洋生物についての研究歴はあったものの、有機化学の専門家ではなかったことで、DDT に関連する

大手製薬会社からの激しい反論にさらされた。様々な反証を示すデータも出され、大きな社会問題になったが、10年の歳月を経て問題の重大さは当時のケネディ大統領を動かす結果となった。ケネディ大統領の科学諮問委員会の答申では『沈黙の春』で告発された内容の正当性を認めるもので、やっと問題収束の道を歩み始めた。

その後、国際的には1992年のブラジルのリオデジャネイロで開発された「国連環境開発会議（地球サミット）」で採択された行動計画書「アジェンダ21」にDDTに関する内容が含められ、「残留性有機汚染物質に関するストックホルム条約（POPs条約）」の2001年採択と2004年発効を経て、現在は製造と使用が原則禁止されている。

こうした問題を理解し解決するためのリテラシーには、大きく分けて2つの能力がある。専門的な科学的知識による問題のメカニズムを理解する能力と、短期的かつ長期的に問題がどのような影響を及ぼすのか環境影響評価のための能力である。多くの場合、一般市民に必要とされる能力は、後者の環境影響評価能力で、それは前者のような専門的な知見がなくても概要が理解できれば、備えることができる。本来は、どちらも獲得できることが理想ではあるが、本論では問題解決に向けて、責任ある環境行動につながるために必要となる科学的リテラシーに焦点化して、それはどのような能力か、読者と共に考えるきっかけとしたい。

2. 責任ある環境行動とは

さて、責任ある環境行動については、1990年代に北米環境教育学会で発表され、比較的近年でも日本環境教育学会[3]でも注目されてきたHungerfordらの「責任ある環境行動（Responsible Environmental Behavior：REB）」研究の成果がある。本章では、これらの視点から、どのような所産や課題が示されるか検討した結果を示す。

責任ある環境行動は、1980年代における概念規定からその研究所産が顕著になった。どのような行動がREBに属するのか整理した成果[4]によれば、以

下の5つが示されている。
  a. 環境管理（ecomanagement）
  b. 消費者行動
  c. 説得行動（persuasion）
  d. 政治的行動
  e. 法律的行動

この5つの分類が、特に責任ある環境行動研究の基礎、そして責任ある環境行動の程度を測定するための枠組みになっている[5]。さらに、HungerfordらはREBを体得した市民としての行動について、以下のように定義している。

1. 全体的な環境やそれに起因する問題への気づきや感受性をもつ
2. 環境やその問題（problems/issues）の基本的な理解がある
3. 環境への関心や環境保全に積極的に参加しようとする動機がある
4. 環境問題を同定したり、解決したりするための技能（skill）を持つ
5. 環境問題の解決に向けたあらゆる段階の活動に積極的にかかわる

これらをいいかえるなら、環境について何が今問題となっているのかを見極める力をもち、解決に向けて積極的な意思と方略を持ち合わせている状態であることがうかがえる。すなわち、高い状況分析力と具体的な行動力を兼ね備えた人がREBを持ち合わせている、ということがいえる。

では、人はこのような能力を獲得するために、どのように変容をしていくのだろうか。彼らの課題意識は、図11-1のような、伝統的な行動変容へのプロセスに対する批判意識にある。単に環境問題に対する知識習得や認知が達成されれば、学習者はREBに結びつく、とする通念は、何ら根拠がない、というものである[6]。こうした主張は、例えばCulen（1998）[7]によっても同様の研究所産が示されている。

図11-1　伝統的な行動変容へのプロセスモデル（Hungerford and Volk　1990）

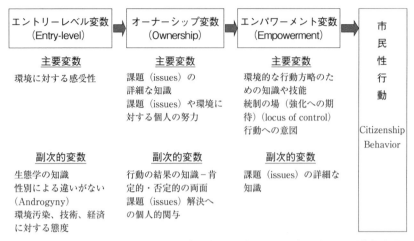

図11-2 行動フローチャート：環境的市民行動に関わる主要変数と副次的変数
（Hungerford・Volk 1990）

そこで Hungerford らは、Hines（1987）[8] による 10 年以上行われてきた環境行動調査に基づく 128 の行動変容に関わる研究結果をレビューし、導き出した因子の相互関連性を考慮したうえで、整理と修正を重ねて示したのが図 11-2 の行動フローチャートである[9]。この図は、大きな３つの変数とそれぞれに相関がある主要変数、副次的変数から成り立っている。それぞれの変数については、以下のように説明されている。

・エントリーレベル（Entry-level）変数

この変数は、市民性行動に至る前段階であり、少なくとも個人の意思決定を促進し、その後の行動につながると考えられる。主要変数には、まわりの環境がどのような状況なのか気づく感受性が深く関連し、その他生態学に関わる知識、特定の性別にかたよった状態ではない（両性の特性をもつ）、そして環境汚染や技術、経済に対して行動に導く何らかの態度を持ち合わせていることが関連している。すなわち、行動を生起させるための初期状態といえる。

・オーナーシップ（Ownership）変数

この変数は、環境にかかわる課題（issues）を自分に関わる問題として捉えることができるようになる段階と考えられる。すなわち、他人事ではなく課題

を「自分事」として意識して所有することといえるし、個々人のレベルで非常に重要である、とされている。主要変数には、課題（issues）がどのような理由によるかといった詳細な知識、課題解決に向けた個人の努力が示されている。また、行動の結果がもたらす肯定的・否定的両面の結果の知識、解決への個人的関与が副次的変数として示されている。

・エンパワーメント（Empowerment）変数

この変数は、特にREBを持ち合わせている市民育成に重要な関係がある。エンパワーメントは、日本語にしにくい概念であるが、それまでの前段階による課題解決に向けた意識の高まりと背景的知識の所有により、「人間の潜在能力を信じて、その発揮を可能にするよう平等で公平な社会を実現しようとすること」[10]にその本質がある。主要変数には、どのような行動方略を展望すれば解決に至るのか具体的な知識や技能をもちあわせていること、自分の行動で課題解決に至るとする統制の場（locus of control）[11]の強化、行動への意図が大きく関連し、そのために課題の詳細な知識を持ち合わせていることが重要である、としている。

3. ケーススタディ：プラスチック汚染問題

上述した責任ある環境行動、環境行動に至るプロセスについて、具体的なケーススタディを通して考えてみたい。前々から指摘されていたことであるが、2018年になって環境問題を象徴するメインストリームになった問題の一つにプラスチックゴミがある。目に見える、見えない、といった違いはあるものの、化学合成された製品としてのプラスチックは、分解されにくく環境中に残りやすい、という点で、上述したＤＤＴとプラスチックごみ問題は、共通点を見いだせるのではないか、ということが取り上げた理由である。

プラスチック製品、といってもペットボトルや包装材、レジ袋といったプラスチック製品など、発生源は様々である。安価で加工しやすいため、私たちの生活で身近な素材の一つとなっている。一方で、リサイクルされずに投棄されたり、埋め立て地から海洋中に流出したりするケースもあり、最終的に海に到達し、その量は年間800万～1千万トン程度にのぼるとされる。

海洋生物に対する被害は深刻で、例えばウミガメや海鳥、クジラなどが投棄されて水中を漂うレジ袋をえさと間違えても飲み込むほか、漁網の一部に絡まって窒息死する原因にもなり、生態系への悪影響が懸念されている。2018年6月の先進7カ国首脳会議（G7）では、欧州連合とカナダがプラスチックごみ削減に向けた数値目標を盛り込んだ文書（海洋プラスチック憲章）を採択したが、日本とアメリカは署名を拒否したため、署名した国の関係者から批判を浴びる結果となった。

さらに問題を複雑にしているのは、マイクロプラスチックの問題である。プラスチックの容器や製品は、海水に浸され雨風波による物理的要因に加えて、太陽光の紫外線で製品劣化し、細かくなる。さらにあまり知られていないことだが、歯磨き粉や洗顔料に含まれているスクラブ剤には「マイクロビーズ」といったプラスチック材が使用されていて、洗浄とともに排水溝から流れ出た成分の一部は、処理されずに海に流れ込む。こうした要因により、一般的に5ミリ以下の微小な海のプラスチックごみが、マイクロプラスチックと呼ばれる。

知っていましたか？

・最近10年間だけで、20世紀で使用した以上のプラスチックが生産されました。

・1分間に100万本のプラスチックボトルが売られています。

・2016年は、世界では4,800億本もの飲料水用のボトルが売られました。

・私たちが使っているプラスチックの50%は使い捨てです。

・水用のプラスチックボトルをつくるために毎年1,700万バレルもの石油が使われています。

・ゴミ全体の10%がプラスチックです。

図11-3 ＃BEATPLASTICPOLLUTION より（国連 世界環境デー）[12]

海洋中に浮遊するこうしたマイクロプラスチックは、いわゆる生物濃縮によるメカニズムで、プランクトンや魚、海鳥が体内に入れ、生態系への影響が懸念されているばかりか、諸外国に比べて比較的多くの海産物を食する日本人にとっては、体内に摂取するリスクが懸念されている。

こうした研究は、近年世界中で成果が報告されているが、本章ではさらに高田ら[13]の研究結果に触れたい。彼らの研究により、これまで大気汚染の元凶物質の一つであったダイオキシンの成分物質であるPCBs（ポリ塩化ビフェニル）や、新たなPCBsといわれるPBDEs（ポリ臭素化ジフェニルエーテル）といった水に溶けにくい性質をもつ汚染物質が海洋生物に取り込まれるしくみは、これまで餌による生物濃縮が知られてきた。よって、化学物質による生物濃縮とプラスチック摂食の研究は別々に行われていた。ところが、高田らの研究は、プラスチック片やマイクロプラスチックが汚染物質の運び手（キャリヤー）としてふるまうことを明らかにした。こうした成果は、海産物として摂取する人間への影響と関連付けて考えることが重要である。高田は、以下のように警鐘を鳴らしている。

「プラスチック汚染の問題の解決には、海洋学、環境化学、生物学、毒性学、生態学といった多くの分野が関係してくる。例えば、海洋学ではプラスチックが最終的に海洋中で溜まる場所を推定する、環境化学では環境中でのプラスチックと化学物質との関係を明らかにする、生物学や毒性学ではプラスチック摂食による生体への影響を調べる、生態学では生態系へのインパクトと将来を予測するために、研究を進めていく必要がある。したがって、他分野の研究者との連携が重要であり、様々な視点とアプローチがプラスチック汚染を解決する鍵となるであろう。」

4．プラスチック汚染問題を事例とした科学的リテラシー

ここまでの議論をもとに、責任ある環境行動をプラスチック汚染問題によるケーススタディとして考えると、以下の5点に示すことができる。
1. プラスチック汚染に基づく環境変化やそれに起因する様々な問題への気

づきや感受性をもつ
2. プラスチック汚染問題による環境変化やその問題（problems/issues）の基本的な理解がある
3. プラスチック汚染問題による環境変化への関心や環境保全に積極的に参加しようとする動機がある
4. プラスチック汚染問題を同定したり、解決したりするための技能（skill）を持つ
5. プラスチック汚染問題の解決に向けたあらゆる段階の活動に積極的にかかわる

　こうした5点が、問題解決に向けた一つの要素として考えられる。また、具体的な責任ある環境行動の喚起に至るプロセスは、以下の図11-4のように示す。最初の「エントリーレベル」プロセスにおいては、まずはプラスチック汚染問題をどのように感じているのかが鍵となる。実際の国連「やめよう、プラスチック汚染」キャンペーンでは、視覚的に明らかにプラスチック廃棄物で汚染した海の写真や映像が前面に強調されているし、関連して「脱プラスチック」の象徴としてストローに注目が集まるようになった"Sea Turtle with Straw up its Nostril - "NO" TO PLASTIC STRAWS"（鼻の中にストローが詰まってしまったウミガメ）[14]の映像では、詰まってしまったストローを取り出すのに苦しそうにするウミガメの映像が使用されている。これらは、まず知るべき情報として、問題の一端を捉えるのに大きな影響があるきっかけを必要としていることを意味する。もちろん関連して生態学的な知識も影響要因となり得るが、情報の受け取り手の「心を動かす」ということが必要となり、そうした「心の動揺」こそが、獲得すべき科学的リテラシーのモチベーションとなる。こうしたことについて理科教育的観点では、最初の「つかみ」で学習者の「心を動かす」ことができなかったら、その後の教育効果は期待できない、と考えることができるのではないだろうか。

　「心を動かす」という初めの一歩ののち、次に重要なのは、プラスチック問題は他人ごとではなく、自分の日常行動と関連性があると捉えることである。この関連性において、自分とのかかわりで問題にかかわる詳細な知識が大きな

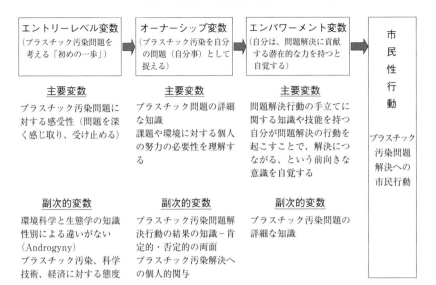

図11-4　プラスチック汚染問題解決に向けた行動フローチャート
((Hungerford・Volk 1990) に基づき筆者作成)

影響を与える。そして、課題解決に向けて一人一人の努力が必要であることを理解することが重要となる。この努力に関連して、どのような行動が課題解決に向けてポジティブ／ネガティブな影響があるのか、理解することも必要になる。すなわち、プラスチック問題は、「自分にとっての重要な環境問題」と捉えられるかどうかが、鍵となる。

そのプロセスを得て、地域、社会の「私」を含んだ一人一人が、問題解決に必要な力を備えた状態（エンパワーメント）が、責任ある環境行動に導く直前のプロセスとなる。この状態では、どのような行動が解決につながるか、計画を立てて必要な方法で行動する見通しがたった状態である。そして、自分が行動すれば、解決につながる、という強い信念を自覚していることが大きな影響を与える。当然、このときには詳細な問題にかかわる知識を知り得ていることも重要である。

このプロセスには、環境に対する心理的要因も相関する。そのため、段階的なプロセスを踏む、というよりは、行きつ戻りつ、問題に対する既有知識・経

験の違い等による個人差を考慮する必要があり、ある種の傾向となる枠組みとして位置付ける必要がある。

5. 責任ある環境行動で必要となる科学的リテラシーを考える

これまでの議論をもとに、特に必要となる科学的リテラシーに焦点化して考えてみたい。

冒頭に論じたように、問題を理解し解決するためのリテラシーには、専門的な科学的知識による専門的なメカニズムの理解を要する能力と、短期的かつ長期的に問題がどのような影響を及ぼすのか影響評価のための能力である。行動フローチャートからわかることは、望ましい科学的リテラシーは、両者を持ち得ていることが重要であるが、さらにリテラシーが「どのような心理状態で所有されるか」という点である。環境問題と自分とのかかわりを強く意識し、「自分が行動しなければ解決につながらない」という強い動機付け、モチベーションが必要となる、ということである。

こうした議論は、環境省が『持続可能なアジアに向けた大学における環境人材育成ビジョン』[15]と関連付けて考えることができる。環境省では、これからの持続可能な社会の担い手を「環境人材」と定義している。具体的には、「自己の体験や倫理観を基盤とし、環境問題の重要性・緊急性について自ら考え、

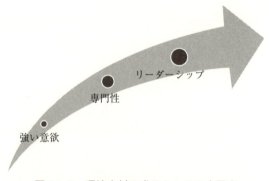

図11-5　環境人材に求められる3大要素
（環境省　2008）

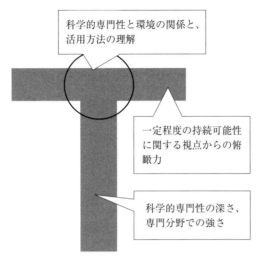

図11-6　T字型の環境人材 より
環境省（2008）をもとに修正して筆者作成

各人の専門性を活かした職業、市民活動等を通じて、環境、社会、経済の統合的向上を実現する持続可能な社会づくりに取り組む強い意志を持ち、リーダーシップを発揮して社会変革を担っていく人材」と説明している。すなわち、問題解決に向けた強い意欲と専門性、問題解決への主体性やイニシアチブ、リーダーシップを発揮する能力が相互に関連し合った能力、という一つのビジョンを示すことができる。

　その上で、T字型の能力を有する人材モデルを示している。本論では、科学的リテラシーに置き換えて、図式化した（図11-6参照）。環境人材が備えるべき素養を育むためには、縦軸として、例えば海洋プラスチック汚染問題においては、材料科学にかかわる工学的知見、海洋学、環境化学、生物学、毒性学、生態学などの特定の専門性を高めると同時に、横軸として分野横断的な科学的知見を伴うような環境保全に係わる知見を獲得し、鳥瞰的な視点あるいは俯瞰力が必要になる。すなわち、縦割りの専門性だけではなく、自らの専門分野に総合科学的な環境保全の視点を内在・統合させていくことができるような、いわばT字型の人材育成が効果的である。さらには、実は人材ビジョンでも論

じられているが、二つの専門領域（理系と文系など）の双方を備えつつ横断的な知見を備えた、いわゆるπ字型（縦棒が2本）の能力も、責任ある環境行動で必要となるリテラシーを論じる際の枠組みとなる。

　従来の科学は、専門分化し、研究され発展してきた歴史を有する。すなわち、このT字型ビジョンにおいては、縦軸にはまるものが多い。しかしながら、海洋プラスチック汚染に警鐘を鳴らす高田らが述べているように、この科学的リテラシーだけに焦点化しても、海洋学、環境化学、生物学、毒性学、生態学といった多くの分野が関係している。すなわち、複数の科学領域を横断して考え、解決に向けた方略を導き出す「総合科学」的能力が求められることが明らかである。これは、例えば一般的に物理・化学・生物・地学、と高校では4領域に分かれて教育されてきた現在の理科教育に再考を促すきっかけとなる。「総合理科」といった教科の導入も行われてきたが、単に4領域の内容を羅列するのではなく、「環境問題を解決する」という、「何のため」「誰のため」「学んだことをどうやって問題解決に活かすか」といった学びの目的を明確化したリテラシーを検討する必要があるのではないだろうか。

　こうした検討は、教育のあり方全体の議論にも通じるし、教育能力のある教員によって、これまで多くの「総合科学」的な教育実践が試みられてきた。また、環境問題が複雑になればなるほど、環境保全に必要となる能力も変容する。本章の内容を学びづくりのたたき台にして、教育に携わる者が実践を考えるきっかけになれば幸いである。

注
1)　本論は、以下文献より引用している。
　　岩本 泰、2016、環境問題とESD、SDGsと開発教育 ─ 持続可能な開発目標のための学び（田中治彦他編）、学文社、pp.96-97
2)　レイチェル・カーソン、1974、沈黙の春（青樹簗一訳）、新潮文庫
3)　例えば、以下の文献を参照。
　　阿部治・降旗信一、2013、環境教育の進め方とその理論的背景、環境教育（日本環境教育学会編）、教育出版、pp.85-86
4)　Hungerford H., and Peyton R., 1980, A paradigm for citizen responsibility: Environmental

action. In A. Sack, et al. (Eds.), Current Issues Ⅳ : The yearbook of Environmental Education and Environmental Studies, pp.146-154

5) Marcinkowski Tom, 1998, Predictors of Responsible Environmental Behavior: A Review of three Dissertation Studies, Essential Readings in Environmental Education, Stipes Publishing L.L.C., pp.228-229

6) Hungerford H., and Volk T., 1990, Changing Learner Behavior Through Environmental Education, Journal of Environmental Education, p.9

7) Culen G. R., 1998, The State of Environmental Education with Respect to the Goal of Responsible Citizenship Behavior, Essential Readings in Environmental Education, Stipes Publishing L.L.C., p.38

8) Hines J., Hungerford H., and Tomera N.,1987, Analysis and Synthesis of Research and Responsible Environmental Behavior: A Meta Analysis, Journal of Environmental Education, pp.1-8

9) 前掲書6)に同じ。

10) 田中治彦、2013、エンパワーメント、環境教育辞典(日本環境教育学会編)、教育出版、pp.33-34

11) locus of control の訳。田畑（1991）[16]によれば、ある個人がある出来事を自分自身の行動あるいは自分自身の比較的永続的な特性に随伴していると知覚するとき、これを「内からの統制」(internal locus of control)とよぶ。またもしもある出来事が完全に自分の行動に随伴しているわけではないとみなしたり、力のある他者の統制下にあるともみなしたり、個人をとりまく要因が非常に複雑であるため予測不可能であると知覚するとき、これを「外からの統制」(external locus of control)とよぶ。本論では、特に「内からの統制」による影響の関係性について示唆している。

12) 例えば、国際連合広報センター「やめよう、プラスチック汚染」キャンペーンＨＰを参照。http://www.unic.or.jp/activities/economic_social_development/sustainable_development/beat_plastic_pollution/

13) 本論では、以下の論文を参照。
　　山下麗・田中厚資・高田秀重、2016、海洋プラスチック汚染：海洋生態系におけるプラスチックの動態と生物への影響、日本生態学会誌66、pp.51-68

14) "Sea Turtle Biologist", "Sea Turtle with Straw up its Nostril - "NO" TO PLASTIC STRAWS", https://www.youtube.com/watch?v=4wH878t78bw

15) 『持続可能なアジアに向けた大学における環境人材育成ビジョン』については、環境省ＨＰを参照。http://www.env.go.jp/press/file_view.php?serial=11089&hou_id=9516

16) 田畑治、1991、内からの統制、教育心理学小事典（三宅和夫・北尾倫彦・小嶋秀夫編)、有斐閣、p.19

第12章
3.11以後のSTSリテラシーとその育成

大辻　永

1. はじめに

　2011年3月11日の東日本大震災後、福島県教育委員会が主催する防災教育・放射線教育の教員研修が県内7教育事務所管内でそれぞれ毎年開かれている。小中学校からは担当者が必ず参加する悉皆研修である。滋賀大学藤岡達也教授のご紹介で時々お呼びいただく機会を得、私なりのお話しを申し上げている。以下は、その中で使用している震災当時録画したテレビ画面である（図12-1）。この画面からどのようなことを読み取り、そして、どのような行動に出るか。2011年3月14日、正午頃のことである。
　「得られた知識は、実際にはたらかなくては意味がない」。これは陽明学で言われる基本姿勢「知行合一」と解釈され、「稲むらの火」のモデルとなった濱

図12-1　東日本大震災当時のテレビ画面（2011.3.14、テレビ朝日）

口梧陵も、安政の大地震の時、この言葉が頭をよぎって松明に火をつけたとされている[1]。

　大震災といった混乱時など、いざというとき、どのような情報を得て、考え、行動に移すか。日頃からの科学的リテラシー育成の成果が試されるときでもある。家族の生命を守る責任があった私は、図12-1のテレビ報道を生で見ていて、第一に、何かあってもテレビで報道されるまで約1時間かかることを知った。つまり、重大なことが報道された時にはすでに手遅れになるという事態になりかねないことが判った。第二に、風向きを考えれば良いことに気づき、その日の天気予報を新聞等で確認した。すると半日後に風向きが変わり、事故現場方面から風が吹いてくることがわかった。どれほどの放射性物質が飛んでくるか判らない。濃度の問題ではなく、肺胞に放射性物質が入り込めば、取り出すことはほぼ不可能である。しかも固体とは限らない。アルファ線はガンマ線などより20倍影響が強いとされ、内部被曝の場合、直近から継続的に攻撃を食らうことになる。報道される内容も、ガンマ線だけを感知する計測機器で計ったものが伝わってくる可能性が高く、信用できない。ご近所は、「大丈夫」という根拠のない「期待」を「予想」と勘違いして動かない。「集団同調性バイアス」や「率先避難者」という概念をたまたま別の番組[2]で当時知っていた私は、自ら「率先避難者」になるしかないと周囲の人たちに別れを告げ、我が家に続いて欲しいと願いつつ、後ろ髪を引かれながらも南関東に避難することにした。家族を連れて昼に出発したが国道が大渋滞で動かずいったん引き返し、この日の夜、計画停電で真っ暗な東京を首都高から見下ろしながら避難していった。北風が吹いたのは、その直後であった。

　本章では、鶴岡義彦・現千葉大学名誉教授から受けた教えに端を発し、千葉大学教育学部に関連して得られた影響やその後の自分なりの探究の流れを、少々自伝的に、ナラティブに書き綴ってみたい。30年も前にSTSリテラシーに出会った者が、その後どのようにものの見方・考え方を変化させ、東日本大震災に遭遇して如何なる実践に移っていったのか。すべてを記す紙面的余裕はないが、一つのストーリーにしてみたい。このことをもって、同名誉教授からいただいたご恩へのお礼と本書への貢献になればと考えている。所謂文献には

記述されえない、同時代的な生々しい空気が伝えられればと思う。

2. 科学的リテラシーの洗礼

「もし、理科教育がなかったら、どうか？」。千葉大学教育学部の後輩諸氏に対しても、当時の鶴岡助教授はこのような問いかけから授業を始められたのだろうか？ 大学に入りたての私たちに、鶴岡助教授は問いかけられた。決まった解のある問いに対して、如何に早く効率よく迫るかを訓練されていた私たちには、いかようにも導き出せるこの手の問いは唐突であり、応えに窮したものだ。我々は当惑したが、後から思えば、大学らしい空気を吸い始めた瞬間であって、深い思考を伴う人格レベルの真剣勝負でもあり、スリリングな問いかけであった。だからこそ、30年も経った今でも記憶に残っている。このエピソードは2008年の『理科の教育』でも触れさせていただいた[3]。

千葉大学に赴任された頃の鶴岡助教授はすでに1979年の論文をまとめた後であったので、当然、科学的リテラシーの枠組みを持って私たちに問いかけておられた。前職の島根大学において磨かれた、理科教育論の冒頭の一言でもあったのだろう。私たちは「いろいろあるのだな」と、理科教育のイメージを大きく膨らませることができた。本書でも過去の論文でも、科学的リテラシーのタクソノミーはすでに触れられているので、ここでは詳細には立ち入らないことにする[4]。

鶴岡助教授は、若者が抱いているであろう理科教育のイメージを想定し、それを崩すところから始めてくださった。脱構築である。科学的知識を効率よく伝達するだけが理科ではない。このメッセージだけでも私たちには衝撃的であったし、同助教授に出会えたことは、視野を広げられたという意味でも、我々には幸運であった。

千葉大学教育学部附属小学校において教育実習ができたことも、また別の意味での幸運であったが、これは後述しよう。

3. 科学や理科を外から見る視点

「Education of Science、Education in Science、そして、Education about Science の違いは何か？」この問いについても、鶴岡助教授から問いかけられた後輩諸氏が多いことと思う。科学の教育（Education of Science）であれば、科学的知識の教授と解釈できる。理科教育の中心ではあるが、前述のとおり理科はそれだけではない。科学の営みの範疇での教育（Education in Science）とすれば、科学者養成が中心になるであろうし、科学についての教育（Education about Science）としては、これが今の理科教育の中で最も欠けている部分でNOS（Nature of Science：科学の本質／本性）と呼ばれる。理科教師を漠然と目指していた私たちは、科学や理科教育という人間の営みを外から眺める視座を与えていただいた。1980年代後半、NOSといっても、まだ広く認識されていない時代であったように思う。さらに言えば、当時NOSと聴いて私たちがイメージしたことは、具体的に水俣病などを代表とする科学技術の負の側面や、そういったことも生んでしまう科学者集団の特質といった点であり、私たちは科学的活動の反省に立ってその両刃性を深く認識していた。

またちょうどその頃、千葉大学教育学部では「自然科学史」という授業が開講されており、東京工業大学の道家達将教授が非常勤講師で来られていた。氏は後に科学史学会の学会長になられる方である。科学と歴史。まるで両極端にあるものが一つになって語られる、すごみのある講義であった。人類の歴史的進歩を語られているようで、もったいなく思い、当時まだカセットテープのウォークマンを毎回持ち込み、テープお越ししたものを翌週に自主的に道家教授に提出していた。昼食を食堂でご一緒させていただいたときに、「科学史の大学院を目指してみたい」と申し上げたことがある。「ラテン語はできますか？」と言われ、あっさりその道は閉ざされた。しかし、科学的知識を子どもに学習させるにしても、その一つ一つに過去の先人の真剣な取り組みがある。その教訓は、その後の私たちの実践に幅を持たせるものになった。

80年代は、科学に関する社会問題が山積しており、森林破壊、オゾン層破壊、AIDS、人口爆発、環境ホルモン、地球温暖化などが問題とされていた。科学や理科教育がこれらの問題にほとんど対応しきれず無力であったという深い反省が、当時のSTS（Science, Technology and Society）やSTS教育運動の原動力であった。昨今、NOSやSTEM/STEAM教育の研究や実践が盛んであるが、この点が希薄であるように感じられる。

　千葉には3年間東京から通っていたので、途中で寄り道をする場所があった。駒場から少し離れたところにある東京大学先端科学技術研究センターである。当時、科学史家の村上陽一郎教授がセンター長で、その教え子たちが当時助手の中島秀人氏（後の科学技術社会論学会長）のもとに集まっていた。STS Network Japanという大学院生が主導する組織をつくり、頻繁にゲストをお呼びして勉強会を開いていた。「君はアメリカ至上主義なのかい？」。無意識のうちにあった傾向を仲間から指摘され、自分の立ち位置を探さねばならなくなった。勉強会では、道家教授のテープ起こしで磨いたスキルをフル活用し、多くの回で文字お越しを担当。Newsletterにしていた。その中で「STS教育」についての回が企画され、当時の茨城大学・小川正賢助教授をお呼びすることになった。私が小川助教授にお会いしたのは、このときが最初であったと記憶する[5]。

　同助教授のメッセージは、各自それぞれのSTS／STS観があってよく、それを各自が構築するべきだというものであった。科学を考えるのも、理科教育を考えるのも、STS（教育）を考えるのも、自分の嗅覚を信じるしかなくなってしまった。

4. 初等教育実践とその先祖捜し

　千葉大学教育学部時代の非常勤講師として、もう一人、大変印象深い非常勤の先生がいらした。当時、筑波大学附属小学校の有田和正教諭である。初等社会科教育法特講といった講義であったが、別の選修の先輩から勧められて履修してみた。子ども主体の授業。「追求の鬼」を育てる。ペスタロッチ、デュー

イ、経験主義といった用語を語っていらしたか記憶にないが、日本の学校現場でたたき上げられ洗練された教授法、その理念、スキルなどを、具体的な事例を交えて学ぶことができた。毎回原稿用紙に感想を書いて提出する。有田教諭は翌週その中からいくつかにコメントをくださった。有田教諭はその後、初等社会科の神様のような存在になられ、亡くなられた今も各地の大学でその技が継承されている。

　鶴岡助教授との出会いに並んで千葉大学でもう一つ幸運だったことは、附属小学校で教育実習を4週間させていただいたことである。ここは、大正自由教育時代に手塚岸衛という人物がいて、児童主体の自由教育を実践していたメッカであった。100年前の話しである。が、私が在学していた80年代後半でも、「しゃべりすぎ」、「教師は教えるな」、「待つ」、「ゆさぶり」、「子どもの思考の流れ」、「出会わせ方」、「指導案は捨てる勇気を」など様々な実践的スキルや態度が継承されていて、それらをたたき込まれた。残念ながら、在学中に手塚の名前を聞いた記憶はなく、学部の教授陣にも附属の先生方にもその名前は忘れ去られていたようであるが、その魂は実践の中でしっかりと受け継がれていたように思う。1989年10月16日付の学習指導案が手元にある。当時の私の研究授業のもので、現在も、学生に提示して批判的に検討する教材にしている。

　その千葉大附属小の空気に再会したのは、95年に小川助教授の隣に研究室をいただいてすぐのことであった。「こんなのあるぞ」と教師教育用の市販のVHSテープをいただいた。タイトルは「問題解決」。筑波大学附属小学校・平松不二夫副校長の小学校6年生「電磁石」の実践であった。千葉大学で身についた、ベテラン教師のノウハウと同じものが満載されていると感じとった私は、すぐにまたテープ起こしをし、初等理科教育法の授業で使い始めた。共有する価値があると判断したので、テープ起こしの全文を日本科学教育学会『研究会研究報告』に掲載してある[6]。

　ビデオを使用しはじめて10年も経過してから、平松教諭とお話しするようになった。平松教諭との出会いは非常に大きい。有田教諭とは長らく同僚で、お互いの授業を切磋琢磨された同士である。出身も千葉大学教育学部で、同附属小学校に勤務され、そこから筑波大学附属小に異動された。すると、自分が

千葉大学で洗礼を受けた、児童を主体とする授業スタイルの起源がたどれそうになってきた。平松教諭からは、それまでに聞かなかった名前を多数うかがった。昭和33年の小学校学習指導要領理科を支えた丸本喜一氏。問題解決学習を確立した荻須正義氏。子どもの能力について観察し続けた赤松弥男氏。強者ばかりである。それより前には、昭和16年国民学校時代の『自然の観察』があり、岡現次郎、塩野直道、橋田邦彦。さらに大正自由教育を超えて、突きつめれば「師範学校の父」高嶺秀夫を経て、ペスタロッチまでたどり着く。

教育原理（現在は教職概論や教育基礎論に相当する）の授業や教員採用試験で暗記していた遠い異国の歴史上の人物が、まさか、自分の中の血肉となって生きているのではないか。半信半疑で、高嶺がオスウィーゴからもたらしたであろう虎の巻を探してみた[7]。

1. 感覚をもって始めよ
2. 児童自身発見できるものを、決して児童に語ってはならない。
3. 活動することは幼児の本能である。単に聴く訓練をするだけではなく、行動するように訓練し、手を訓練せよ。
4. 変化を好むのは幼児の本能であって、変化は急速である。
5. 自然の順序に従って能力を開発せよ。最初に心を鍛え、次にそれを完成せよ。
6. すべての教科はその要素に還元し、そして一度に一つの困難を提示せよ。
7. 一歩一歩進め。徹底的にせよ。知識は教師が何を与えることができるかではなく、子どもが何を受けとることができるかによってはかられる。
8. すべての教科には要点がなければならない。
9. はじめに観念の発達をはかり、それから言葉を与えよ。話し言葉を訓練せよ。
10. 易より難へ進め、換言すれば、既知から未知へ、特殊から一般へ、具体的なものから抽象へである。
11. 分析の前に総合をし教科の順序にではなく、自然の順序に従って。

（下線は筆者による）

いくつかは古めかしいものもあるが、教育実習先で今でも実習生に指摘する

事項が散見される。実践の歴史研究は困難を極めると想像できるが、日本の実践に生きている問題解決学習の起源は、ペスタロッチまで行き着くと考えてよいのではないだろうか。高嶺によってもたらされ、大正自由教育を経て、途中第二次世界大戦もあったものの戦後それが復活し、我が国の教室風土にあったやり方に改良されて、今に引き継がれている[8]。

5. 科学的リテラシー／STSリテラシーの拡張

　STSリテラシーを考える上で、初等理科教育の実践に触れる必要があるのであろうか？

　東日本大震災後になるが、同じ千葉大学附属小学校の研究会で、前川良平教諭の実践を拝見させていただいたことがある。小学校4年生理科の「天気の様子」で、一通り教科書の内容を学習した後の発展に位置づく時間であった。ある一日の気温の時間的変化を表した、模造紙大の大きなグラフが取り出された。しかし、巻いてある。それを時間の推移に沿って開きながら徐々に子どもたちに見せていく。教科書的には日中の気温が上がるはずだが、この日の実際の気温の変化はそうはならない。子どもたちは「え～っ！」と驚き、どうしてそんなことが起きたのかはげしい議論が始まった。天気の変化はどうか、風向きはどうかと、子どもたちは判断する材料が必要であると訴えていった。

　冒頭に紹介した2011年3月14日の避難判断に、この学習内容は密接に関わる。気温は昼にあがり朝夕は低いという一般的な傾向とは別に、実際は大きな気流の流れ込みによって気温が大きく違ってくることがある。原子力発電所事故のまさにその日も、風向きが南風から北風に変わったのであった。それを察知し避難行動をとった人間がどれほどいたであろうか。少なくともあの冒頭のテロップを表示させたテレビ局の人間には、風向きをみてそれぞれ避難して欲しいという願いがこもっていたはずである。

　学校を卒業した後、学校で学んだ知識や能力がそれぞれの問題解決の場で生かされるためには、学習する中においてそれなりの工夫が必要である。教科書にある用語の暗記でも足りない。科学的リテラシーに該当項目を探り当てるだ

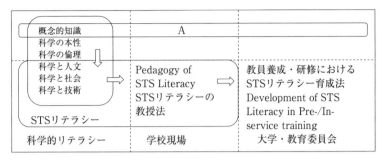

図12-2 科学的リテラシーとSTSリテラシーの拡張

けでも足りない。将来、いざという時の問題解決にはたらくようにするためには、提示の仕方、出会わせ方、友人との議論など、学校現場での授業方法の工夫が欠かせない。そのための一つの方向性が、有田和正氏や平松不二夫氏、前川良平氏の実践に見られる、子どもたちとのやりとりの中で洗練された、子ども主体の授業展開である。

　これまでの理科は、科学的リテラシーの「概念的知識」を主とし、その教授法を磨き検討するのが主流であったと言えるであろう。図12-2のAにあたる。「概念的知識」から科学的リテラシーをさらに広げ、下方の矢印に向かうベクトルを意識することは、以前から指摘されている。さらに、その教授法や、その開発・伝承についてもあわせて考えていくことは、図中の右向きの矢印で表される。

　この拡張については、もういくつかの視点から説明できる。一つは、舶来の概念PCK（Pedagogical Content Knowledge）を用いた説明である。PCKについては、教授内容と教授方法とを連動させて考える視点がある[9]。また、「教科専門と教科教育の橋渡し」という文部科学省が主導する教員養成の動きにも類似している。そして何より、子どもを主体とした授業の名人技に凝縮し溶け込んでいる。

　ここでもう一点付け加えておきたいことがある。それは、カリキュラムに関することである。

　文部科学省は育成されるべき資質・能力として「3つの柱」を主張するよう

になり、カリキュラム・マネージメントや問題解決的な探究を強調するようになった[10]。カリキュラム・マネージメントについては、ESD（Education for Sustainable Development）の10年（2005-2014年）の中で注目されたESDカレンダーが影響しているように思われる。ESDカレンダーは時間軸と教科のマトリックスであり、教科を横断した単元の配置を示した、子どもの学びを端的に表す優れものである。そして、文部科学省のいうカリキュラム・マネージメントはもう少しカバーする範囲が広く、人的・物的資源の配分といった学校経営的な要素まで視野に入っている。気をつけたいのは、「系統」との違いである。

図12-3は、現代化時代の系統表の一部である。単純な単元のつながりではない。当時の系統はもう一段低く、子どもの認識レベルまで掘り下げて意識していた。この点を忘れてはならない。カリキュラム・マネージメントやESDカレンダーもよいが、それらだけに気を取られていると、主体であるはずの「子ども」を見過ごしてしまう恐れがある。

一方、問題解決的な探究活動について言えば、その後、その極端な子ども中心主義が「はいまわる経験主義」として批判を浴びた教訓があったことを忘れてはならない。デューイ流の児童生徒中心主義（Student-centeredまたはStudent-oriented）の授業では、行き着く先が不安定で「学問の系統」が子どもに身につかないという批判があった。ところが、当時の問題解決学習では図12-3に示すような「系統」が教師の頭に実はあって、あたかも子どもたちが発見・探究したように仕向けていた。教師の高い専門性が求められる実践であった。

カリキュラム・マネージメントでは子どもを見ない恐れがあり、極端な子ども中心主義では目標が定まらない危険さえある。中道を行くのがよい。荻須正義氏の問題解決学習をもう一度精査するべき時が来ている。

科学的リテラシーやSTSリテラシーの中身の議論を超え、その教授方法とあわせ、さらには教員の養成・研修まで考えあわせて、STSリテラシーを備えた市民の育成とその体制を意識的に構築すること求められる（図12-2）。

234 第Ⅲ部 科学的リテラシー育成を目指した理科教育の諸考察

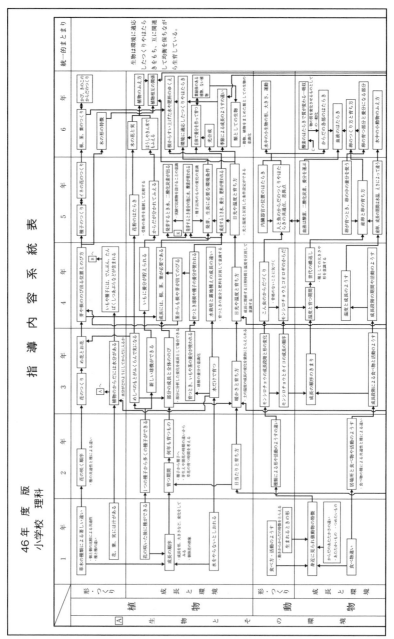

図12-3 昭和40年代の系統表（部分 学校図書株式会社）

6. 東日本大震災後の実践提案と試行

「人生のうちには、大きな事件が起きるものだ」。これは、関東大震災（1923年）と太平洋戦争（1941-1945年）を経験した祖母の言葉として我が家に伝わる。日本では毎年大規模な自然災害が各所で起き、被災地に住む住民はこのような思いをされていることと思う。2018年は最高気温を更新するなど猛暑の年であり（7/23、埼玉県熊谷市で41.1℃）、西日本豪雨（6/28～）では線上降水帯という用語も広まった。大阪府北部地震（6/18）や北海道胆振東部地震（9/6）などでも多くの被害が出て、2011年の東日本大震災とその後の原子力発電所事故で影響を受け続けている人も、私を含め依然何万人にも及ぶ。

これまで学んできた積み上げの上に、さまざまな反省と改良を加え、新たに提案、試行したものを以下に示したい。放射線教育については、放射線のホの字も出ない小学校教材である。

（1）放射線のイメージ

霧箱を取り上げることの弊害が起きている。放射線は、予期せぬ方向に弾丸のように時々飛び出るという限定されたイメージである。アルファ線やベータ線など、粒子性の放射線についてはこの捉え方でよいのだが、電磁波であるガンマ線などの放射線は、このようにイメージしてはならない。霧箱ではガンマ線は見られない。「放射線を見よう」といった活動をよく見かけるが、その一部について見えているだけであることに留意する必要がある。線香花火を例えにする場合も見受けられるが、中心の火球から常時四方八方同心球状（放射状）に広がる光の方にも意識を向けさせる必要がある。

霧箱の理科的な活用法もある。電荷のある粒子が動いているのだから、磁

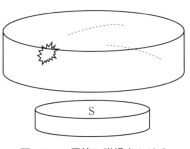

図12-4　霧箱に磁場をかける

場をかけてみて曲がるのかどうか。曲がった方向から、その粒子の持っている電荷の正負を考察するという活動が考えられる（図12-4）。そういった動画もネット上にはあるのだが、ヒット数は非常に少なく、学校や研修で使用されているようには思われない。これまで放射線教育に足を踏み入れるには躊躇があった。東日本大震災以降は領域に隔てなく、こういった理科的な迫り方で導入するなどの工夫が求められよう。

（2） 小学校3年生理科で拡げる光のイメージ

　小学校3年生理科の「光の性質」では、光の直進性、鏡で反射すること、日光は暖かいことなどを学ぶ。次に光を学ぶのは中学校1年生で、反射や凸レンズを用いた屈折などになる。高等学校で学ぶ電磁波まで間があり、スペクトルについても、中学校の教科書で（本文扱いでなく）発展としてプリズムを使った図が一枚挿入される程度である。

　一方、紫外線という言葉は日常にあふれ、"No hat, no play"といって帽子をかぶらなければ外で遊べないような日本人学校もある。寒くなると赤外線という言葉も巷で聞かれるようになる。そこで、遊びのような活動の中で光の分光を取り入れ、電磁波に出会わせる。上の学年で科学的に学ぶための先行経験を提供する。

　導入は、虫眼鏡（ルーペ）である。プリズムの形状が虫眼鏡とどう違うのかを見出させたのち、自由試行（messing about）でそのはたらきを見いださせる。無論、通過する光を見てはいけないという安全上の配慮は欠かせないが、ルーペを使った経験のある児童であれば問題ないであろう。「虹を見せてくれる」、「光をわけるはたらきがある」となったところで、色の並びを確認したい。一斉授業の利点を生かし、どの班も色の並びは同じであることを発見させ、自然の中に「きまり」があること

図12-5　プリズム遊び

を押さえる（図12-5）。

　次の時間では、赤と紫の先に「見えない光」があることを、リモコンや、紫外線ランプを用いた蛍光物質の演示からおさえ、赤外線、紫外線という概念を導入する。太陽光にはいろいろな色の光があること、分光したときに色の並びに決まりがあること、赤外線や紫外線など見えない光があること、が追加されることになろう。2時間程度で扱える。プリズムをポケットに入れた時の児童のワクワク感を想像してほしい。今まで見えなかったものを見せてくれる道具が、手のひらに収まる事実がうれしい。これは、私の幼い頃の体験に基づく提案である。

　光の分光や電磁波、スペクトルは、日常的な赤外線や紫外線の認識のみならず、先端科学にもつながる重要な概念になっている。高等学校での内容になるが、光の光行差が地球の公転の証拠になっていることに加えて、最近では、太陽系外惑星を発見する上での原理になっている。すでに3,900個以上の太陽系外惑星が発見されており、21世紀に生きる児童・生徒には、小学校低学年からこれに関連する事象に慣れ親しんでおくのもよいと思われる。

（3）小学校4年生算数の「折れ線グラフ」

　高等学校で物理を学んだ時に、放射性物質が点・線・面に分布したときの、それぞれから距離 s だけ離れた場所での放射線の強さを考える思索方法があったように思う（図12-6）。東日本大震災後、地上1mの空間線量を計測する点について、子どもの背丈を考慮するともっと強いはずだという議論もあった。

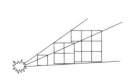
(a) 点線源の場合 $1/s^2$（距離の二乗に反比例する）

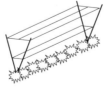
(b) 線上に並んだ場合は $1/s$ に

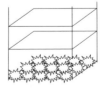
(c) 面状にあるときは距離 s によらない

図12-6　放射性物質の分布と距離による理論上の放射線量の減衰

ここではこれ以上踏み込まないが、理論と生活感覚では捉え方が異なる一例のように思われる。内部被曝についても、また、被曝三原則の一つ「離れる」を知る上でも、図12-6aは重要である。そこで、教材開発とその試行を行った。

卒業生の勤務する小学校で実践させていただいた。小学校4年生で「総合

図12-7　2つのコンポスト

的な学習の時間」に、環境問題からコンポストについて学んだという。そこで、子どもたちに、「前の月の半分にどんどん生ゴミがなくなっていく」赤いコンポストと、「最初の月の1/4、1/9、1/16…になっていく」青いコンポスト2つを開発した、として、「どちらの性能がよいか、計算してグラフを書いて調べてほしい」と持ち掛けた。

初期値を7200［g］とした。卒業生でもある担任の先生の助言により表を準備し、それを電卓で埋めてからグラフ化する。電卓が配られるだけでも子どもたちは大はしゃぎである。小学校4年生では、二乗という考えはなく、1/16、1/25を導き出すのに少々苦労した。科学的な表現を用いれば、この2つは次の式で与えられる。

$$\begin{cases} N_t = N_0 \left(\dfrac{1}{2}\right)^{\frac{t}{T}} & \text{T：半減期} \\ & \text{N：放射性物質の数} \\ N_t \propto \dfrac{1}{t^2} & \text{t：時間} \end{cases}$$

赤いコンポストが描く曲線は半減期を示すものであり、青いコンポストは、点線源の場合に距離の二乗に反比例して線量が低減する様子を表したものに相当する（図12-6a、8）。

「ジェットコースターみたいだ」といった感想が子どもから自然にあがる。つぶやきを発せられるのはよいクラスである。「ゼロになるの？」「ゼロより小さくならないの？」といった教師側からの問いかけにも、しっかり応えられる。クラス全体で確認しつつ、進めたい。

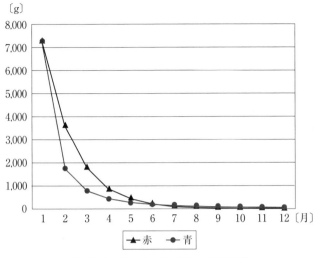

図 12-8　2つのコンポスト（グラフ）

　結果的には、この場合は6～7月目でグラフはクロスし、十分な時間が経てば赤いコンポストの方が生ゴミを減らすことができる。しかし、児童の中には、「短い時間で急に量を減らす青い方がいいと思う」と言い張る子どももいる。ほほえましい限りである。

　将来このような曲線を数式とあわせて学んだ時にこれが先行経験としてはたらき、記憶の片隅で「おやっ？」と思ってもらえればと考えている。

（4）接頭語 μ をイメージする1辺100mmの立方体（1mm方眼工作用紙）

　東日本大震災後、μSv/h や mSv/y といった単位が飛び交った。避難所で線量計が配布されたというあるニュースをよく見ると、mSv/y という単位が書かれた機器が配布されており、胸が痛くなった。

　ベクレル、グレイ、シーベルトの違いもさることながら、接頭語（prefix）の組み立てが、学習指導要領を通して系統立てられていない。mm や mL は小学校2年生で扱い、km は小学校3年生で登場している。社会科で公害を扱うときに ppm が登場するであろう。日常的には、地球温暖化のニュースで、二酸化炭素濃度が 400ppm を超えたということも耳にしている。中学校理科

図12-9　1mm方眼工作用紙による
1辺100mmの立方体
$\begin{pmatrix}1mm^3\text{の粒が}100\text{万個で}\\ \text{この立方体ができている}\end{pmatrix}$

では空気0.04％、呼気4％と扱われるが、ppm（parts per million）やμ（マイクロ：100万分の一）が関連付けられておらず、イメージもしづらい。

そこで、1辺10cm（100mm）の立方体作りを提案している[11]。小学校6年生の算数、図形で立方体を学習するが、図画工作にからめて展開図の学習にしても面白い。形になるかどうかだけでなく、テープの使用を禁止して「のりしろ」を過不足なく展開図に入れるといった課題も与えられる。図画工作であれば、辺の折り方をきれいにするテクニックも伝えたい。

　この立方体により、100×100×100＝100万という数字が実体と実感を伴って子どもたちの目の前に現れる。メガトン爆弾、メガバイト、マイクロソフト、ミリオネアーなど、身の回りにある言葉がつながっていくであろう。

　1辺10cmの立方体を作った後に方眼紙を貼ってもよいが、1mm方眼工作用紙があると便利である。業者に注文したが国内には見当たらなかったので、特別に印刷してもらって準備した[12]。福島県内でお話しさせていただく機会の他、川越市の教員研修でも、この1mm方眼工作用紙を毎回人数分配布させてもらっている。

（5）公害や災害を横断する視点

　公害病、自然災害、原発事故。いずれも重いテーマであるので、扱うのは正直しんどい。しかし、それらを学習することで子どもたちが大きく成長すると信じられるし、その機会を奪ってはならず、また、暗記のような軽い扱いをすることは倫理的にも人間として許されない。これからの地球・社会を託す次世代に、心に刻んでおいてもらわないといけない学習内容である。

では、どのように展開するか。前述のように、授業展開まであわせた実践を考える必要がある。当然、既存のカリキュラム上の位置づけがある。過去の学習を想起させ、関連づけられるものは関連付けて再提示する。人間の愚かさや特質も、浮き彫りになるであろう。

各地の取材をしていると、見聞きしたものが突然つながることがある。自分の中で、過去の何かと新たに結びついたときや新しい解釈が生じたときの興奮は、なかなか他に例え難いものがある。そういう時は、気付かせてくれた事物が、まるで自分が来るのを待ってくれていたのではないかという錯覚にさえ陥る。

紙面の都合上簡単に紹介するが、もとは、小学校低学年の時に理科専科の先生が学校園で「天地返し」をしていたことによる。大粒の汗をかいて、その先生は自分たちのために土の上下を入れ替えていた。永らく記憶の奥底にしまわれていたが、この記憶が再び呼び起こされたのは、富士山の宝永噴火（1707年）で積もった火山灰から農地を回復させた神奈川県・山北の事例に出会った時であった。これは自然災害であるが、人為的な災害でも、この「天地返し」のやり方が応用されていた。イタイイタイ病が発生した、神通川流域での汚染土の処理である。この大規模工事は 2012 年に完了し、それを記念して県立資料館が開館している。さらに、水俣病が発生した不知火湾での浚渫土の処理についても、原子力発電所事故による除染土の処理についても、「天地返し」に共通するものが認められた[13]。

公害や災害を貫くこういった視点は、先の STS リテラシーの教授法への拡大の一事例としても指摘できるであろう。

7. おわりに

福島県教育委員会による放射線教育の研修会で、非常に熱心な先生がおられた。さすがに福島県の先生方は層が厚いと頼もしく思っていたら、ある時テレビに出ておられ、帰宅困難地域にあるご自宅を紹介されていた。また別に、娘のホール・ボディー・カウンターのデータを大切に保管しているという先生

もいらっしゃった。「嫁に行くまでしっかり保管する。自分にはそれくらいしかしてやれない」とその先生は静かに語られた。除染土は校庭の下には埋められないと、職員用駐車場の下に埋めた学校もある。私自身、自分で提案していた光の分光の実践を、福島県内の学校で無理をお願いしてやらせていただいたことがある。そこには、純粋にプリズムで遊ぶ子どもたちの姿があった。しかし、帰りの車の中で、気が狂いそうになった。自分は何でこんなことをしなければならないのか。プリズム遊びが、将来本当にあの子たちの役に立つのか。あの子達が一体何をしたというのか？

　新しい理科教育像をさぐるのが本書のねらいであって、本章では特に東日本大震災後のSTSリテラシーについて焦点を当ててきた。科学的リテラシーの細分化を精密にしても、そこには収まりきらない何かがある。そもそものframework自体を新たに組み替える必要があるのかもしれない。これは、現在の自分自身の居場所探しでもある。

　科学リテラシーの議論に、学校現場での授業法や教授学を加味し、さらに、それを実現するために教師に備わるべき知識、技能、態度を想定して、教員の養成や研修まで含めた方向に拡張することを本章では提案した。それでもまだ居心地が悪い。教育基本法第一条でうたう「人格の完成」という教育の遠い目的をすかしてみながら、被災された人々の心の痛みを分かち合うことのできる人間を育成する。このことを目標にすえてみるならば、これまでの議論に足りないものは「心」の次元であるように思われる。

　たしかに知識も必要である。内部被曝の怖さを知っているかどうかで、避難行動に移そうとする気持の強さが違ってくる。津波の速度や過去の事例や浸水域、さらに人間の集団同調性バイアスや率先避難の重要性を知っていれば、具体的な避難行動が変ってくる。このように、科学的リテラシーでも「概念的知識」の重要性は色あせない。「概念的知識」に加えて、どのようなframeworkで日頃から周りの事象をみる癖がついているかという点もある。Readinessとも、感性というべきものであろう。これは、図12-2で示し拡張した授業の部分で培われる。そして、実際の行動に移すには、知識やものの見方を超えた正義感や責任感、「心」の部分が作用する。否、そうと言うしかない。知識に裏

打ちされ、知識の外側でそれを取り巻く感受性、他者と共感する気持ち。他者とつながり、世界とつながる窓がそこにあり、ほんの少しの勇気をもってそこに踏み出していく。

　文部科学省の「3つの柱」の最後に「人間性」という言葉が入った。それを子どもに求めるのであれば、その言葉を発する教育関係者一人一人の「人間性」が同時にその本人に問われる。人として子どもの前に立つときの教師の覚悟。全人的にどっぷりと子どもたちの中に浸かる覚悟を要する。

　指針を与えてくださった先人の多くは第一線から引退された。鶴岡名誉教授は、いま我々にどのような問いかけを与えてくださるのだろうか。

注

1)　国語教材「稲むらの火」では、主人公五兵衛は自ら稲むらに火を放っている。しかし、実際のモデルである濱口梧陵は醤油屋の頭領でもあり、使用人に点火させたという。大辻永・遠藤輔（2010.8.21）津波災害教育モジュールの作成：「稲むらの火」から「チリ地震」まで、日本地学教育学会第64回全国大会（鹿児島大会）、pp.40-41、および、大辻永（2008）「稲むらの火」のモデル濱口梧陵：人間愛と機転に満ちたハードとソフトの適応策、三村信男・伊藤哲司他（編著）『サステイナビリティ学をつくる』新曜社、pp.173-182でも取り上げた。
2)　NHK総合「ためしてがってん」、「地震！台風！集中豪雨　災害でしない新技術」（2009.8.26）において、「集団同調性バイアス」や「率先避難者」を取り上げていた。
3)　大辻永（2008.10）ポスト・モダンの科学教育研究法：Autobiography、『理科の教育』57(10)、東洋館出版社、pp.40-43。
4)　鶴岡義彦（1979）Scientific Literacyについて ― 米国科学教育の動向に関する一考察 ―、『筑波大学教育学研究集録』第2集、pp.159-168。
　　鶴岡義彦（1993）理科教育現代史におけるSTS、『理科の教育』42(11)、pp.12-16。
　　鶴岡義彦・小菅智・福井智紀（2008）「純粋自然科学の知識があればSTSリテラシーもあると言えるか」、『千葉大学教育学部紀要』(56)、pp.185-194。
5)　STS Network Japan, Yearbook '92/'93、第13回シンポジウム「STS教育とは」。
6)　何年も後になるが、このビデオテープは、広島大学国際協力研究科でも清水欣也・現教授が長年にわたって日本初等理科の模範例として使用されていることが判明し、平松氏が広島大学に呼ばれるきっかけにもなった。大辻永（2007.2）初等理科教育法における教員養成用ビデオを使った質的授業分析 ― 平松実践を見る ―、日本科学教育学会『研究会研究報告』21(5)、pp.19-24。
7)　Miss Jonesによる1861-62頃の授業でSheldonが書き写したノートから。1870年代に渡

米した高嶺も学習した内容と考えてよい。Dearborn N.H.（1925）*The Oswego Movement in American Education*, Teachers College of Columbia University, p.69.
8) 平松不二夫氏（元筑波大学附属小学校副校長）の同士に富山の澤柿教誠氏（元教諭、元上市町教育長）がいる。澤柿氏は、ノーベル賞受賞者を輩出した教師として名高い。
9) 磯崎ほか（2007）教師の持つ教材化の知識に関する理論的・実証的研究、『科学教育研究』31（4）、pp.195-209。
10) 文部科学省（2018）幼稚園教育要領、小・中学校学習指導要領等の改訂のポイント Retrieved from http://www.mext.go.jp/a_menu/shotou/new-cs/__icsFiles/afieldfile/ 2017/06/16/1384662_2.pdf
11) 福島県教育委員会により放射線教育が進められている。県中地区や南会津地区の実践協力校（中学校）では、接頭語に注目させる学習提案があった。私の講演の影響というより、子どもたちを前にした先生方が、切実な思いで実施されたものであろう。
12) 川越市にある、有限会社 KJM で扱っている。
13) 大辻永（2016.8.6）天地返し：富士山宝永噴火、イタイイタイ病、そして、 日本理科教育学会第66回全国大会（信州大学）、課題研究（課6E04）「理科で自然災害をどう取り扱うか」、p.90。

大辻永（2017.3.18）人間と自然の関係性としてみる富士山宝永噴火、水俣病、イタイイタイ病、原発事故、日本科学教育学会平成28年度第5回研究会「科学教育温故知新」（千葉大学）、31（5）、pp.5-8。

第 IV 部

科学的リテラシーを育成する
参加型手法の提案

第13章
意思決定・合意形成を促す学習プログラムの必要性と参加型手法からの示唆

福井智紀

1. はじめに

　科学や科学技術は、特に20世紀以降、急速に発達してきた。それらは、人々に多大な恩恵をもたらしてきた。その一方で、公害や環境問題に典型的に見られるように、それらは恩恵のみをもたらしたわけではない。例えば、第二次大戦下の米国で進められたマンハッタン計画は、原爆を生み出し、核エネルギーの軍事利用への道を切り開いた。その結果、核戦争は、人類の現実的な脅威となった。しかし、マンハッタン計画のなかで生み出された原子炉は、原子力発電という新たなエネルギー生産方法にも、つながるものであった。やがて実用化された原子力発電は、少なくとも一時期には、新時代のエネルギー源として大きな期待が寄せられた。現在でも、特に海外では、新規の原子炉が多数建設されている。ところが、科学技術の進歩の象徴ともみなされた原子炉は、福島原発事故では、深刻な環境汚染を引き起こした。核エネルギーに関わるこのような一連の流れを見ると、科学技術が人々に恩恵のみをもたらしてきたわけではないことは、明らかであろう。少なくとも科学技術の一部は時に、生死や人類の存続にも関わる、不可逆的な影響を与える可能性がある。
　このような視点で科学技術を冷静に眺めると、われわれは科学技術の成果を活用しつつも、そのデメリットにも目を向け、慎重に対応していく必要がある。上記は、やや端的過ぎる事例であったかもしれないが、現代のような高度

な科学技術社会においては、多かれ少なかれ人々は、様々な科学技術が生み出すリスクにさらされている。

人々がそれほど深刻に捉えていないにも関わらず、よく考えるとそこにある身近なリスクの具体例としては、医薬品が、その典型であろう。生命科学の進展によって生み出された医薬品の数々は、疾病の治療において大きな効果を発揮してきた。その反面、副作用をなくすことは難しく、時には重篤な影響を人体に及ぼしてしまうことがある。この他にも、例えば近年では、PM2.5（直径2.5μm以下の微粒子）が、身近な大気汚染として、注目されるようになっている。地球温暖化に代表される気候変動の問題も、日常生活ではそれほど意識されないが、人類全体がリスクにさらされていると言える。

さらに、科学技術に関してはリスクだけではなく、生命倫理に関わる問題も、念頭に置く必要がある。例えば、簡易的な遺伝子診断の手法が開発され、妊婦の血液を少量採取するだけで、胎児の形質の一部を高い精度で予測することが可能になってきた。このことは、そもそも診断を受けるかどうか、もし何らかの診断結果が出た場合に妊娠を継続するか否かなど、妊婦を始めとする胎児をとりまく人々に、重い選択を突きつけるものである。

このように、科学技術の少なくとも一部は、人々に対してリスクや倫理的問題を突きつける存在である。そして人々は、半ば強制的に、日々生み出される科学技術のなかで暮らしており、科学技術を無視して無関係に生きてゆくことは、現実には不可能なのである。

2. 参加型手法の登場

このような現代の高度科学技術社会においては、ある科学技術を振興したり、研究ルールを設定したり、禁止したりする、というような判断を、誰がどのように行っていけばよいのだろうか。これに関しては、おもに3つの考え方のモデルがあるとされている。すなわち、決定者モデル（Decisionist Model）、テクノクラティックモデル（Technocratic Model）、公共空間モデル（Public Sphere Model）である[1]。

まず、決定者モデルとは、専門家（科学者）が事実上の決定者（Decisionist）の役割を果たしている場合である。ここでの前提は、「科学者の判断は正しい」「科学者の見解は一致している」というものである。次のテクノクラティックモデルも、これと類似のモデルであるが、ここでは科学者の見解を参考にしつつも、技術官僚（テクノクラート）が大きな役割を果たす。ここでも前提は、「担当官僚の判断は正しい」「担当官僚の見解は科学者の見解とほぼ一致する」というものである。日本を含む多くの国々の科学技術政策では、現実的にはこれらのいずれかに該当する場合が、ほとんどであると思われる。実際に、医療や生命に関わる分野では、厚生労働省、文部科学省、内閣府などに設置される審議会等での議論が、大きな役割を果たしている。あるいは、それらの官公庁等に所属する担当官僚が、実質的な判断を行う場合もあるだろう。もちろん、法律の制定までになると、国会の決議が必要となるが、法律の草案が作成されるまでの実質的な細部の検討は、これらの専門家や官僚に委ねられているケースが多いだろう。

　このようなモデルは、科学的な判断が人によってぶれにくいケースであれば、それほど問題は生じない。しかし、「地球温暖化対策のためにCO_2排出をどの程度規制するのか」「放射性物質の安全基準をどの程度に設定するのか」「BSE発生国からの牛肉の輸入をどの程度規制するのか」などについては、不向きなモデルである。なぜなら、これらは科学者の間でも、いくつかの見解が鋭く対立していたり、結論を出すまでに時間がかかる問題であったり、特定の利害関係者への影響が大きい問題だったりするからである。そのため、その時点において科学者や技術官僚がどのような結論を出したとしても、一部の人々には、不満や疑問が残ることになりかねない。だから、このような論争を呼びかねないケースでは、省庁や政府は丁寧な説明や普及啓発活動によって、判断に対する支持を事後的に得ようとする。あるいは事前的に、パブリックコメントのようなかたちで、意見の公募が図られることもある。

　しかし、科学者でも見解が分かれているものについて、その判断の正当性は、どのように保障されるのであろうか。また、これらのモデルは結局のところ、科学者や官僚以外の一般市民は、判断を受け入れる受動的な立場の存在

であり、専門的に判断をするだけの知識、経験、能力を、十分には有していない、という暗黙の前提がある。つまり、公衆は科学技術について無知であるという考え方であり、これは欠如モデル（Deficit Model）とも呼ばれる。そこで、科学者や官僚などのこれまでの判断の主体に対して、市民が同等の決定権をもって関わるべきである、という考え方が強調されるようになってきた。これが、公共空間モデル（Public Sphere Model）である。ここでは、一般市民のような非専門家にも、判断に関わる機会がうまれる。一方で、このことは新たに参加する一般市民の時間的・精神的な負担や、結果に対する責任も、増大させることにつながる。また、先のモデルに比べて、合意形成に時間がかかり迅速な判断が遅れるという欠点や、具体的な社会的制度・手法が未整備であるという課題が、まだ残されている。

　欠点や課題が残されているとは言え、科学技術が関わる問題への判断において、さらなる市民参加を進める制度の必要性については、環境問題や科学技術

表13-1　代表的な参加型手法[4]

タイプI（一般市民が主体）

	参加者の性質	時間の幅	特徴
コンセンサス会議	年齢、性、居住地域を考慮した12人から20人の一般市民	予備会議と本会議約3ヵ月	市民と独立のファシリテータが利害当時者パネルによって選ばれた専門家と市民の討論を進行。
市民陪審	運営委員会が地域住民を代表するよう選んだ12人から20人の市民	証人の話をもとに市民陪審が議論約3ヵ月	運営委管理委員会、科学諮問委員会証人、市民陪審、評価者からなる。
市民フォーサイト	同上	各パネルの話をもとに市民パネルが議論約3ヵ月	運営委員会、利害関係者パネル、知識人パネル、専門家パネルからなる。意見、態度の測定に用いられる。

タイプII（利害関係者が主体）

	参加者の性質	時間の幅	特徴
シナリオワークショップ	市民、専門家、利害関係者	拡大ー選択法数カ月ー半年	シナリオを4通り用意する。各シナリオをもとに各利害関係者ごとに議論。4フェーズの議論あり。
フューチャーサーチ	同上	数カ月ー半年	将来についてシナリオ形式で考え、議論を深める。

が関わる現代的問題の増加にともない（特に欧州でのBSE騒動を契機に）、海外では次第に広く認識されるようになってきている。さらに、そのための具体的な手法として、科学技術に関わる判断に一般市民を参加させる、参加型手法（Participatory Technology Assessment）が、新たに登場してきた[2]。これらの少なくとも一部は日本にも紹介され、コンセンサス会議のように、実際に試行されたものもある[3]。これらの参加型手法には、表13-1のように、さまざまなものがある。なお、「市民フォーサイト」を除いた4つについては、次章以降でより詳細に触れられる。

3. 日本への導入可能性

それでは、このような参加型手法は、日本においても、市民に受けいれられるのだろうか。これについて筆者は、調査対象の範囲が限られるものの、学生と市民に対する質問紙調査によって、一定の肯定的な傾向を明らかにした[5]。

まず図13-1は、参加型手法の代表的なものについての認知度を示すものである。この調査では、示された手法について、よく知っていれば「○」、聞いたことがあれば「△」、聞いたことがなければ「×」を、それぞれ選んでもらった。そのうえで、順に2点、1点、0点として得点化し、手法毎に平均値を算出したものである。市民調査の方では一部の手法についての認知度がやや高いものの、どちらの調査結果でも、全般的には認知度が低いことがわかる。しかし、図13-2に示すように、参考として、あるいはより積極的に、市民の意見を聴くべきであるという回答は、相対的に多いこともわかる。

さらに、図13-3①には、代表的な手法として提示した「コンセンサス会議」「市民陪審」「シナリオ・ワークショップ」に対する評価を示すものである。ここでは、それぞれについて、「よい方法だ」のような肯定側回答を4点、「よくない方法だ」のような否定側回答を1点というように、4段階で得点化したうえで手法毎の平均値を算出した。同様に、自身の参加意欲についての平均値を算出したものが、図13-3②である。さらに、次の第4節にも関わるが、このような参加型手法を理科授業に導入することについての賛否を、同様に得点化

第13章　意思決定・合意形成を促す学習プログラムの必要性と参加型手法からの示唆　*251*

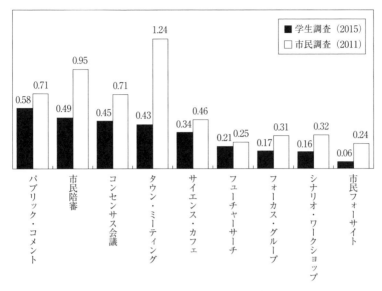

図 13-1　参加型手法の認知度

※平均値を算出する際には、手法毎に欠損値等を除外している。そのため、各手法における被験者数は異なっている。学生調査では、シナリオ・ワークショップのみ N=172 で、他はすべて欠損値なし（N=173）であった。一方、市民調査では、N = 372 〜 394 であった。

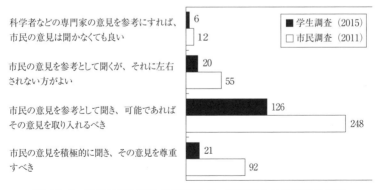

図 13-2　科学技術に関わる政策作成・判断における市民の意見
※学生調査は N = 173、市民調査は N = 407

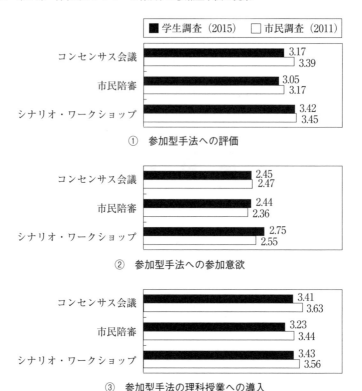

図 13-3 参加型手法に関わる意見
※学生調査では、N = 166 ～ 172、市民調査では N = 372 ～ 394

して算出したものが、図 13-3 ③である。

図 13-3 ①を見ると、いずれを見ても平均値が 3 点台であり、全般的にこれらの手法が高く評価されていることがわかる。ただし、図 13-3 ②を見ると、開催された場合に参加したいかという参加意欲では、平均値はもう少し低いレベルに留まっている。また、図 13-3 ③を見ると、参加型手法を理科授業のなかに導入することについては、肯定的回答の水準が非常に高いことがわかる。

被験者層に注意する必要があるものの、両調査では、類似の傾向が見られている。これらをまとめると、現時点では市民参加型手法は、日本の社会には実装されていないこともあり、認知度は低いが、市民参加の意見を尊重する必要

性の認識や、手法への潜在的なニーズがある程度は存在している。学校教育への導入についても、肯定的評価がなされそうである。

4. 学校教育から見た課題と現状

このような状況において、もし市民参加の機会の増大や、参加型手法の社会実装が進展した場合に、学校教育はどのように対応できるだろうか[6]。

参加型手法にストレートに対応する、というような試みは、まだ学習指導要領や同解説には見られない。しかし、中学校理科の場合、平成20年版の中学校学習指導では、第1分野の大項目（7）「科学技術と人間」において、「エネルギー資源の利用や科学技術の発展と人間生活とのかかわりについて認識を深め、自然環境の保全と科学技術の利用の在り方について科学的に考察し判断する態度を養う」と記されている[7]。同項目にかかわる学習指導要領解説の部分では、さらに具体的に、「…科学的な根拠に基づいて意思決定させるような場面を設けることが大切である」や、「指導に当たっては、設定したテーマに関する科学技術の利用の長所や短所を整理させ、同時には成立しにくい事柄について科学的な根拠に基づいて意思決定を行わせるような場面を意識的につくることが大切である」と記されている[8]。このように、平成20年版からは、意思決定の場面の設定や、科学技術のリスク・トレードオフの観点が、はじめて明記された。

もちろん、「このような科学技術の発展により、現代社会では豊かで便利な生活を送ることができるようになったことやこれからの科学技術の可能性を理解させる」という記載もあるように、ここでの基本的な視点は、科学技術の発展が人類に貢献してきたという認識を生徒にもたせることにあると思われる。それでも、「…科学技術の負の側面にも触れながら、それらの解決を図る上で科学技術の発展が重要であることにも気付かせる」という文中には「負の側面」という表現が見られるなど、科学技術を単純に肯定するのではない新しい姿勢が、ここにはうかがえる[9]。

平成29年には、中学校学習指導要領が改訂された。同様の箇所に着目する

と、同じ第1分野の大項目（7）「科学技術と人間」における記載は、「科学技術と人間との関わりについての観察、実験などを通して、次の事項を身に付けることができるよう指導する」のように、生徒に身に付けさせたい事項を列記する形式に変わった。とはいえ、「科学技術の発展の過程を知るとともに、科学技術が人間の生活を豊かで便利にしていることを認識すること」というように、やはり上記と同様に科学技術の人類への貢献を強調する記載が見られる[10]。

さらに、同項目に関わる学習指導要領解説の部分でも、それまでと同じ、「…科学技術の負の側面にも触れながら、それらの解決を図る上で科学技術の発展が重要であることにも気付かせる」という記述が見られる。また、「指導に当たっては、設定したテーマについて科学技術の利用と自然環境の保全に注目させ、科学的な根拠に基づいて意思決定させる場面を設けることが大切である」という記述も見られる。このように、「意思決定」場面の設定を明記したうえで、「例えば、意思決定を行う場面では、資源の利用は私たちの生活を豊かにする一方で環境破壊を引き起こすなど、同時には成立しにくい事柄をいくつか提示し、多面的な視点に立って様々な解決策を考えさせたり、それを根拠とともに発表させたりすることなどが考えられる」のように記されている。科学技術の利用の「短所」という記述は消えたものの、「環境破壊」のようなリスクやデメリットが顕在化した例を示すとともに、想定される活動の具体例まで記されるようになったのである[11]。

これらを踏まえると、参加型手法が念頭にあるとまでは言えないものの、科学技術に対して（専門家志望や理系選択の生徒に限らず）すべての生徒が、自分なりの考えをもつことの必要性については、平成20年あたりから、中学校理科の中に浸透しつつあると言ってよいと思われる。

ただし、これは中学校理科の場合である。同時期の改訂で設置された高等学校理科での新科目「科学と人間生活」など他の科目や、理科以外の教科、さらには総合的な学習の時間や道徳の内容などについて、詳細に検討したわけではない。小学校からの中学校までの義務教育全体の中で、あるいは実質的には義務教育に近づいている高等学校までも含めて、一貫性や体系性をもって参加型手法の社会実装に対応していくためには、より詳細な検討が必要である。

第13章　意思決定・合意形成を促す学習プログラムの必要性と参加型手法からの示唆　255

5. 学習プログラムの必要性

　ところで、理科に限らず、日本における教科教育では、教科書が中心的な教材の役割を果たしている。そこで、実際の中学校の理科教科書を見ると、上記のような学習指導要領・同解説を反映したと思われる記述が、散見されるようになっている。

　例えば、ある中学校理科教科書には、「人間の活動は環境にどのような影響を与えてきただろうか。それが問題となったのはどのようなことだろうか。その問題はどうすれば解決するのだろうか。身のまわりの問題を選んで、考えてみよう」という記述が見られる。また別の教科書では、再生可能エネルギーに触れてから、「それらの利用にも長所や短所がある。それぞれの長所や短所を知ったうえで、適切な利用をしていかねばならない」という記述が見られる。さらに、この文の横の囲み記事には、「日常生活や社会でどちらにするか判断をせまられる問題には、どちらを選択しても、長所と短所があることがたくさんある。意思決定をするときには、それぞれの選択肢の長所と短所を調べ、どちらにすべきかを自分自身で考える必要がある。状況が変われば判断も変わる可能性がある。「絶対これ」と決めつけるのではなく、ちがう考えの人の意見にも耳を傾けることが大切である」と、先に述べた学習指導要領解説に関わる文言を、直接見いだすことができる[12]。

　このように、教科書の中にも、科学技術の「負の側面」のようなデメリットに関わる記述や、「意思決定」場面の設定に関わる記述が、含まれるようになっている。しかし、意思決定場面をどのように設定し、具体的にどのような手順で意思決定をさせるのかや、その結果をグループやクラス全体でどのように共有するのかについては、教科書の記載を見る限り、あまり明確に示されてはいない。そのため、教師の指導に委ねられる部分が大きいことが予想される。また、グループやクラス全体での共有からさらに一歩進んで、個々の意思決定の差異をどのように擦り合わせて社会的な着地点を見いだすのかという、合意形成の観点もほとんど見られない。

そこで、筆者らは、科学技術の問題について、個人としてまず質の高い意思決定を行わせたうえで、グループやクラスなどの集団における合意形成を試みさせるような教材を、開発していく必要があると考えた。なお、このような意図に基づいた学習プログラムの開発について、科学教育・理科教育学会に報告されたのは、当時は県立高校の教諭であった内田による実践が、管見の限りもっとも初期のものであると思われる[13]。以降、内田および筆者らは、このような意図に基づき、参加型手法を簡略化して導入した学習プログラムの開発に、一部は共同研究の形を取りながら、継続して取り組んできた。そこで、本章に続く第16章から第19章では、この試みの一部を、内田が中心のものと筆者が中心のものと、それぞれ2例ずつ紹介している。

なお、筆者が中心となって開発してきた、参加型手法を活用した教材のタイトルは、開発年度順にまとめると、以下の通りである[14]。

① 『ミニ陪審 "食品照射"は、よい？ わるい？ 〜身近な放射線利用について考えよう！〜』（B5判32頁の冊子、2011年度）[15]

② 『ミニ市民陪審 監視カメラについて考えよう』（A4判16頁の冊子、2015年度）[16]

③ 『シナリオ・ワークショップ 地球温暖化対策について考えよう』（A4判16頁の冊子、2015年度）[17]

④ 『フューチャーサーチで「遺伝子検査とこれからの社会」について話し合おう』（A4判24頁の冊子、2016年度）[18]

⑤ 『フューチャーサーチで「デザイナー・ベビー」について話し合おう』（A4判16頁の冊子、2017年度）

第19章では、最後の⑤について、詳しく紹介している。

また、この他に、イベントにおける実施を念頭に開発し、参加型手法を取り入れた社会教育プログラムとして試行したものがある。これについては、第18章で、詳しく紹介している。

これらはいずれも、実際の参加型手法に示唆を得つつ、教育場面での活用を意図して、各手法の最もコアになると思われる部分だけを抽出し、短時間でも実施可能な学習プログラムとして開発を試みてきたものである。

6. おわりに

本章では、まず、高度科学技術社会の現状を確認し、科学技術はリスクや倫理的問題を伴う場合があることを述べた。次に、科学技術の問題における判断において、専門家以外の一般市民が関わるべきだという思想や、そのための具体的手法として海外で参加型手法が登場し、その一部は日本でも試行されていることを述べた。さらに、そのような参加型手法が日本に導入される可能性について触れたうえで、そうした状況を想定した学校教育は、まだ十分には取り組まれていないことを述べた。そのため、新たな学習プログラムを開発する必要があり、筆者らは、実際の参加型手法に示唆を得ながら、それに取り組んできたことについても述べた。

次章以降では、これまでに開発してきた学習プログラムの一部を紹介している。なお、これらの学習プログラムの開発を通じて、筆者自身は、以下のような暫定的な見解をもっている[19]。

まず、このような学習プログラム・教材の開発は、現状ではまだ大いに不足していると考える。特に、意思決定の場面を具体的にどのように指導するか、意思決定後の生徒間の意見相違をどのように調整するか、そのための集団での合意形成を目指す活動の設定方法などについては、まだ検討や実践が十分に進んでいない。しかし、冒頭で述べたように、現実の社会の中での合意形成に市民が参画するためには、個人レベルの意思決定の「次の段階」をどうするかが、まさに問われることになる。そうでないと、合意形成を放棄して人それぞれでよいという自己決定論に帰着してしまうか、与えられた状況に個人として受動的に対応するだけの人々を育ててしまう恐れがある。

また、実際の授業においては、議論がかみ合わなかったり、時間切れで十分な意思決定や合意形成に至らなかったりする場合も多いだろう。筆者らの試行授業においても、時おり、このような状況に陥ってしまう。しかし、一方では、むしろ当然なのかもしれない、とも感じている。つまり、これは現状において、生徒たちがいかに合意形成に対して不慣れであるか、を示唆しているのではな

いだろうか。また、科学技術の課題に関わる合意形成とは、現実として、それだけ容易なことではない、ということでもある。だからこそ、学校教育の段階から、現実の参加型手法を疑似的に経験させることによって、合意形成の重要性と、その困難性を、ともに実感させる必要があるのではななないだろうか。

　参加型手法から示唆を得ることは、より切実性をもった質の高い意思決定場面の設定を可能にするとともに、日常生活での社会的なレベルでの意思決定（すなわち合意形成）に参画する意欲を、持たせるためにも有用ではないだろうか。本章で述べた問題意識に、筆者らの開発してきた学習プログラムが、現時点でどの程度応えられているのかはわからない。それでも、今後も、同じような志をもつ研究者、学生、教員、その他の人々と協力しながら、このような学習プログラムの開発を、継続していきたいと考えている。

文献および注

1) Edwards, A. (1999) Scientific expertise and policy-making: the intermediary role of the public sphere," "Science and Public Policy", 26 (3), pp.163-170.
　　藤垣裕子（2003）『専門知と公共性：科学技術社会論の構築へ向けて』東京大学出版会
　　ここを含む以降4段落について、これらを参照。
2) 平川秀幸（2002）「科学技術と市民的自由：参加型テクノロジーアセスメントとサイエンスショップ」『科学技術社会論研究』1、51-58頁。
3) 小林傳司（2004）『誰が科学技術について考えるのか：コンセンサス会議という実験』名古屋大学出版会。
4) 藤垣祐子・廣野善幸／編（2008）『科学コミュニケーション論』東京大学出版会、243頁の表を若干改変した。
5) 以降の図13-1〜3は、以下で報告した図を、一部改変している（数値は変更していない）。
　　福井智紀（2011）「相模原市民を対象とした市民参加型テクノロジー・アセスメントに関する意識調査：代表的手法に対する意見と理科授業導入への賛否を中心に」『麻布大学雑誌』23、9-18頁。
　　福井智紀（2015）「市民参加型テクノロジー・アセスメントに関する人々の意識：学生調査と市民調査の結果を踏まえて」『日本環境教育関東支部年報』9、7-12頁。
6) このような現状認識を踏まえ、社会の中における科学技術を捉え、その中に自分自身も位置付けるという視点に基づいて、高度科学技術社会や深刻化する環境問題に対して主体的に対応できる能力を、筆者は「科学技術ガバナンス能力」「環境ガバナンス能力」と呼んでいる。

第 13 章　意思決定・合意形成を促す学習プログラムの必要性と参加型手法からの示唆　259

　この点については、紙幅の都合上、詳しく触れないが、下記で論じている。
　　福井智紀（2017）「科学教育の観点から見た大都市圏の環境教育・ESD：科学技術との付き合い方を考える討論活動の必要性」阿部治・朝岡幸彦／監修、福井智紀・佐藤真久／編著『大都市圏の環境教育・ESD』筑波書房、93-106 頁。
7)　文部科学省（2008）『中学校学習指導要領』東山書房、62 頁
8)　文部科学省（2008）『中学校学習指導要領解説　理科編』大日本図書、56-57 頁。
9)　同上、55 頁。
10)　文部科学省（2017）『中学校学習指導要領』東山書房、84-85 頁。
11)　文部科学省（2017）『中学校学習指導要領解説　理科編』学校図書、67-68 頁。
12)　教科書の記載内容の検討には、大日本図書、啓林館、学校図書、教育出版、東京書籍、の各社が発行する教科書を使用した。個々の教科書名などの詳細は、ここでは省略する。なお、前掲 6 の文献において、これらについてより詳細に検討している。
13)　内田隆（2009）「コンセンサス会議を利用した理科教育の実践」『日本理科教育学会全国大会要項』59、190 頁。また、内田は一連の研究をまとめ、以下の文献を上梓している。
　　内田隆（2018）『科学技術社会の未来を共創する理科教育の研究：生徒の意思決定・合意形成を支援する授業』風間書房
14)　本書では触れないが、③の教材をアレンジした教員養成・研修用のプログラムも開発し、筆者が関与する教員研修において実際に活用している。なお、この教材については、筆者の他に、渡邉啓吾も開発に携わっている。日本科学技術社会論学会第 17 回年次研究大会における内田隆との連名の発表のなかで、その一部を紹介している（2018 年・成城大学）。また、これらの学習プログラム・教材の開発においては、時期によって異なるが、JSPS 科研 JP21700793、JP25350268、JP16K01038、の助成を受けた。この他にも、本章と同様の問題意識での学習プログラム・教材の開発を行ってきたが、ここには参加型手法を明示的に取り入れたもので、2018 年度までに開発したもののみを示している。
15)　これについては、福井智紀・茂木優樹・内田隆の連名で、日本理科教育学会第 62 回全国大会において口頭発表を行っている（2012 年・鹿児島大学）。
16)　これについては、福井智紀・倉菜華の連名で、日本環境教育学会第 28 回年次大会において口頭発表を行っている（2017 年・岩手大学）。
17)　これについては、福井智紀・竹内均の連名で、日本理科教育学会第 66 回全国大会において口頭発表を行っている（2016 年・信州大学）。
18)　これについては、本章執筆時点では、学会では詳細を未発表であり、筆者の他に、石井隆太朗が、開発に携わっている。
19)　前掲 6 の文献において、これらについてより詳細に検討している。

第14章
参加型手法「コンセンサス会議」を活用した「生殖補助医療の法制化」についての学習プログラムの開発と実践

内田　隆

1. はじめに

　本章では「生殖補助医療の法制化」について、学習者の意思決定や合意形成を支援するために、実際の科学技術政策への市民参加の場で用いられている市民参加型テクノロジー・アセスメントの手法である「コンセンサス会議」を活用して作成した学習プログラムを紹介する。

2. コンセンサス会議とは

　コンセンサス会議は、1977年にアメリカ国立衛生研究所（NIH：National Institutes of Health）において、重要でしかも論争的な問題を含んだ医療技術について医療と社会との関係を改善するとともに、基礎医学の知識を臨床の場で生かすプロセスを改善し、専門家間の知識のギャップ埋め標準的な使用基準を設けることを目的としたCDC（Consensus Development Conference）というテクノロジー・アセスメントの手法として開発された（久保、2001）。その後、80年代にデンマークで先進技術に対する社会的要請を汲み取り、その技術利用に伴って生じる社会的、倫理的な問題に関する一般市民の意見を拾うための市民参加型テクノロジー・アセスメントの手法に変容した。デンマークのコンセンサス会議において取り上げられた課題例を表14-1に示す。日本

表14-1　デンマークのコンセンサス会議において取り上げられた課題

（科学技術への市民参加を考える会、2002）

年	課題	年	課題
1987	産業と農業での遺伝子操作技術	1994	電子身分証明書
1989	放射線食品照射		交通における情報技術
	ヒトゲノム計画		農業での統合生産
1990	大気汚染	1995	環境と食料への化学汚染
1991	教育技術		遺伝子治療
1992	動物の遺伝子操作	1996	漁業の未来
1993	民生用交通の未来		消費と環境
	不妊	1997	テレワーキング
		1999	遺伝子操作食品

には、1993年に若松（1993）が「科学技術ジャーナル」に紹介したのが最初で、1998年には「遺伝子治療を考える市民会議」（コンセンサス会議）、1999年には「高度情報化——とくにインターネットを考える市民会議」（コンセンサス会議）が、科学技術社会論の研究者を中心に試行され、2000年には農林水産省の後援で（社）農林水産先端技術産業振興センター[1]の主催により「遺伝子組換え農作物を考えるコンセンサス会議」が実施されている[2]。

コンセンサス会議は、日本で最初に試行された市民参加型テクノロジー・アセスメントの手法であり、若松を代表とする「科学技術への市民参加を考える会」によって、日本への普及定着のために『コンセンサス会議実践マニュアル』（科学技術への市民参加を考える会、2002）が作成され、試行後も複数回実施されている。したがって、コンセンサス会議は、日本の国民性や文化的な状況に適していると考えて選択・試行された手法であり、教育への応用も有効だと考えられる。

3. コンセンサス会議の標準的な手続き

コンセンサス会議は、社会的に議論を呼ぶ科学技術をテーマとし、そのテーマに利害関係のない公募によって選ばれた「市民パネル」と、その市民パネルが持つ疑問に対応可能な「専門家パネル」との対話を柱とする。以下の図14-

1にコンセンサス会議の標準的な手続き示す。

コンセンサス会議において専門家パネルは、市民パネルが理解しやすいように科学技術の状況について解説し、市民はわからなかったところを「鍵となる質問」としてまとめる。

専門家は市民パネルが作成した「鍵となる質問」に解答し、以降両パネル間で質疑応答を含め議論・対話が行われる。

最終的に市民パネルはその科学技術に関しての評価を行う。具体的に判断を下すこともあるが、判断を下せなかったことも含め、意見をまとめる（コンセンサス文書という）。

このコンセンサス文書は公開の場で発表され、世論形成、政策形成に利用さ

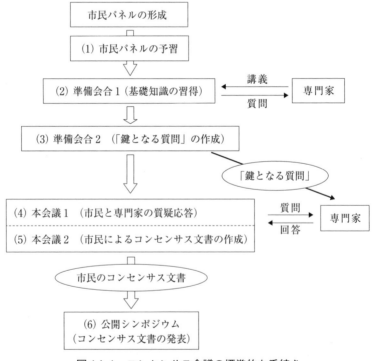

図14-1　コンセンサス会議の標準的な手続き
（科学技術への市民参加を考える会、2002）

れるが、その意見には法的拘束力はない。

4. コンセンサス会議を教育で活用するための簡略化

(1) コンセンサス会議の簡略化の方法

　図14-1のコンセンサス会議の標準的な手続きを、学校で忠実に実施するには、専門家の人選、複数の専門家との事前打ち合わせや学校に招聘するための日程の調整、専門家への謝礼等の予算、校内の時間割の調整等の様々な課題があるため負担が大きく、教育現場でそのまま形式で実施するのは現実的ではない。そこで、コンセンサス会議をより多くの教師が利用できるように、その特徴を生かしながら、一連の手続きを教育現場の実状に合わせて簡略化する必要がある。以下に簡略化の方法を示す。

　まず、図14-1に示したコンセンサス会議の標準的な手続きの中の主たる要素を抜き出し、以下の表14-2の左側のようにまとめた。

　次に、以下の2点を簡略化した。

① 「(1) 市民パネルの予習」と「(2) 基礎知識の習得（様々な専門家からの講義）」をまとめて「基礎知識の習得」とし、教師が専門家役となって「基礎知識の習得」のための講義を行う。その際、争点や立場の違い等についても解説する。

② 「(4)『鍵となる質問』の回答および質疑応答」は、教師が専門家役として対応する[3]。

以下の表14-2に、簡略化したコンセンサス会議の要素を示す。

(2) 簡略化したコンセンサス会議の流れ

　簡略化したコンセンサス会議の要素（表14-2）をもとにして、教育現場の実状に合わせて簡略化したコンセンサス会議の一連の流れを、図14-2に示す。

表14-2 簡略化したコンセンサス会議の要素

コンセンサス会議の主たる要素	簡略化したコンセンサス会議の要素
(1) 市民パネルの予習 (2) 基礎知識の習得 　（様々な立場の専門家からの講義） (3) 「鍵となる質問」の作成 (4) 「鍵となる質問」への回答・質疑応答 (5) コンセンサス文書の作成 (6) コンセンサス文書の発表	① 基礎知識の習得 ② 「鍵となる質問」の作成 ③ 「鍵となる質問」への回答・質疑応答 ④ コンセンサス文書の作成 ⑤ コンセンサス文書の発表

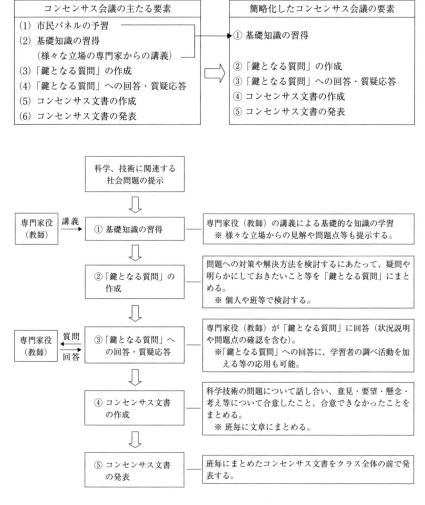

図14-2　学習プログラム用に簡略化したコンセンサス会議の流れ

5. コンセンサス会議を応用した学習プログラム「生殖補助医療の法制化」の開発

(1) 題材の選定

コンセンサス会議を応用した学習プログラムの開発にあたって、以下の2点の理由から「生殖補助医療の法制化」を題材として選定した。

① 必要とされる専門的な知識が少ないうえに、学習者にとって既知の内容が多いため、事前学習である「基礎知識の習得」を短時間で行うことができる。

② 科学的な内容が比較的平易であるため、理科が専門ではない社会科・家庭科・保健体育科の教師にも取り組みやすく、汎用性の高い学習プログラムとなり得る。

(2) プログラム開発

生殖補助医療は、不妊症の人が子供を持つ可能性を拡げるための医療技術であり、人工授精や体外受精等がある。日本では1983年に初めて体外受精による子供が誕生してから35年が経過しており、2015年に日本で誕生した約101万人のうち約5万1千人(約5.1%)が体外受精による出生で、現在の日本社会において欠かせない科学技術になっている。その一方で、倫理的な問題点があるうえに、法的な規制等も未整備のままで課題が多い。そこで、体外受精における親子関係等の倫理的な問題に焦点をあてたプログラムを開発した。

具体的には、体外受精時に精子・卵を配偶者間のものを使用するのか、第三者から提供を受けるのか。また、出産するのは妻と代理の第三者のどちらか、それぞれについて選択すると、以下の表14-3に示す8類型が考えられる。現在の日本では、この8類型についての国の規制や法律はない。そこで、遺伝的な関係、妻による出産行為の有無、生まれてくる子供の福祉等を確認しながら、国としてどこまでを規制し、どこまでを認めるのかについて学習者間の議論を中心に意思決定・合意形成を図る学習プログラムを、簡略化したコンセン

表 14-3 体外受精の 8 類型

	妻（自分）の卵		第三者の卵	
	妻（自分）の子宮	第三者の子宮	妻（自分）の子宮	第三者の子宮
夫（自分）の精子	① 夫婦間の体外受精	② 代理出産（第三者が出産）	③ 卵の提供を受けて妻が出産	④ 代理母（卵の提供を受けて代理出産）
第三者の精子	⑤ 精子提供を受けて妻が出産	⑥ 精子提供を受けて代理出産	⑦ 胚（授精卵）の提供を受けて妻が出産	⑧ 胚（授精卵）の提供を受けて代理出産

表 14-4 生殖補助医療の法制化を題材としたコンセンサス会議の学習プログラム案

① 基礎知識の習得	・生殖補助医療に関する講義（教師からの講義）
	・学習者各自が、表 14-3 の 8 類型について許容できるものからできないものまでの順位を考える（個人の作業）
	・各自が許容できるのはどこまでか範囲を検討する。さらに、国としてはどこまで認めていくのかについても考える（個人の作業）
	・班の中で各自の考えを順番に発表し、その後意見交換を行う（班での作業）
② 「鍵となる質問」の作成	・生殖補助医療の法制化へ向けての議論をはじめる前に、知りたいことや疑問点を挙げ、「鍵となる質問」を作成する（班での作業）
③ 「鍵となる質問」への回答及び質疑応答	・各班からの「鍵となる質問」を専門家役の教師に投げかけ、質疑応答を行う（クラス全体での作業）
④ コンセンサス文書の作成	・班毎に、8 類型について許容できるものからできないものまでの順位を検討する（班での作業）
	・次に、国として法律でどこまでを認めるのかその範囲を検討する（班での作業）
	・順位や法律で認める範囲、及び懸念されることや配慮すべき事柄を挙げ「コンセンサス文書」としてまとめる（班での作業）
⑤ コンセンサス文書の発表	・各班が順番に、まとめたコンセンサス文書をクラス内で発表する（クラス全体での作業）

サス会議の流れ（図 14-2）を応用して開発した。表 14-4 がプログラムの概要である。

6. 「生殖補助医療の法制化」のコンセンサス会議の実施にあたって

(1) 基礎知識の習得

「生殖補助医療の法制化」のコンセンサス会議を行うにあたって、まず「①基礎知識の習得」において、専門家役の教師は、以下の5点を中心に解説する。

① 妊娠から出産までの概略

精子・卵の動きや受精に至るまでの過程について、体内の子宮や卵管等の場所等を含めて説明する

② 不妊症の原因や治療法

不妊症の原因には、精子や卵、卵管や子宮などに問題がある等の身体的な原因だけでなく、精神面の影響も含め様々な原因が考えられること、また、その治療方法もカウンセリングから、投薬、手術まで多様であることを説明する。特に、不妊症が女性側だけでなく男性側に原因がある場合もあることを説明する。

③ 体外受精の技術および出生事例数

体外受精の技術について説明し、特に顕微授精についても解説する。そして、日本における体外受精による出生数が約5%（2015年現在）であり、一般的な医療技術になっていることを説明する。

④ 親と遺伝的なつながりのない子どもや妻が出産しない子供の誕生の可能性

体外受精の技術の発展によって夫婦間以外の精子・卵・子宮による妊娠・出産が可能になったため、表14-3の8類型の可能性があることを説明する。

⑤ 体外受精によって生じる課題（日本には体外受精に関する法的な規制がない等）

現在の日本では、表14-3の8類型について、日本産婦人科学会がガイドライン「代理懐胎に関する見解」を発表しているが、法律等による規制がないことを説明する。

①〜⑤について解説後、8類型について国としてどこまでを認めていくかを検討する。例えば、現在は8類型のいずれも法的な規制はない一方で保険の適用の対象外なので、保険適用の対象とするか、するのであればどれを対象とするかなどについて検討する。検討する際には8類型のそれぞれのカードを用意し、各自がカードの位置や順番を入れかえたりしながら考えることができるとよい。また、カードを貼り付ける台紙を用意することで、あとで各自の考えをグループ内で共有する際に活用できる。図14-3にカードの例を示す。

図14-3　8類型の検討用カード例

(2)「鍵となる質問」の作成および回答

各自が8類型について検討した際に生じる疑問を挙げ、グループ内でそれらの疑問を整理して「鍵となる質問」を作成する。以下に、グループ内で挙げられると想定される質問の例を挙げる。

①　日本で代理出産の事例があるのか？

向井亜紀氏（芸能人）と高田延彦氏（元プロレスラー）の夫婦の事例や野田聖子氏（国会議員）の事例があります。また、長野県の諏訪マタニティークリニックにおいて、21例の代理出産が試みられ、14例16人（うち実母による代理出産は10例10人）が誕生しています（2014年3月末現在）。しかし、日本ではごく少数の事例のみです。

②　代理出産された子どもは誰の子どもなのか？

日本の法律では、出産した女性が法律上の母親になります。したがって、代理出産の場合、遺伝上の母親は法律では他人になるので、養子縁組を結んで育てることになります。

③ 代理出産してくれる人がいるのならば認めてよいのではないか？ 何が問題なのか？

「代理出産する女性を、子供を産む道具・機械として扱う倫理的な問題」「代理出産する女性の、妊娠・出産等に伴う体への負担や危険性の問題」「妊娠期間中に、依頼した夫婦が離婚・死去等の理由で子供の引き取りを拒否したり、不可能になった場合の問題」「妊娠・出産を経験しない母親の心理（母性本能）や、生まれてきた子供の福祉の問題」など多くのことを考える必要があります。海外では、代理出産した女性が子供の受け渡しを拒否した事例もあります。

④ 代理出産する人はボランティアなのか？ お金をもらうのか？

アメリカでは、無報酬の場合にのみ認める州と報酬を認める州があり、報酬を認める州では代理母の報酬が約1万ドル（約110万円）の例があります。日本で代理出産を行っている諏訪マタニティークリニックでは無報酬の場合だけを認めています。

⑤ 他人の精子・卵を使用した受精卵を他人の子宮に移植して出産した子供は養子縁組と同じではないのか？

夫婦の意思がはたらかなければ受精卵がつくられることはないので、この夫婦が存在しなければ、この子供は誕生しません。したがって、もともと存在している子供を引き取る養子縁組とは異なります。

⑥ 他の国では代理出産等は認められているのか？

代理出産を認めていない国や地域、無報酬であれば代理出産を認める国や地域、条件付きで報酬のある代理出産も認める国や地域があり、国によって様々です。

⑦ 他人の精子や卵はどの様にして入手するのか？

日本では精子・卵のどちらも、有償で提供することを認めていません。アメリカの一部の州では、有償による卵の提供が認められていますので、アメリカで精子や卵を購入する日本人もいます。

想定される質問例①～⑦について回答例も示したが、この回答は専門家役の教師が回答してもよいし、資料等を配布してもよい。また、作成した「鍵

となる質問」に対しての回答をグループごとに調べてまとめたり、グループ間で共有したりする等の応用例も考えられる。いずれにしても、本学習プログラムの実施にあたっては、生殖補助医療に関する最新の情報を調べ、現状を確認してから実施する必要がある。

(3) コンセンサス文書の作成および発表
① コンセンサス文書の作成

ここでは「鍵となる質問」に対する回答を受け、8類型についてどこまでを健康保険適用範囲とするか等をグループ内で検討する。検討にあたっては、各自の意思決定だけでなく、学習者間の主体的な議論を通しての合意形成を図るようにする。

そのうえで「保険適用の範囲としたのは8類型のどのタイプのものか」「保険適用と適用外について線引きをした根拠は何か」「判断するにあたって重視した考え方は何か」「実際に運用するにあたって配慮しなければならないことは何か」等、文章にしてまとめる。

② コンセンサス文書の発表

各グループのコンセンサス文書を発表するにあたっては、各文書を印刷して配布したり、全体の前で発表したり、別の時間を設けてさらに調査や議論を継続したうえでスライド等を作成して発表するなど、学習者や学校等の状況に応じて様々な発表の形式が考えられる。

7. おわりに

本章では、市民参加型テクノロジー・アセスメントの手法の1つであるコンセンサス会議を応用し、生殖補助医療を題材に開発した学習プログラムを報告した。開発した学習プログラムを高校生、大学生を対象に実際に実施し、実施前後に質問紙による調査を行ったところ、生殖補助医療についての「関心度」「参画意識」が高い学習者が増加した。したがって、本章で紹介した学習プログラムは、生殖補助医療に関する「関心度」「参画意識」の向上に一定の効果

があったといえる。また、学習者主体の議論を中心に、情報を吟味し、検討、修正、判断、意思決定、合意形成一連の流れを体験することを意図した授業を実践する際の手法として、このコンセンサス会議が十分に実用的であるといえる。なお、本章は以下の論文を大幅に加筆修正したものである。実践の詳細や結果は以下を参照されたい。

・内田隆（2014）「生殖補助医療を題材としたコンセンサス会議 〜意思決定や合意形成を扱う授業の実践的研究〜」、『文理シナジー』第18巻、第2号、115頁-122頁、文理シナジー学会
・内田隆（2018）『科学技術社会の未来を共創する理科授業の研究 ― 生徒の意思決定・合意形成を支援する授業』184頁-200頁、風間書房
 　コンセンサス会議を活用した学習プログラム「生殖補助医療の法制化」をまとめた教材冊子をJSPS科研費 JP16K01038（研究代表者：福井智紀）、JP18K13172（研究代表者：内田隆）の支援を受けて作成した。その一部を273頁-276頁に掲載する。興味のある方は連絡して頂ければ冊子をお送りするので、ぜひ取り組んで頂きたい（uchida@toyaku.ac.jp）。

注
1) 現在は、公益社団法人農林水産・食品産業技術振興協会（JATAFF：Japan Association for Techno-innovation in Agriculture, Forestry and Fisheries）。
2) 他にも2006年から2007年にかけて北海道の主催による「遺伝子組換え作物の栽培について道民が考える『コンセンサス会議』」等の実施例がある。
 　http://www.pref.hokkaido.lg.jp/ns/shs/shokuan/gm-consensus.htm（最終確認：2018.11.1）
3) 学習者自身が「鍵となる質問」への回答を調べたり、学習間で調べた内容を共有したりするといった活動を取り入れるなどの応用例も考えられる。

引用・参考文献

浅田義正（2006）『不妊治療Q&A　おしえて先生！ありがとう先生！』シオン
浅田義正・河合蘭（2016）『不妊治療を考えたら読む本「科学で考える妊娠への近道」』講談社
石原理（2016）『生殖医療の衝撃』講談社現代新書
科学技術への市民参加を考える会（代表 若松征男）（2002）『コンセンサス会議実践マニュアル』
川田ゆかり（2007）『いつまで産める？ 私の赤ちゃん』実業之日本社
小西宏（2002）『不妊治療は日本人を幸せにするか』講談社現代新書
久保はるか（2001）「科学技術をめぐる専門家と一般市民のフォーラム ―デンマークのコンセンサス会議を中心に―」、『季刊行政管理研究』第96巻、40頁-57頁、行政管理研究センター

まさのあつこ（2004）『日本で不妊治療をうけるということ』岩波書店
小笠原信之（2005）『どう考える？ 生殖医療』緑風出版
坂井律子・春日真人（2004）『つくられる命』NHK出版
坂井律子（2013）『いのちを選ぶ社会 ― 出生前診断のいま ―』NHK出版
須藤みか（2010）『エンブリオロジスト　受精卵を育む人たち』小学館
玉井真理子・大谷いずみ（2011）『はじめて出会う生命倫理』有斐閣アルマ
辰巳賢一（2001）『不妊治療がよくわかる本』日本文芸社
若松征男（1993）「デンマークのコンセンサス会議 ― 科学と社会をどうつなぐか」、『科学技術ジャーナル』第2巻、第2号、22頁-25頁、科学技術広報財団

第14章 参加型手法「コンセンサス会議」を活用した「生殖補助医療の法制化」についての学習プログラムの開発と実践　273

資料　学習プログラム「コンセンサス会議 ― 生殖補助医療の法制化 ―」の教材冊子（抜粋）

目　次

第Ⅰ章：解説編（1）　生殖補助医療について理解しよう

1．「生殖補助医療」って何だろう　　　　　　　　　　・・・・　p.4
2．妊娠する仕組みを確認しておこう　　　　　　　　・・・・　p.4
3．どの様な場合に不妊症になるのでしょうか　　　　・・・・　p.5
4．生殖補助医療には，どの様なものがあるのでしょうか　・・・・　p.6
5．自分たち夫婦以外の「精子」「卵」「子宮」の使用の例　・・・・　p.8
6．体外受精の8つの組み合わせのパターンについて，
　　もう少し詳しく考えていきましょう　　　　　　　・・・・　p.9
7．日本における生殖補助医療の歴史と現在の状況　　・・・・　p.13

第Ⅱ章：解説編（2）　コンセンサス会議について知ろう　・・・・　p.14

第Ⅲ章：活動編　　コンセンサス会議を体験しよう　　・・・・　p.16

付録：生殖補助医療の8つの組み合わせのパターンカード　・・・・　p.25
　　　作業用のシート　　　　　　　　　　　　　　　・・・・　p.27

参考文献　　　　　　　　　　　　　　　　　　　　　・・・・　p.31

※　先のページを見ないように，ページの順に作業や学習を進めていきましょう。

(3) 代理出産

夫婦間の精子と卵子を体外受精（顕微授精を含む）させて受精卵をつくる。
そして，その受精卵を妻ではなく，他人の子宮に入れる。
うまく着床すれば妊娠が成立し，約10ヶ月間の妊娠期間を経て，他人が出産する。

※ この方法が選択される可能性がある例として以下の場合が考えられる。
　　卵子があるが子宮が小さい（またはない），体力的（病気を含む）に出産に耐えられない等の場合。

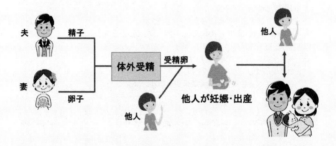

(4) 代理母

妻の卵を使用せずに，他人の卵の提供を受ける。
その他人の卵と夫の精子を体外受精（顕微授精を含む）させて受精卵をつくる。
そして，できた受精卵を他人の子宮に入れ，約10ヶ月後に他人が出産する。
（卵子を提供する人と出産する人が同じ場合や，それぞれが別の人の場合がある）

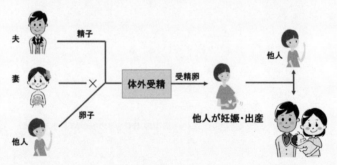

(6) 鍵となる質問への専門家からの回答

日本で，代理出産の例はたくさんあるのですか？

■芸能人の向井亜紀 氏とプロレスラーの高田延彦 氏の夫婦の事例
　向井さんは子宮ガンになり，手術で子宮を摘出しました。しかし，卵巣は残してありましたので卵子を採取することができました。そこで，アメリカに渡って，向井さんの卵子と高田さんの精子からつくった受精卵を代理出産してくれる人を探し，アメリカ人女性に代理出産を依頼し，子供をもうけました。

■国家議員の野田聖子氏の事例
　野田氏の卵子では受精卵をつくることができなかったので，アメリカで卵子の提供を受け，夫の精子と受精させ受精卵をつくりました。その後，その受精卵を自分（野田氏）の子宮に入れ，野田氏が出産しました。

　日本では，12ページで紹介した諏訪マタニティークリニック等，いくつかの施設で，代理出産について検討が始まっていますが，まだまだ特別な事例です。

代理出産された子どもは誰の子どもなのですか？

　日本の法律では，出産した女性が法律上の母親になります。
　だから，上記の向井・高田夫妻の事例の場合，その子どもは遺伝的には向井・高田夫妻の子どもですが，法律的には，代理出産をしたアメリカ人女性が母親（戸籍上の母親）になります。高田夫妻は，戸籍上も自分たちの子どもにして欲しいと裁判を起こしましたが，認められませんでした。現在は，その子どもを養子として迎え育てています。

　12ページの諏訪マタニティークリニックの場合も同様です。姉の代わりに代理で出産した妹や，娘の代わりに代理で出産した母親が，それぞれ法律上はその子どもの母親になります。どちらの場合も，出産後に養子として迎えて育てています。

276 第Ⅳ部 科学的リテラシーを育成する参加型手法の提案

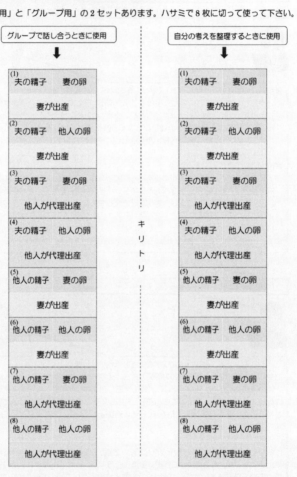

第15章
参加型手法「シナリオワークショップ」を活用した「未来のエネルギー政策」についての学習プログラムの開発と実践

内田　隆

1. はじめに

　本章では、原子力発電の賛否を含む「未来のエネルギー政策」について、学習者の意思決定や合意形成を支援するために、実際の科学技術政策への市民参加の場で用いられている市民参加型テクノロジー・アセスメントの手法である「シナリオワークショップ」を活用して作成した学習プログラムを紹介する。

2. シナリオワークショップとは

　シナリオワークショップは、アメリカで開発されたフューチャーサーチという手法を原型に、デンマークで数多く用いられてきた様々な手法を系統的に組み合わせた手法であり、技術を含んだ課題について、その課題に影響を受ける様々な人々が、課題についての理解を深め、利害を超えて共有できる未来像を見いだし、その未来にいたるための行動計画を立てるものである（若松、2010）。
　シナリオワークショップのプロセスは「ある技術を用いたり、開発プロジェクトを実施したりした結果、どんな社会的影響・効果が生じ、どんな未来になるかを、通常は特定の地域社会について予測した『シナリオ』を予め用意し、これを、何段階か（「フェイズ」）にわたる討論を経て、この社会変化に関わる

人々からなる参加者によって吟味し、それぞれの立場から見て望ましい未来像（ヴィジョン）を描き、最終的に全員が共有できるヴィジョンと、それを実現するための行動プランを定めるためのものである」（平川、2002）。

　この手法の特徴は、未来のイメージをつくるための手掛かりとして、未来像を描いたシナリオを複数用いることである[1]。デンマークでは「教育の未来」や「都市生態問題」等を題材に実施されている。

　日本では、2003年に国立研究開発法人科学技術振興機構（JST）の社会技術研究プログラムの研究[2]の一部として「三番瀬の未来を考えるシナリオワークショップ」が実施されている。以降、シナリオワークショップはその手法を簡略化した形式で市民参加によるバイオリージョンマップづくり（DEWANCKER・安枝・笠井、2004）等、主に生態系や歴史や文化に配慮したまちづくりや建築計画の形成過程への市民参画の場で利用されており[3]、DEWANCKER・安枝・笠井（2004）は「そのトピックに向けてさまざまな立場の人々が熱心に議論し、学びあい、共同で作業を進めることができるなど、『社会的学習』の機会を提供する点で、pTA[4]の手法として大きなメリットがあることがわかった」としている。

　シナリオワークショップは、その原型であるフューチャーサーチを日本らしいやり方に調整し「コミュニティー・ビジョン」として発信している組織[5]も存在することから（鏑木、2001）、コンセンサス会議と同様に、様々な市民参加型テクノロジー・アセスメントの手法を検討したうえで、日本の国民性や文化的な状況に適していると考えて選択・試行され一定の効果が認められた手法であり、教育への応用も有効だと考えられる。

3. シナリオワークショップの標準的な手続き

　シナリオワークショップの大きな特徴は「予想される典型的な未来の姿」（三番瀬の未来を考えるシナリオワークショップ実行委員会、2003）が複数（通常4つ）のシナリオとして予め用意されることによって、参加者が与えられた課題について議論しやすいように工夫されている点である。シナリオ

はジャーナリストや専門家によって作成され、作成されたシナリオは4つのフェーズを経て評価される。

　前者の2つのフェーズは利害関係者・役割（産業界・NGO・行政当局・被影響者等）毎に行われる「役割別ワークショップ」と呼ばれ、後者の2つのフェーズは立場を離れ一緒になって議論が行われる「混成ワークショップ」と呼ばれる（藤垣、2008）。

　シナリオワークショップの特徴は、用意されたシナリオを4つのフェーズを経て、比較・検討・再構築・評価・選択していく点であり、議論の進め方があまり上手でないと言われる日本の国民にとって定型的な議論の訓練となり得る手法であり、ディベートの他には具体的な議論・合意形成手法があまり普及していない教育現場にとっても参考になる手法である。シナリオワークショップの標準的な手続きの一例を、以下の図15-1に示す。

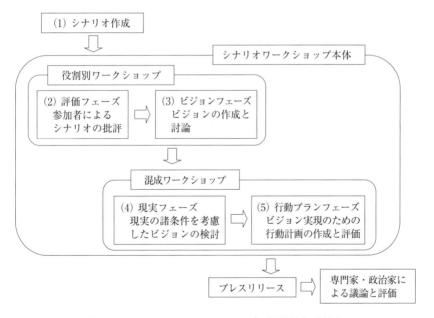

図15-1　シナリオワークショップの標準的な手続き
（若松、2010をもとに作成）

(1) シナリオ作成

社会的影響や効果を含めた将来像としての4つのシナリオが、ジャーナリスト・サイエンスライター・専門家等によって用意される。シナリオは15～30年程度の未来像が、文書だけでなくイラストなども用いて提示される。

(2)「評価フェーズ」

参加者がそれぞれの立場ごとに各シナリオについて批評を行い、批評カタログがつくられる。できるだけ多くの論点を挙げ評価をしながら論点を絞る。

(3)「ビジョンフェーズ」

評価フェーズで絞られた論点をもとに、それぞれの参加者の立場から望ましい未来像としてのビジョンを作成する。ここでビジョンの優先付け・絞り込みが行われる。

(4)「現実フェーズ」

他の立場の利害・関心や様々な条件（経済的条件や技術的条件等）などの「現実」の観点から、ビジョンの評価・検討・優先選択が行われる。

(5)「行動プランフェーズ」

現実フェーズで洗練され合意されたビジョンを実現させるための具体的な行動プランの策定が行われる。

4. シナリオワークショップを教育で活用するための簡略化

シナリオワークショップの一連の手続きを、そのまま学校の授業で実施するのは費用や時間等の面で現実的ではない。学校教育の場で行う場合には、教師が学習者や学校の実状に合わせて、シナリオワークショップの特徴を生かしたまま、その一連の手続きを簡略化したプログラムの開発が妥当であると考えられる。そこで、より多くの教師が学校の授業でシナリオワークショップを利用

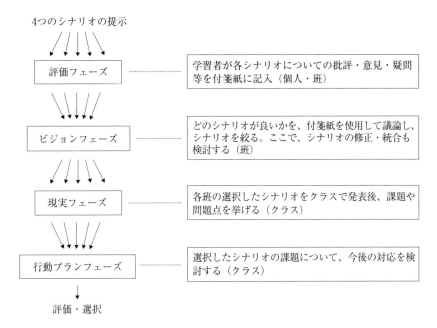

図 15-2　学習プログラム用に簡略化したシナリオワークショップの流れ
（藤垣、2008 をもとに作成）

できるように、予め用意された複数のシナリオをもとに、4つのフェーズを経てシナリオを評価・選択するというシナリオワークショップの特徴を生かしたまま、その一連の手続きの簡略化を図った。図 15-2 は、シナリオワークショップを授業に導入する場合に想定される一般的な流れを表したものである。

5. シナリオワークショップを応用した学習プログラム「未来のエネルギー政策」の開発

（1）題材の選定

簡略化したシナリオワークショップを応用した学習プログラムの開発にあたっては、原子力発電の賛否を含む未来のエネルギー政策を題材とした。2011年3月の福島第一原子力発電所の爆発事故以降、原子力発電の利用の賛否を含

むエネルギー政策が社会的な関心事であった一方で年々関心が薄れていることや、電気が学習者の生活に欠かせないものでありながら日常では発電方法にまで関心を寄せていない面があるからである。発電方法の検討は電気料金といった経済面だけでなく、今後の未来がどのような社会になるのか（したいのか）を検討するうえで欠かせない重要なインフラでもあるため題材とした。

（2） シナリオの準備

シナリオワークショップは賛否のような二者択一ではなく、複数のシナリオをもとに議論が進められる。そこで、最初に提示するシナリオとして、日本学術会議東日本大震災対策委員会エネルギー政策の選択肢分科会が2011年6月に提言した「日本の未来のエネルギー政策の選択に向けて — 電力供給源に係る6つのシナリオ — 」（日本学術会議、2011a）および2011年9月に報告した「エネルギー政策の選択肢に係わる調査報告書」（日本学術会議、2011b）を参考にした。この報告書では、原子力発電を速やかに廃止するものから、将来における中心的な低炭素エネルギーと位置付けるものまで、幅広い6つのシナリオが検討されている。各シナリオには、火力や原子力等の各種発電方法による、発電量の年間の総発電量に占める割合と経年変化が2011年から30年間にわたってグラフで示されている。

シナリオワークショップでは、学習者が複数のシナリオを比較検討しながらワークショップを進めるにあたって、予め用意されるシナリオの数は4つが標準的である。この報告書には6つのシナリオが示されているが、6つすべてを提示するのは多いため、本章で開発する学習プログラムでは5つのシナリオを選択して提示する。以下にその5つのシナリオA～Eの概要を示す[6]。

震災前（2010年）の再生可能エネルギーによる発電量は約2.2%（水力発電を除く）だが、A～Eのすべてのシナリオにおいて2011年以降大きく増加するように設定されている。2016年の再生可能エネルギーによる発電量は約6.9%（水力発電を除く）でその比率は増加しており、現状もシナリオA～Eと同様に推移している。

① シナリオA

「速やかに原子力発電を停止し、当面は火力で代替しつつ順次再生可能エネルギーによる発電に移行する」

② シナリオB

「5年程度かけて原子力発電を停止し、不足分は火力および再生可能エネルギーで代替しつつ順次再生可能エネルギーによる発電に移行する」

③ シナリオC

「今後30年の間に寿命に達した原子炉より順次停止する。その減少分を再生可能エネルギーで代替する」

④ シナリオD

「原子力発電に、より高い安全性を追求しつつ寿命に達した原子炉は設備更新し、現状の原子力発電の規模を維持する。同時に再生可能エネルギーの導入拡大を図る」

⑤ シナリオE

「原子力発電に、より高い安全性を追求しつつ原子力発電を将来における中心的な低炭素エネルギーに位置付ける」

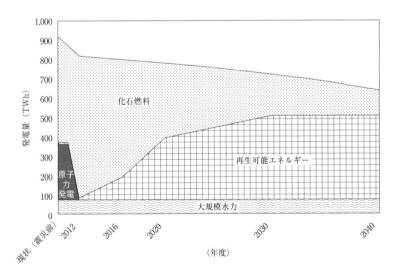

図15-3　シナリオA

284 第Ⅳ部 科学的リテラシーを育成する参加型手法の提案

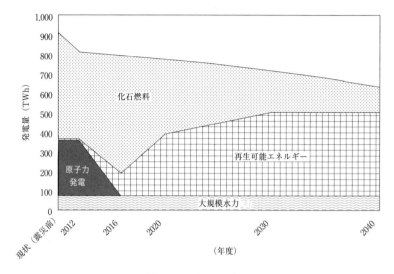

図 15-4 シナリオ B

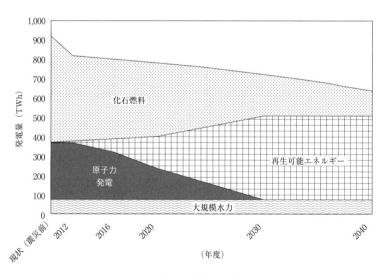

図 15-5 シナリオ C

第15章 参加型手法「シナリオワークショップ」を活用した「未来のエネルギー政策」についての学習プログラムの開発と実践　285

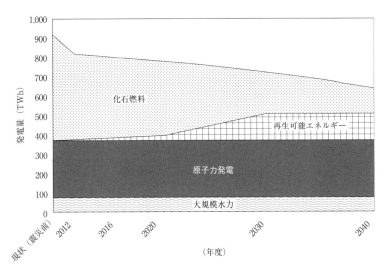

図15-6　シナリオD

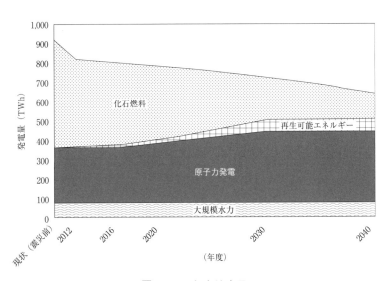

図15-7　シナリオE

また、原子力発電は震災前（2010年）には総発電量の約25%を占めていたが、震災後の2012年5月には稼働している商業用原子力発電所は0基になった。その後、原子力発電所が再稼働し2018年11月に稼働している原子力発電所は57基中の9基[7]である。原子力による発電は2016年の総発電量の1.7%程度で、A～Eのいずれのシナリオとも異なる未来を歩んでいる。しかし、未来のエネルギー政策を検討する際の長期的なエネルギー政策に関する典型例として、このA～Eの5つをシナリオとして採用して検討する。

次に、簡略化したシナリオワークショップを利用し（図15-2）、未来のエネルギー政策を題材に3授業時間に渡って行う学習プログラムを開発した[8]。表15-1にその概要を示す。

6.「未来のエネルギー政策」のシナリオワークショップの実施にあたって

表15-1の学習プログラム案で示したように、シナリオA～Eの検討・選択の前には、各種発電方法の仕組み、放射線の性質や人体への影響、日本のエネルギー政策等に関する基本的な学習が必要である。その一方で、各種発電方法によるコストや原子力発電所の事故のリスク等については専門家の間でも意見が分かれることが多いため、科学的に正しいシナリオは存在せず、科学的・経済的な根拠だけでシナリオを選択するのは困難である。

国民は、現在も今後も「原子力発電所は安全か」という問いに誰も答えることができない状況下で、エネルギー政策について検討・選択していかなければならない。本学習プログラムにおいても、科学・経済面からの根拠だけに基づいた選択が1つとは限らず正解も存在しないため、各学習者が「どのような社会で暮らし、生きていきたいのか」を考えて意見を表明し、学習者間での検討を通して価値判断をともなう合意を形成していく必要がある。各学習者の意思決定や各グループの合意形成が正しいかどうかはわからないが、シナリオの検討を通して、可能な限り正統な手続きで判断・選択していく過程を学習者が体験することが重要であり、本学習プログラムは、政治家や専門家に判断を委ね

表 15-1　未来のエネルギー政策を題材にしたシナリオワークショップの学習プログラム案

事前学習 講義 50分×8回 ＋課題	【教師による講義】 (1) 電流・電圧・電力・電力量の関係の確認 (2) 家電製品の消費電力の比較および家庭における電気使用量（時間帯別、月別等） (3) 家庭・学校・施設等の消費電力量の比較 (4) エネルギー資源の種類と発電の仕組み、原子力発電と火力発電の類似性 (5) 放射線の種類と性質および人体への影響 (6) 再生可能エネルギーの種類と可能性、地球温暖化との関連性 (7) 日本の電源構成の推移と各家庭の電気使用量の推移 (8) 日本・世界の原子力政策、放射性廃棄物 【課題】 (9) 原子力発電や節電等に関連したWebサイト等を見て感想文を提出 (10) 原子力発電および再生可能エネルギーを含む各種発電方法のメリットおよびデメリットの調査
シナリオワーク ショップ 50分×3回	【シナリオ提示】 (1) A～Eの各シナリオについて、以下のどれがあてはまるか検討する（各自で） 「脱原発」「反原発」「原子力発電の推進」「化石燃料使用の削減」 「省エネ・節電」「再生可能エネルギーの推進」 【評価フェーズ】 (2) 各シナリオの批評・評価①（各自で） A～Eの各シナリオについて批評・評価（質問・疑問・意見・懸念されること等）を付箋紙1枚につき1つずつ記入する (3) 各シナリオの批評・評価②（各班で） 各付箋紙に書いた内容を1枚ずつ順に読み上げながら、模造紙（各班に一枚）に貼っていく。記載内容が似ている付箋紙はまとめる 【ビジョンフェーズ】 (4) シナリオの選択（各班で） A～Eの各シナリオの中から、どのシナリオがよいか選択する。その際シナリオの統合や追加や修正を行ってもよい 【現実フェーズ】 (5) 現実を踏まえ、選択したシナリオについての課題や問題点を挙げる（各班で） 【行動プランフェーズ】 (6) (5)で挙げた課題について、対応策や解決方法を検討する（各班で） (7) 各班が選択したシナリオについて、選んだ理由およびそのシナリオの課題と対応策を全体の前で発表する（クラスで） (8) 各班の到達点を教師が確認し、全体で共有する

るのではなく、自分たちで課題を引き受け、検討し、価値判断することに主眼をおいている。

7. おわりに

　未来のエネルギー政策を題材にしたシナリオワークショップの学習プログラムを高校生対象に実施し、プログラム実施前後に質問紙調査を行った結果および自由記述欄の内容を分析したところ、未来のエネルギー政策への「関心度」「参画意識」の高い学習者の割合が増加した。また、各グループが未来のエネルギー政策のあり方について学習者間での議論を通して試行錯誤しながら合意を形成し、1つのシナリオを選択し理由を記述することができた。したがって、市民参加型テクノロジー・アセスメントの手法の1つであるシナリオワークショップは、科学技術の発展を起因とする社会問題を題材に、学習者主体の議論を通して意思決定や合意形成を図る学習活動を支援する手法としての実用性があり、本プログラムが有効であるといえる。ぜひ、多くの教師にシナリオワークショップを活用した実践に取り組んで欲しい。なお、本章は以下の論文を大幅に加筆修正したものである。実践の詳細や結果は以下を参照されたい。

・内田隆（2015）「未来のエネルギー政策を題材としたシナリオワークショップ〜参加型テクノロジーアセスメントの手法を利用した理科教材の開発と実践〜」『理科教育学研究』第55巻、第4号、425頁-436頁、日本理科教育学会
・内田隆（2018）『科学技術社会の未来を共創する理科授業の研究 ― 生徒の意思決定・合意形成を支援する授業』、184頁-200頁、風間書房

注
1) シナリオは文書だけでなく、イラスト等が用いられることもある。
2) 研究代表者：若松征男（2004）「科学技術政策形成過程を開くために『開かれた科学技術政策形成支援システムの開発』プロジェクト研究成果報告書」
　　http://www.ifeng.or.jp/wordpress/wp-content/uploads/2012/06/CR-2004-06.pdf（最終確認日：2018.11.25）

3) 例えば以下のような事例がある。
　　藤沢直樹・糸長浩司（2004）「シナリオワークショップをもちいた住民参画による東伊豆町における地域興し ― 歴史と文化をいかした循環型まちづくり ― 」『日本建築学会大会学術講演梗概集、E-2』、585 頁 -586 頁、日本建築学会
4)　pTA は、Participatory Technology Assessment（参加型テクノロジーアセスメント）の略
5)　特定非営利活動法人国際理解教育センター（ERIC：International Education Resource & Innovation Center ）が発信している。
6)　本学習プログラムでは引用元の 6 つのシナリオ A ～ F のうちの A、B、D、E、F の 5 つを選択し、それぞれシナリオ A、B、C、D、E として提示した。したがって、引用元のシナリオ記号と本章におけるシナリオ記号の一部は対応していない。
7)　57 基の中には、既に廃炉が検討・決定されているものが 23 基ある。経済産業省資源エネルギー庁「日本の原子力発電所の状況（2017.11.7 現在）」http://www.enecho.meti.go.jp/category/electricity_and_gas/nuclear/001/pdf/001_02_001.pdf（最終確認日：2018.11.25）
8)　事前の講義は、校種や学習者や地域の実情に合わせて様々な内容が考えられる。また、調べ学習やプレゼンテーションを導入する等、実施目的・指導計画等に合わせた応用も可能である。本章で提示した学習プログラムにおいては、物理を履修していない生徒を想定し中学校の学習内容を含む電気に関する基本概念の復習から行うようにした。

引用文献

DEWANCKER Bart・安枝裕司 ・笠井理絵（2004）「北九州鴨生田校区における市民参加によるバイオリージョンマップづくりに関する研究：その 1 シナリオワークショップとバイオリージョンマップづくりの手法について」、『日本建築学会大会学術講演梗概集、F-1、都市計画、建築経済・住宅問題』、777 頁 -778 頁、日本建築学会

平川秀幸（2002）「デンマーク調査報告書 ― シナリオワークショップとサイエンスショップに関する聴き取り調査」 http://hideyukihirakawa.com/sts_archive/techassess/denmarkreport.pdf（最終確認日：2018.11.25）

藤垣裕子（2008）「市民参加と科学コミュニケーション」藤垣裕子・廣野喜幸 編『科学コミュニケーション論』、239 頁 -255 頁、東京大学出版会

鏑木孝昭（2001）「市民参加による政策決定の可能性 ― コンセンサス会議とフューチャーサーチ（特集 環境汚染の化学物質リスクをどう回避するか）」『リサイクル文化』第 64 巻、100 頁 -110 頁、リサイクル文化社

日本学術会議 東日本大震災対策委員会エネルギー政策の選択肢分科会（2011a）「提言 日本の未来のエネルギー政策の選択に向けて ― 電力供給源に係る 6 つのシナリオ ― 」
　　http://www.scj.go.jp/ja/member/iinkai/shinsai/pdf/110624t.pdf（最終確認日：2018.11.25）

日本学術会議 東日本大震災対策委員会エネルギー政策の選択肢分科会（2011b）「報告 エネルギー政策の選択肢に係わる調査報告書」 http://www.scj.go.jp/ja/member/iinkai/shinsai/pdf/110922h.pdf（最終確認日：2018.11.25）

三番瀬の未来を考えるシナリオワークショップ実行委員会（2003）「三番瀬の未来を考えるシナリオワークショップ報告書」 http://www.sys.mgmt.waseda.ac.jp/sw/pre/data01.html（最終確認日：2018.11.25）

若松征男（2010）『科学技術政策に市民の声をどう届けるか』、29頁-33頁、東京電機大学出版局

第16章
参加型手法「市民陪審」を活用した「人口甘味料」についての学習プログラムの開発と実践[1]

福井智紀・石﨑直人・後藤純雄

1. はじめに

　本章では、市民参加型手法として「市民陪審」に着目し、これを中心に位置付けた学習プログラム開発の研究成果について報告する。

　2009年、日本において裁判員制度が施行された。これは、それまでは専門家（裁判官・検察官・弁護士等の法曹関係者）の世界に閉ざされてきた司法の世界に、市民の感覚を取り入れる試みとしてはじまった。一方、第13章で言及したように、これまでの科学技術も、科学者・技術者や所管省庁の官僚が作り出す共同体の外から見れば、専門家のみに閉ざされているように見えた。しかし、科学技術に関わる判断を、専門家だけに任せておけばよい、という時代は終わりつつある。現代では、科学技術と社会が深く関与することによって、新たな「トランス・サイエンス」とも呼ばれる状況が生じている[2]。こうした状況において、科学技術の導入における評価や、科学技術政策の決定過程に、市民の視点を取り入れようという試みが海外で生み出され、日本にも紹介されている[3]。具体的な手法についても、テーマや状況によって、さまざまなものが開発されてきた。例えば、本稿で取り上げる「市民陪審」もそのひとつであり、他にも他の章で取りあげられる「コンセンサス会議」「シナリオワークショップ」「フューチャーサーチ」などがある[4]。

　日本では、科学技術に関わる参加型手法は、裁判員制度のように社会に実装

される段階には、まだ至っていない。しかし、「3.11」以降、科学技術に対する市民感覚が重視される傾向は、いよいよ避けられない状況になりつつあるように見える。もしそうであるなら、このような将来の事態に対応できるような資質・能力の育成の一端は、科学教育が担わなければならない。そのためには、具体的な学習プログラムを開発していく必要がある。そこで、本章では参加型手法のうち、日本においてまだほとんど取り組まれていない「市民陪審」に着目し、一般市民を対象としたイベントの形での学習プログラムを開発した研究・実践を紹介する。なお、このイベントの目的は、市民陪審そのものを政策的に検討することではなく、あくまで一般市民を対象とした社会教育・科学教育として、その可能性を検証しようとしたものである。

　以下、イベントの概要、具体的内容（プログラム）、実施結果、成果と課題などについて、報告していく。

2. 市民陪審とは

　市民陪審とは、「新しい技術の社会的側面に対し、市民陪審員が専門家パネルや証人からの情報をもとに議論し、結果を判決文（verdict）としてメディアに公表する手法」のことである。具体的には、運営委員会が、地域住民を代表するように10～20人程度の市民を選ぶ。この市民が、証人の話を参考に議論を行い、約3カ月かけて判決文を出す[5]。参加型手法は、状況に応じて手法がアレンジされるのが一般的であるが、このように市民陪審とは、裁判員制度を彷彿とさせる手法である。この点からも、日本には本格導入されていないとは言え、はじめての参加者でも比較的イメージしやすい手法だと思われる[6]。ただし、実際の市民陪審では何度も参集しながら長期間の議論が行われるが、今回は一日限りのイベントとして実施され、時間も限られていた。また、既に述べたように、実施の目的はあくまで教育的観点にあり、制度の検証や忠実な体験を意図したわけではない。そこで、今回開発したプログラムでは、この手法の「エッセンス」だけを取り入れて、大幅に内容を簡略化している。

3. テーマとした「人工甘味料」について

　今回の市民陪審では、「人工甘味料」に焦点を当てることにした。具体的には、参加者（陪審員）に、食品添加物の一種である人工甘味料について、今後どのように付き合っていくべきかを考えてもらい、「証人」による解説（証人招致）やグループ討論を経て、最終的には「判決文（提言・勧告）」にまとめてもらった。人工甘味料に焦点を当てたのは、清涼飲料水などをはじめ、すでに身近に関連商品があふれていることと、その一方で健康上の懸念を指摘した文献も見られるからである[7]。したがって、科学技術の進展によって産み出された製品のメリット・デメリットについて考え、集団で討論し、さらに判決文という形での合意形成を目指すには、格好の素材であると思われた。

　なお、当日の参加者（陪審員）の机上には、アスパルテームやアセスルファムカリウムなどの人工甘味料を使用した清涼飲料水と、果糖ぶどう糖液糖や砂糖のみで人工甘味料を使用していない清涼飲料水とを多数用意した。また、証人招致の段階では、家庭用調味料やダイエット食品などとして販売されている人工甘味料と天然甘味料の製品も、回覧して試食できるようにした。

4. 学習プログラムの概要

（1）イベントの概要[8]

　イベントは、名称を"麻布大学環境ワークショップ2010　おいしい飲み物の安全・安心について考えよう！　ミニ陪審「人工甘味料は、よい？　わるい？」"とし、2010年10月31日（日）　13：00 ～ 15：30に実施した（実際には予定時間をオーバーした）。会場は、麻布大学（獣医学部棟7階大会議室）であった。この日は、麻布大学の大学祭が開催されており、イベントも大学祭の企画の中に位置付けてあった。事前の告知も行ったが、当日参加も可能とした。年齢等の対象制限も、最終的にはなくし、誰でも参加可能とした。なお、このイベントは筆者らが中心に企画・実施したものであるが、麻布大学環境教

(2) プログラム全体の流れ

プログラム全体の流れは、表16-1の通りである。当日は進行状況に応じて時間配分を調整したため、実際の経過時間も合わせて示す。

全体の進行・司会は、福井が行った。市民陪審という形式を整えるため、麻布大学生命・環境科学部の教職・学芸員課程所属（教育学博士）という専門家の立場での参加ということで行った。また、今回の市民陪審では、2回の証人招致（専門家からの解説と質疑応答）の機会を設けた。後藤が、麻布大学生命・環境科学部の環境リスク学研究室（理学博士）という専門家の立場で、石

表16-1　プログラム全体の流れ

内容	経過時間（分）
開会挨拶／趣旨説明／自己紹介	17
役割分担の決定	19
陪審員の意見表明 ①	20
証人招致 ①	48
陪審員の意見表明 ②	49
グループ討論 ①	63
小休憩	69
証人招致 ②	84
陪審員の意見表明③	86
グループ討論 ②	96
両方の証人への最終質疑応答	108
陪審員の意見表明 ④	109
グループ討論 ③（判決文の作成）	127
判決文の報告	139
まとめ	151
閉会挨拶／アンケート記入	153

※ 経過時間は、イベント開始を起点に、その内容が終了した時点までのおおよその経過時間を示す。当日の録画・録音データをもとに計測した。

﨑が麻布大学生命・環境科学部の食品衛生学研究室所属（学術博士）という専門家の立場で、それぞれ参加した。両者は、敢えてやや異なる立場を取ることとし、後藤が慎重な立場、石﨑が肯定的な立場として、役割を分けた。このように、異なる学位を有し、異なる領域を専門とする研究者が登場したという点も、今回の特色のひとつである[9]。

　一般参加者の役割分担については、今回は一部の傍聴者を除き、参加者のほぼ全員に陪審員役として参加してもらった。ただし、数名は傍聴者を希望したため、グループ討論などには加わらなかった。傍聴者は、プログラム進行中も出入自由としたため、途中での入出・退出があった。よって、以下の結果と考察においては、陪審員についてのみ述べることにする。なお、陪審員は8名ずつ、A・Bの2グループに分かれた[10]。

　陪審員は、およそ20分経過の時点で、ファーストインプレッションとして、「議論をはじめるに前に、いま、あなたは人工甘味料についてどのように思っていますか？」という質問に回答した。机上の山形プレートについて、良いイメージを持っていれば「賛成○良い」と書かれた方の面を、悪いイメージを持っていれば「反対×悪い」と書かれた方の面を、相手側に向けて置いた。どうしてもいずれかに決められない場合、プレートを垂直に立てることとした。この後も、同様の方法で意見表明の時間を設けたので、最終的に陪審員は、計4回の意見表明を行った（表16-1参照）。プレートは机上に置いたままであり、

図16-1　当日の様子（左：グループ討論、右：判決文の報告）
※ プライバシー保護のため解像度を落としている。

各陪審員がその時点でどのような立場をとっているのかを、他の参加者から把握しやすくする意味があった。

証人招致①では、石﨑が、人工甘味料の使用に好意的な専門家という設定のもと、食品添加物と人工甘味料についての基本的事項の解説を行った。このとき、人工甘味料の安全性やメリットを敢えて強調した。この時点で、簡単な質疑応答も行った。

証人招致②では、後藤が、人工甘味料の使用にやや慎重な専門家という設定のもと、石﨑とは異なる観点から人工甘味料について解説した。ここでも、簡単な質疑応答を行った。

グループ討論は、AとBに分かれて（実際にはコの字型に配置されたテーブルに着席したまま）、①から③の計3回行った（図16-1左）。このうち、最後のグループ討論では、判決文を作成して、全体に報告した（図16-1右）。

5. 学習プログラムの試行結果と考察

プログラムの実施においては、三脚に固定したハンディカムよるビデオ録画と、ICレコーダーによる録音（A・Bグループに対応するため2台設置）を行った。さらに、質問紙によるアンケートも行った。また、陪審員の意見表明の結果についても記録しておいた。これらに基づいて、以下ではプログラムの試行結果と考察を述べる。

表 16-2 参加者（陪審員）の属性

性別	人数
男	11
女	4

年齢	人数
10代	4
20代	9
30代	0
40代	1
50代	1

学校段階・職業	人数
高校生	4
大学生	3
社会人	8
【社会人の内訳】	
教師2、保育士1、製造業1、営業1、食品メーカー商品開発1、不明2	

※N＝15、途中退席者を除いた陪審員全員。

（1） 陪審員の属性

まず、陪審員として参加した者の属性を、表16-2に示す。なお、男性1名が所用により途中退席したので、表中からは除外している。また、女性のうち2名は親子であった。表16-2を見ると、限られた人数の中でも、さまざまな年齢・学年・職業が含まれていたことがわかる。

（2） 陪審員の意見表明と判決文

すでに述べたように、陪審員は、プログラム冒頭とグループ討論①～③の前において、計4回の意見表明を求められた。その結果を、表16-3にまとめる。②の意見表明は、人工甘味料に肯定的な立場とる証人招致（解説と質疑応答）の直後のタイミングである。そのため、①から②にかけて、一旦は肯定派の増加が見られる。しかし、③と④を見ると、一時的な変化に留まったようである。また、①～④に渡ってまったく意見を変えなかった陪審員は、9名いた。このうち、一貫して○を提示したのは6名、△は1名、×は2名であった。したがって、それ以外の7名は、いずれかの段階で意見を変えたということである。

表16-3 陪審員の意見表明①～④の結果

意見	①	②	③	④
○	10	12	9	9
△	1	1	2	2
×	5	3	4	4
計	16	16	15	15

※○は「賛成○良い」と書かれた方の面を提示した人数、×は「反対×悪い」と書かれた方の面を提示した人数、△はいずれかに決められずプレートを立てて置いた人数を、それぞれ示す。なお、所用による退席者が1名いたため、途中から人数が減っている。

各グループでの最終討論の結果、判決文（提言・勧告）として、図16-2の文が示された。

298 第Ⅳ部 科学的リテラシーを育成する参加型手法の提案

《グループA》
・事実の周知が必要である
・消費者が人工甘味料のことを知って、自己で判断することが大切
《グループB》
　安全性：100％安全とはいえないので選択できる判断がつく年齢までは、選択できるような表示規制を行っていくべき
　味覚：消費者にわかりやすく情報開示を行って行くべき

図16-2　両グループの判決文（提言・勧告）

（3）参加者の感想や評価

次に、実施後の質問紙調査によって得られた結果から、参加者（陪審員）の感想や評価を示す。まず、「今回のイベントに参加しての感想をお答え下さい（複数回答可）。」という質問に対する回答結果を図16-3に示す。これを見ると、「面白かった」「ためになった」という者が多数だった。しかし、「難しかった」が1名いた一方、「わかりやすかった」は1名しかいなかった。やや専門的な内容のため、決してわかりやすい内容ではなかったようである。

また、「「市民陪審（しみんばいしん）」ということばを聞いたことがありましたか？」という質問に対する回答結果を、図16-4に示す。これに対しては、8割が「聞いたことがあった」と答えた（図16-4）。したがって、手法そのものを耳にしていた陪審員は、比較的多かったようである。ただし、裁判員制度

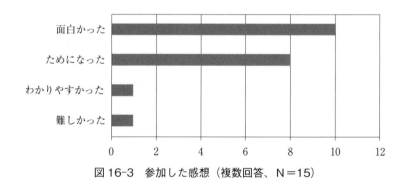

図16-3　参加した感想（複数回答、N＝15）

第16章 参加型手法「市民陪審」を活用した「人口甘味料」についての学習プログラムの開発と実践　299

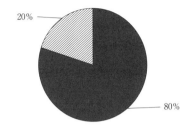

図16-4 「市民陪審」ということばについて（N＝15）

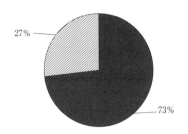

図16-5 関心をもったか（N＝15）

と混同した可能性もある。さらに、「今回のイベントで、「人工甘味料」のような、科学技術がかかわる身近なテーマについて、関心をもちましたか？」という質問に対する回答結果を、図16-5に示す。これを見ると、すべての陪審員が、「関心をもった」または「少しもった」と答え、否定的な回答は見られなかった。

今回のプログラムでは、人工甘味料を具体的にイメージしてもらうため、某社によるコーラ飲料について、人工甘味料を使用していないもの（A）と使用しているもの（B）を紹介した。両者は、ボトルのラベル色や表示が異なるだけで、ボトルの形状や液色では全く見分けがつかない[11]。これについて、「あなたがふだん飲むとしたら、今後はAとBのコーラのどちらを選びますか？」という質問に対する回答結果を、図16-6に示す。これを見ると、人工甘味料を使用していないAを選ぶという回答が多い。理由としては、Aを選んだ陪審員の全員が、Aの方がおいしいという趣旨の回答をした。「Bは味が複雑」「Bの方は後味があまり好きではなかった」と併せて記した回答が、各1件あった。一方で、「どちらでもよい」

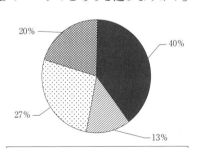

図16-6 今後どちらを飲みたいか（N＝15）

表16-4 プログラムの良い点と悪い点（自由記述、全回答）

良い点	悪い点
・普段気にかけてないことを考えられたこと。また疑問としてのこしたこと ・テーマが身近なもので取組みやすかった ・自分たちに関係するような議題だったので興味がもてた ・テーマが身近なもので関心を持ちやすかった ・専門家の意見を聞けたことがよかった ・専門家の話が聴ける。議論ができる場がある ・専門の人をよんだこと。いけんをきけたことがよい ・安全性と味覚の判決文がでたのはよかったと思う ・様々な立場の人との議論および協議が出来た ・題材が身近 ・人工甘味料について関心、理解できた ・少人数だったので意見が出しあえて良かった	・人が少ない。もっとわぁわぁ言えたら良かったと思いました ・到達点がよくわからなかった。結局人工甘味料は良いものかどうかよくわからない ・そこまで悪い点ではないけれど、反対か賛成かの立場をとりづらい議題だったので難しかった ・最初に司会を決めた方がスムーズに進められると感じた ・甘い飲料が多く水が欲しかった ・時間がたりない。議論のプロセスがあいまいだった ・じゅんびにてまどった。一回ほかでやってみるのもよいかも ・情報の開示をわかりやすく消費者に伝えるべき ・議論の活性化のための人物がいないと、ポシャる可能性がある→結論を出した後、何ものこらなかった感があり、もったいない。⇒提言の公表等 ・説明が高度？ ・グループ討論の進めかたがあいまいだったので話を進めるのに時間がかかった

や「どちらも飲まない」という回答も少なくなかった。前者については「コーラにこだわりがない」など、後者については「安全性がわからないものはできるだけ回避していきたいため」などの理由があげられていた。

　今回のプログラムについて、良い点と悪い点を、それぞれ自由記述式であげてもらった。その回答結果を、表16-4に示す。

　これを見ると、身近な問題を取りあげたことや、専門家が登場したこと、議論の場を提供したことなどについて、評価が高いことがわかる。一方で、進行や時間配分、議論がしづらいこと、結論や成果があいまいなことなどが、問題

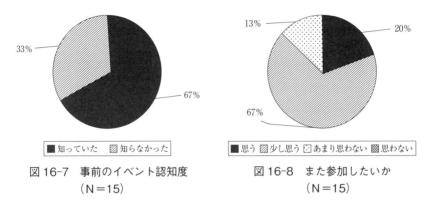

図 16-7　事前のイベント認知度　　　図 16-8　また参加したいか
　　　　　（N＝15）　　　　　　　　　　　　　（N＝15）

点としてあげられている。

　今回のイベントは、初めての試みであったが、「当イベントについて、事前に知っていましたか？」という質問に対する回答結果を、図 16-7 に示す。これを見ると、知っていたという回答が比較的多い。ただ、実際には、当初の参加申込が伸び悩んだため、直接の呼びかけに応えて参加した者が少なくない。市内小中学校へのチラシ配布時点では「親子参加」を想定していたことも、参加への敷居を高くしたと思われる。参加対象の設定や告知方法などについては、初めてのイベントという手探り状態だったため、今後の課題となった。

　それでも、参加者の満足度は、高かったようである。「今回のミニ陪審のようなイベントがあれば、また参加してみたいと思いますか？」という質問に対する回答結果、図 16-8 に示す。ここでは、肯定的な回答が多くを占めている。前記のような改善点・問題点も把握されたものの、先の図 16-3 や図 16-5 に示した結果もあわせると、参加者の満足度としては良好なプログラム・イベントであったと総括できると思われる。

6. おわりに

　本章で紹介したように、参加型手法のひとつである「市民陪審」を採用し、身近な食料品の分野で科学技術の成果が活用されている「人工甘味料」に焦点を当てて、学習プログラムを開発した。さらに、一般市民を対象としたイベン

トとして、プログラムを試行した。少なくとも国内ではほとんど前例はないと思われるプログラムであったが、以上の結果から見て、一定の成果があったと言ってよいだろう。ただし、今回のプログラムでは、正式な市民陪審の形態からは、内容・時間・組織等を、大幅に簡略化している。より実際の市民陪審に近づけ、長期的なプログラムとして実施することは、学習プログラムとしては、現実的には難しいと思われる。とはいえ、簡略化したことのデメリットとその対応策にも、目を向ける必要がある。この他にも、内容の詳細や運営面での問題点が多数把握されたので、これらの経験を、今後のプログラム・教材開発につなげていきたい。

謝辞　本章で報告したイベントは、麻布大学（環境教育研究会）主催事業として実施された。また、プログラム開発にあたって、JSPS科研費21700793の助成を受けた。関係各位ならびに参加者の皆さまに、厚く御礼申し上げる。

文献および注

1) 本稿は、以下をもとに、加筆・修正を行ったものである。福井智紀・石﨑直人・後藤純雄 (2011)「市民参加型テクノロジー・アセスメントの手法を導入した科学教育プログラムの開発」『日本科学教育学会研究会研究報告』25 (3)、71-76頁。また、プログラムの内容と試行結果については、日本環境教育学会第21回大会（青森大学、2011年）などにおいても報告している。
2) 小林傳司 (2007)『トランス・サイエンスの時代：科学技術と社会をつなぐ』NTT出版、12頁。
3) 平川秀幸 (2002)「科学技術と市民的自由：参加型テクノロジーアセスメントとサイエンスショップ」『科学技術社会論研究』1、54頁。
4) 藤垣裕子・廣野喜幸編 (2008)『科学コミュニケーション論』東京大学出版会、243頁。
5) 同上、243-244頁。
6) ただし厳密には、裁判員制度とイギリスや米国のような陪審員制度とは、異なる部分も多い。
7) 例えば、渡辺雄二 (2008)『食べてはいけない添加物　食べてもいい添加物』大和書房など、添加物の危険を謳った書物やウェブサイトは少なくない。ただ、こうした危険を煽るような情報をどう評価すべきかは、科学教育においては難しい問題であり、慎重に取り扱うべきかもしれない。科学的に見て問題があるとして、明確に批判する者も少なくない。ただ一方で、かつて認められていた人工甘味料が、後に安全性に問題があるとして使用されなく

第16章　参加型手法「市民陪審」を活用した「人口甘味料」についての学習プログラムの開発と実践　*303*

なった、というケースも過去には実際にある（松浦、2008、127頁）。とはいえ、現在使用が認められているものは、適正な使用量の範囲内であれば健康には問題ないとされている。例えば、人工甘味料のひとつであるアスパルテームについては、「安全性については、JECFAによって評価されており、1日摂取許容量（ADI）は0〜40mg／kg体重／日と設定されて」いる（同上、101頁）。

松浦寿喜（2008）『図解入門よくわかる最新食品添加物の基本と仕組み』秀和システム。

8)　当初はイベント名称の「ミニ陪審」の部分は「親子ミニ陪審」となっており、対象も相模原市在住の小学生高学年・中学生とその保護者としていた。しかし、告知の結果、参加申込状況が芳しくなかったため、最終的には親子や年齢の縛りを外して、全くの参加制限なしとした。

9)　以上の所属等は、すべて実施時点のものである。

10)　参加人数の調整のため、一部に福井が卒論指導をする学生も含まれていた。

11)　Aの原材料名表示は「糖類（果糖ぶどう糖液糖、砂糖）、カラメル色素、酸味料、香料、カフェイン」、栄養成分表示（100ml 当たり）は「エネルギー 45kcal　たんぱく質 0g　脂質 0g　炭水化物 11.3g　ナトリウム 0mg」、Bの原材料名表示は「カラメル色素、酸味料、甘味料（アスパルテーム・L－フェニルアラニン化合物、アセスルファムK、スクラロース）、香料、カフェイン」、栄養成分表示（100ml 当たり）は「エネルギー 0kcal　たんぱく質 0g　脂質 0g　炭水化物 0g　ナトリウム 7mg　糖類 0g」であった。

第17章

参加型手法「フューチャーサーチ」を活用した「デザイナー・ベビー」についての学習プログラムの開発と実践[1]

福井智紀・内藤覚哉

1. はじめに

本章では、市民参加型手法として「フューチャーサーチ」に着目し、これを中心に位置付けた学習プログラム開発の研究成果について報告する。

第13章や第16章でも述べたように、科学技術がかかわる諸問題には、純粋に科学的な観点から決着をつけることが難しいものが多い。例えば、地球温暖化のリスクをどの程度と見積もることが科学的に正しいのかを、現時点で明確にするのは困難である。このような課題は、「不確定要素をふくみ、科学者にも答えられない問題だが、「今、現在」社会的合意形成が必要」という特徴を持っている[2]。そこで、「科学的合理性」の観点からのみではなく「社会的合理性」の観点から、このような問題に対応すべきであるという、主張や取り組みがなされるようになってきた。そのための具体的な手法として、様々な市民参加型のテクノロジー・アセスメントの手法が開発されてきた。他の章で取りあげられた「コンセンサス会議」「シナリオ・ワークショップ」「市民陪審」、そして、本稿で焦点を当てる「フューチャーサーチ」も、そのひとつである[3]。

次に、フューチャーサーチで取り上げる科学技術のテーマであるが、本稿の学習プログラム開発では、デザイナー・ベビーに焦点を当てた。デザイナー・ベビーは、かつては、あくまで比喩的な意味で用いられたり、その可能性が論じられていた段階に過ぎなかった。20世紀後半の生殖医療の発展は、イギリ

スで世界初の体外受精児を誕生させた。さらに、受精卵や妊娠初期の形質を調べる出生前診断・着床前診断も可能になった。このことから、受精卵を選別することで、親が望む形質を持った（あるいは持たない）子どもを、選択的に妊娠・出産することが可能になってきた。海外では精子バンクや卵子バンクも登場し、好みの特徴をもったパートナーを探すような仕組みも生み出されてきた。こうした状況が、批判的な意味も込めて、デザイナー・ベビーという言葉で表現されることがあった[4]。

しかし、新しい遺伝子編集技術が生み出され、特に第三世代とされるCRISPR-Cas9が登場したことによって、遺伝子編集は急速に、安価で身近な存在になりつつある[5]。これらの科学技術の進展は、まもなく、文字通りのデザイナー・ベビー（ＧＭＯサピエンスとも呼ばれる）を作成できる段階に到達すると考えられている[6]。このような遺伝子編集技術の急速な進展に対して、研究や医療への応用などにおけるルール整備は立ち遅れている。CRISPR-Cas9の開発に関わった科学者当人が、濫用や倫理的問題に対する早急な議論を訴え、国際的なコンセンサス形成の試みも始まった[7]。一方で、早い者勝ちとばかりに、研究・開発競争もエスカレートしている。2018年11月には中国の研究者が、受精卵の遺伝子を改変した双子を世界で初めて誕生させたと発表し、世界中の科学者から批判が寄せられた。これに対して日本国内の4学会は、受精卵の遺伝子編集は、臨床応用は禁止すべきだとする共同声明を発表した[8]。

本研究では、このように、いよいよ現実的な問題となってきたデザイナー・ベビーに焦点を当て、理科での活用を想定した学習プログラムを開発した。生徒は、デザイナー・ベビーに関わる科学技術の現状や、可能性（メリット）と問題点（デメリット）などについて理解したうえで、グループ討論を行う。妊娠・出産や人権など、多くのデリケートな話題に関わるテーマ設定ではあるが、今後の科学技術の方向性についての重要な論点を含むため、今回はあえてテーマに取り上げた。なお、討論では、先にあげたフューチャーサーチを簡略化して採用することにしたが、具体的な手順は学習プログラムの内容とあわせて紹介する。開発した学習プログラムは、理科の教員免許取得を目指す学生を対象

に試行と評価を行い、活用効果や改善点を検討した。

2. 学習プログラムの開発手順

学習プログラム開発、および、その試行と評価は、以下の手順で進めた。
(1) デザイナー・ベビーの現状と問題点を文献に基づき整理し、採用する内容を検討した。
(2) 上記に基づき、デザイナー・ベビーについてのグループ討論（フューチャーサーチ形式）を含む学習プログラムを、冊子教材としてまとめた。
(3) 学習プログラムの試行として、冊子教材を用いた授業を行った。授業後に、質問紙法によるアンケートを実施した。また、グループ討論の過程を録画して発話データ化した。
(4) アンケート結果と発話データの分析により、学習プログラムの活用効果と改善点を検討した。

3. 学習プログラム・教材冊子の内容

学習プログラムは、A4判16ページ（表紙等含む）の教材冊子としてまとめた[9]。構成は、「表紙」「はじめに」「1. デザイナー・ベビーについて学ぼう!!」「2. フューチャーサーチの形式で話し合おう!!」である。さらに、メモ欄、参考文献、奥付も掲載している。

まず、表紙には、今回のテーマを明記している（図17-1左）。次に、「はじめに」で、今回の学習プログラムの意図について、「科学技術について、いったん立ち止まってみなさんに考えてもらうために、今回のプログラムを作成しました」と述べるなど、簡潔に説明している。

続いて、「1. デザイナー・ベビーについて学ぼう!!」では、3ページを使っている。ここでは、「① デザイナー・ベビーって何だろう？」「② 遺伝子編集によって文字通りのデザイナー・ベビーが誕生する？」「③ デザイナー・ベビーのメリットは？」「④ デザイナー・ベビーのデメリットは？」という

第17章 参加型手法「フューチャーサーチ」を活用した「デザイナー・ベビー」についての学習プログラムの開発と実践

図17-1　表紙および説明部分の一部

順で、デザイナー・ベビーの現状について、基本的な情報を提供している（図17-1右）。なお、デザイナー・ベビーの可能性（メリット）としては、「容姿や能力について、好みの特徴をもった、子どもを得ることができる」などの6点を、箇条書きで示している。また、問題点（デメリット）についても、同じく6点を、箇条書きで示している。例えば、「親の好みや都合で子どもを選別することに、そもそも問題がある」などである。デリケートな論点や表現も含んでいるが、以後のグループ討論で話し合うためには重要な部分であり、あえて掲載している。そのため、実施の使用に当たっては、学習者の現状を把握するとともに、保護者を含む十分な配慮や事前説明が、必要となるだろう。

次の「2. フューチャーサーチの形式で話し合おう!!」は、5ページを使っている。ここは、フューチャーサーチを簡略化して取り入れた部分である。フューチャーサーチは、Janoffが1990年代に体系化した手法で、地域の利害関係者が参加して3日間程度かけて実施するものである[10]。すでに、邦訳書も刊行されている[11]。ただし、今回は、教育効果や学校現場での実用性を考慮して、1～2時間で実施できるよう、手法を大幅に簡略化した。

テーマは「「デザイナー・ベビーを認めるか？」みんなが望む未来像は？」と明示し、フューチャーサーチに沿った各手順を示した（図17-2）。記入欄も

308　第Ⅳ部　科学的リテラシーを育成する参加型手法の提案

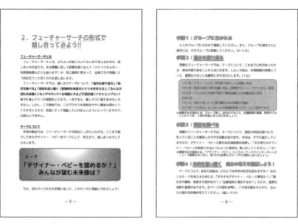

図17-2　フューチャーサーチ部分の一部

```
手順1：グループに分かれる
手順2：過去を振り返る
手順3：現在を調べる
手順4：未来を思い描く自分の考えを整理しよう！
手順5：未来を思い描く話し合いを始めよう！
手順6：みんなが望む未来像を話し合おう！
手順7：みんなが望む未来像を発表しよう！
手順8：行動計画を考えよう！
（手順8'：行動計画を発表しよう！）
手順9：課題をはっきりさせよう！
手順10：最後に、あなた自身のいまの考えは？
感想：今回の学習プログラムの感想を書こう！
```

図17-3　今回のフューチャーサーチの手順

冊子内に設けたが、グループ討論では、大判紙もしくは小型ホワイトボードへの記入を指示した部分もある。

　フューチャーサーチに沿った活動の具体的な手順を、図17-3に示す。また、以下の説明において示す時間は、活動時間の目安を想定したものであり、冊子

第17章 参加型手法「フューチャーサーチ」を活用した「デザイナー・ベビー」についての学習プログラムの開発と実践　309

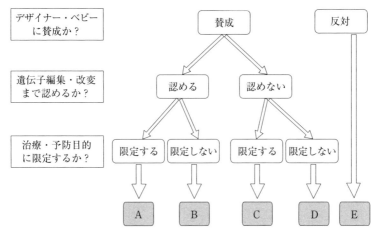

※あなたの望む未来像は、A〜Dのどれに近いですか？　この図は、あくまでヒントですので、この他の判断基準を含めても構いませんし、図にとらわれなくても、まったく構いません。

図17-4　意思決定のためのヒント

にも記載している。

　まず、手順1で、いくつかのグループに分かれる（0〜3分）。

　手順2（2分）と手順3（1分）については、本来は基本的な情報を収集し、過去と現在の状況を確認する段階であるが、教材冊子では前半部分で情報提供を行っているため、ここでは簡単な説明のみとする。ただし、時間に余裕がある場合を想定し、調べ活動の例も注記している。

　手順4（10分）では、「私が望む未来像は」「その理由は」の2点を、冊子に直接記入させる。なお、テーマに関わる複雑な論点を整理して考えられるように、「あくまでヒント」だと断ったうえで、図17-4に示した図を併記している。

　手順5から、グループ討論に入る。手順5（10分）では、「まず順番に、自分の考えと、その理由を述べてください。続いて、お互いに質疑応答してみましょう。」と指示している。

　手順6（15分）では、「みんなが望む未来像（コモングラウンド）」は何かを話し合い、グループに配布された紙（小型ホワイトボード）にまとめるよう

指示している。また、「どうしても意見がまとまらない時は、最後に評決をとっても構いません。」と注記している[12]。冊子にも、グループでの話し合い結果を記載する欄を設けている。

討論結果は、手順7（5分）で発表させて、共有する。

手順8（10分）では、グループでの結論を実現するためにすべきことを話し合い、行動計画としてまとめさせる。「社会全体（国・自治体など）の行動計画は」と「わたしたち自身の行動計画は」の2点について、冊子に記入欄を設けている。なお、当初作成して試行で用いた冊子では、手順8の結果を全体で共有する場面を設けていなかった。そこで、試行においては、口頭で指示して発表場面を設けた。さらに、試行後に印刷・製本した改訂冊子においては、図3のように、残り時間や学習対象によって対応可能なよう、「※時間に余裕がある場合には、手順7と同様に、発表の時間を設けましょう。」という説明とともに、「手順8'」として括弧書きで冊子に追記している。

手順9（5分）では、今回は合意できなかったことや、課題として残っていることについて、冊子に直接記入させる。

最後に、手順10（3分）では、「私が望む未来像は」と「その理由は」について、冊子に直接記入させる。また、活動の感想を書くための指示と記入欄も、その下に設けている。

4. 学習プログラムの試行結果と考察

（1）試行の概要と被験者の属性

完成した学習プログラムについて、麻布大学の教職課程3年次「理科指導法Ⅲ」の受講生18名（男9・女9）を被験者とし、2018年1月上旬に試行した。被験者は、中高の理科教員免許取得を目指す学生である。グループ討論は、6人ずつ計3グループとした。試行後に、質問紙法によるアンケートを実施した。さらに、グループ討論の過程は、360度収録可能な機器（キングジム製MR360）で録画し、テープ起こしで得られた発話データを分析した。

（2）試行による変化や感想など

　以下では、試行によって得られた結果から、学習プログラムの活用効果や課題に関わるものに絞って述べる。

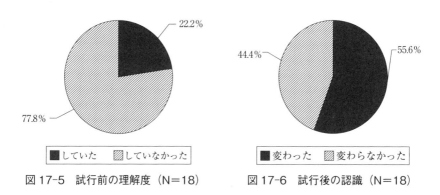

図17-5　試行前の理解度（N＝18）　　図17-6　試行後の認識（N＝18）

　まず、「プログラムの前に、「デザイナー・ベビー」について、よく理解していましたか？」という質問への回答結果を、図17-5に示す。さらに、「プログラムによって、「デザイナー・ベビー」について、認識が変わりましたか？」という質問への回答結果を、図17-6に示す。これらを見ると、デザイナー・ベビーついて試行前に理解していた者は、少数であったことがわかる。さらに、試行によって、半数以上の者のデザイナー・ベビーへの認識が、変化したことがわかる。なお、両問をクロス集計したところ、試行によって認識が変わらなかったと回答した8名のうち、試行前に理解していたと回答した者が3名、理解していなかったと回答した者が5名であった。この5名の回答理由には、「自分がイメージしていた通りの技術だったから。」と「ある程度までは知っており、その認識に大きな食い違いはなかったため。」のように、試行前のイメージを変化させるほどの効果がなかったことを示唆するものが2件あった。また、「班としても自分が思っていた意見を持った人が多かったので変わらなかった。」のように、自分の意見がグループ討論によって変わらなかった、という趣旨と捉えられる回答が3件あった。後者については、質問文が誤解を招いた可能性もある。したがって、全体的には、被験者の理解や認識の変化を促

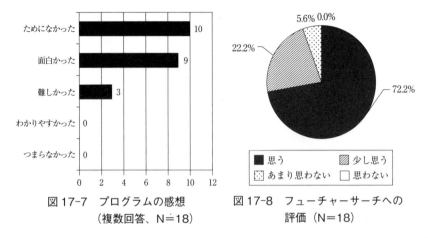

図17-7 プログラムの感想
（複数回答、N＝18）

図17-8 フューチャーサーチへの評価（N＝18）

すことについて、学習プログラムは一定の効果があったと結論付けられると思われる。

次に、今回の感想について、複数回答で尋ねた結果を、図17-7に示す。これを見ると、全体的には、肯定的な評価を受けていると思われる。しかし、「難しかった」や「わかりやすかった」の選択数を考慮すると、説明文をより充実するとともに、難易度を低くするなど、記述の分かりやすさを改善する必要があると思われる。

今回のグループ討論では、フューチャーサーチという形式を簡略化して採用している。そこで、「今回の「フューチャーサーチ」という話し合いの形式は、よい方法だと思いますか？」という質問への回答結果を、図17-8に示す。これを見ると、フューチャーサーチという手法に対しては、高い評価が得られたと言える。

（3）討論過程の発話分析

次に、テープ起こしデータをもとに、発話分析を行った。それにより、各グループ討論の詳細な様子が把握できた。例えば図17-9に、あるグループの手順6における発言の一部を示す。

これを見ると、下線を付した①部分では、被験者Ａはデザイナー・ベ

00:20:00
〔中略〕
指導者：グループで1つの未来を考えてみてください。これ15分ぐらいで、よろしくお願いします。
E：昔はさ、女●だけどさ、男が●時代になってくるよね。
B：そうそうそう。
C：ああ、そうだね。
B：ああ、みたいな。
C：やだやだやだ。やだー。
B：怖い、怖い、怖い。
A：<u>でもさ、病気とか予防・治療でマイナスをプラスにするよりも、プラスにしていったほうがいいと思うんだ。</u>……………………………………………①
B：何か、ごめん、今。
C：<u>いじっちゃいけないラインまで行ってる気がする。</u>……………………②
D：<u>俺もそんな気がすんだよねー。</u>
C：<u>何か踏み込んではいけないところに。</u>
D：<u>俺もそんな気がするんだよねー。</u>
C：入ってしまう。
A：<u>踏み込んでみたら、楽しいかもしれないよ。</u>……………………………③
C：いやいや、人類消滅とかなりそうだから。
D：天罰くらうよ、天罰。天罰が来るよ。
C：ノアの方舟みたいな、何か一部だけ残されてみんな死にそう。怖いなー。
B：こわー。こわいねー。
C：<u>どうすればいいんだろう。だけど法律とかで、きちんとさ、やんなきゃね、そこら辺は、もし。</u>……………………………………………………………④
A：ま、ここまで行く頃には、俺ら生きてないと思う。
B：うん、それは思う。
D：そりゃそうだろ。
A：一部いじるならできるけど、完全改変までは絶対に生きてない。
〔中略〕
00:25:00

図17-9 発話データの一部
※ ●は不明部分

ビーに肯定的な意義を認めようとしている。それに対し、CとDは、②部分のように、倫理的な抵抗感を示している。それに対して、③部分では、Aは改めて意義を認めさせようとしている。C、D、さらにBが、Aに対して否定的な意見を重ねた後、④部分でCは、あえてAのようにデザイナー・ベビーが認められていく場合の課題について発言している。ここでは、自説からの反対一辺倒ではなく、Aの立場にも配慮して、議論を深めようとしていることがうかがえる。このように全般的には、肯定的・否定的意見をたたかわせつつ、活発な意見交換がなされている様子が、発話データの随所で見られた。しかし、意見集約の時に苦労していたり、途中で脱線気味になったりする場面も見られた。これらから、今回の学習プログラムによるグループ討論は、概ねうまくいったものの、冊子や口頭での指示・説明などについて、さらに改善する必要があると思われる。

（4）学習プログラム・教材冊子の優れた点と改善点について

アンケートでは、今回の「プログラム」と「教材冊子」のそれぞれに対しての「よい点」と「わるい点」について、被験者に記述回答を求めた。

まず、プログラムの「よい点」については、「現在の技術の進捗について知る機会になるといった点がよいと思いました。」というように、取り上げた内容について評価する回答が見られた。また、「グループディスカッションで皆の意見を聞き出せる。」や「発表する場面があることで一人一人が理解し、その事について考えることができると思いました。」のように、今回の形式を評価する回答も見られた。

一方で、プログラムの「わるい点」としては、時間が足りないことや、情報が不足していることのほか、「発言が苦手な生徒への対応を十分に考える必要があると思いました。題材も注意が必要だと思いました。」というように、取り上げた題材そのものや、それを討論することについて、困難や問題を感じたことを示唆する回答が見られた。

また、教材冊子の「よい点」については、「手順がしっかりしていて理解しやすかった。」のように、内容や構成について、一定の評価をする回答が得ら

れた。

　教材冊子の「わるい点」については、「誤字や7ページの図が少しわかりにくく感じました。」のように、図17-4に示した図が効果的に機能せず、不必要であったか、改善の必要があることを示唆する回答が多かった。「長い分が多くて、その中で大事な文・キーワードに色がついてると読みやすかった。」のような回答も見られたことから、説明を分かりやすくする工夫が、さらに必要だと思われる。

（5）学習プログラム・教材冊子の必要性についての評価

　今回の試行での被験者は、理科の教員免許取得を目指す学生であった。そこで、学習プログラムの必要性についても尋ねた。図17-10に、「今回のようなプログラム・教材冊子は、中学校理科の中で、必要だと思いますか？」、「今回のようなプログラム・教材冊子は、高校理科の中で、必要だと思いますか？」、「今回のようなプログラム・教材冊子は、社会人への教育や生涯学習の中で、必要だと思いますか？」という質問への回答結果を、まとめて示す。

　これらの図を見ると、学習プログラムの必要性については、全般に高い評価が得られたことがわかる。ただし、社会教育・生涯学習に対しては相対的により肯定的で、高校理科、中学校理科と、学校・年齢段階が下がる順に、肯定的回答が減少する傾向が見られる。このことは、今回のプログラム・教材冊子の難易度がやや高く、テーマとしたデザイナー・ベビーという問題や、それについて討論することが、知識や経験の少ない段階では難しいと感じさせてしまっ

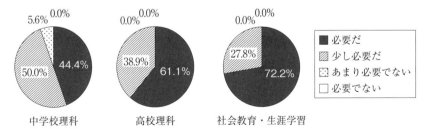

図17-10　中学校理科、高校理科、社会教育・生涯学習での必要性（N＝18）

たことが一因であるかもしれない。あるいは、出産が関わるデリケートな問題であるため、より年齢層が上がる方が、適切であると感じられたためかもしれない。

5. おわりに

　本章では、生命科学や医療技術の進展によって、いよいよ現実的な問題となってきたデザイナー・ベビーに焦点を当てて、理科での活用を想定した学習プログラムを開発した。ここでは、生徒はデザイナー・ベビーに関わる科学技術の現状や、可能性（メリット）と問題点（デメリット）などについて理解したうえで、フューチャーサーチの形式に沿って、グループ討論を行った。開発した学習プログラムは、今回の試行においては、概ね肯定的な評価が得られたものの、いくつかの改善点も明確になった。また、今回は教職課程の学生が対象であったため、中学校や高等学校の実際の理科授業においても、試行や実践を行うことが必要である。今後は、開発した学習プログラムの実践や改善とともに、第Ⅳ部の各章で紹介されたような新たな学習プログラムの開発も継続していきたい。

謝辞　本研究は、JSPS 科研費 JP16K01038 の助成を受けた。関係各位ならびに試行にご協力頂いた方々に、厚く御礼申し上げる。

文献および注
1) 本稿は、以下をもとに、加筆・修正を行ったものである。福井智紀・内藤覚哉（2018）「デザイナー・ベビーに関するフューチャーサーチを中心とした理科教材の開発」『日本科学教育学会研究会研究報告』32（6）、41-46頁。また、学習プログラムの内容と試行結果については、科学技術社会論学会第17回年次研究大会（成城大学、2018年）などにおいても報告している。
2) 藤垣裕子（2003）『専門知と公共性：科学技術社会論の構築へ向けて』東京大学出版会、7頁。
3) 藤垣裕子（2007）「海外の社会技術」小林信一・小林傳司・藤垣裕子編著『社会技術概論』放送大学教育振興会、177-189頁。

4) Spar, D.L. 著、椎野淳訳（2006）『ベビー・ビジネス：生命を売買する新市場の実態』ランダムハウス講談社。
5) 真下知士・金田安史編（2018）『医療応用をめざすゲノム編集：最新動向から技術・倫理的課題まで』化学同人。
6) Knoepfler, P. 著、中山潤一訳（2017）『デザイナー・ベビー：ゲノム編集によって迫られる選択』丸善。
7) Dudna, J.A. and Sternberg, S.H. 著、櫻井祐子訳（2017）『CRISPR 究極の遺伝子編集技術の発見』文藝春秋。
8) 「学会「臨床応用は禁止」」朝日新聞、2018年12月5日、朝刊、5頁。
9) 教材冊子における参考文献は多数あるが、紙幅の都合上、ここでは省略させていただく。ただし、教材冊子では明記している。また、本研究は、福井と石井隆太朗が2017年に開発した教材冊子「フューチャーサーチで「遺伝子検査とこれからの社会」について話し合おう」を一部踏まえたものであるが、未発表であるため、先行研究としてここに記載しておく。
10) 中村和彦・津村俊充（2009）「フューチャーサーチによる地域の連携づくり」『経営行動科学学会年次大会発表論文集』12、254-257頁。

中村和彦（2014）「対話型組織開発の特徴およびフューチャーサーチとAIの異同」『人間関係研究』13、20-40頁。
11) Weisbord, M.R. & Janoff, S. 著、香取一昭・㈱ヒューマンバリュー訳（2009）『フューチャーサーチ：利害を越えた対話から、みんなが望む未来を創り出すファシリテーション手法』ヒューマンバリュー。
12) 多数決を認めるかどうかは、このような学習プログラムにおいては重要な検討課題である。少なくとも、実践に先立って方針を検討しておくとともに、状況に応じて学習者に明確に伝えることが必要である。

おわりに

　本書は論文集である。その寄稿者は、千葉大学大学院教育学研究科または東京学芸大学大学院連合学校教育学研究科において、編者の理科教育学研究室にかつて所属していた研究者・実践家が中心となっている。多忙な日々にあって寄稿して下さったことに感謝申し上げたい。また一部のご協力くださった方々にも厚くお礼申し上げる。

　本書を構成する諸章のうち、数章は、原著論文の再録である。学習指導要領の改訂に伴って若干の修正を施したものやかなり大幅な手直しを加えたものもある。いずれにせよ原著については、各章末に明示したので、必要に応じてご参照いただきたい。

　また、本書は、一冊の本としては必ずしも鮮明で一貫したストーリになっていないところがある。とりわけ、注や文献の付け方には一貫性が欠けている。それは、編者の責任である。執筆者それぞれの個性としてご寛恕いただければ幸いである。

　本書は、当初の想定よりページ数が増えてしまった。しかし、もう少し加えたかった内容もある。それは例えば、総合的な学習の時間との関係である。キャリア教育との関連である。あるいは、理科教育の目的・目標としての科学的リテラシー概念の世界的拡がりであり、現実社会における科学技術コミュニケーションの在り方である。かつての学生・院生の姿が何人か浮かぶが、それらの方々に担当いただく機会を設けることができず、大変残念である。

　理科教育において、次代の社会を背負う青少年に「深くて豊かな理解」と「社会参画力」を育成していくためには、更に多面的で深い研究が必要と考えているところである。

　さて最後に、編集・出版の実務について、株式会社大学教育出版の皆さん、とりわけ佐藤　守　様にはお骨折りをいただいた。謹んで感謝申し上げたい。

鶴岡義彦

執筆者一覧

○執筆者（50音順）

石﨑　直人	（麻布大学 生命・環境科学部 准教授）	……………………………………	第16章
今井　　功	（千葉市立大椎中学校 校長）	………………………………………	第9章
岩本　　泰	（東海大学 教養学部 准教授）	……………………………………	第11章
内田　　隆	（東京薬科大学 生命科学部 講師）	…………………………	第7、14、15章
大辻　　永	（東洋大学 理工学部 教授）	…………………………………	第5、12章
小菅　　諭	（千葉県東金市立東小学校 教諭）	………………………………	第6章
後藤　純雄	（麻布大学 生命・環境科学部 元教授）	……………………………	第16章
佐藤　将大	（東京農業大学第一高等学校 教諭）	………………………………	第4章
鈴木　哲也	（東京未来大学 こども心理学部 教授）	……………………………	第10章
鶴岡　義彦	（千葉大学 名誉教授）	…………………………………	序章、第1〜8章
内藤　覚哉	（麻布大学 生命・環境科学部 卒業生）	……………………………	第17章
福井　智紀	（麻布大学 生命・環境科学部 准教授）	………………	第6、13、16、17章
藤田　剛志	（千葉大学 教育学部 教授）	……………………………………	第4章

■ 編著者紹介

鶴岡　義彦　（つるおか　よしひこ）

現在、千葉大学名誉教授、千葉大学・敬愛大学等非常勤講師、NPO 法人・ちばサイエンスの会理事長。

東京教育大学大学院修士課程修了。筑波大学博士課程大学院単位取得退学。理科教育学専攻。島根大学助手、千葉大学助教授等を経て教授。2017 年 3 月退職。教育学部副学部長、附属中学校長、小学校教員養成課程長等を歴任。日本理科教育学会理事・関東支部長・教育課程委員会委員長を歴任し功労賞受賞、日本科学教育学会理事・監事を歴任し功労賞受賞、日本生物教育学会理事・常任理事等を歴任。また、文部科学省中央教育審議会専門委員、大学設置学校法人審議会大学設置分科会専門委員、大学基準協会大学評価委員会教育学系専門評価分科会委員等を歴任した。地元では、千葉県・魅力ある高等学校づくり実行委員会委員長、千葉県児童生徒教職員科学作品展（中学高校科学論文の部）審査員長、エコスクール千葉コンテスト審査員長、千葉市教職員研修検討委員会委員長等を歴任した。

科学的リテラシーを育成する理科教育の創造

2019 年 9 月 10 日　初　版第 1 刷発行

■ 編 著 者 ──── 鶴岡義彦
■ 発 行 者 ──── 佐藤　守
■ 発 行 所 ──── 株式会社 大学教育出版
　　　　　　　　〒700-0953　岡山市南区西市 855-4
　　　　　　　　電話（086）244-1268　FAX（086）246-0294
■ 印刷製本 ──── モリモト印刷 ㈱

© Yoshihiko Tsuruoka 2019, Printed in Japan
検印省略　　落丁・乱丁本はお取り替えいたします。
本書のコピー・スキャン・デジタル化等の無断複製は著作権法上での例外を除き禁じられています。本書を代行業者等の第三者に依頼してスキャンやデジタル化することは、たとえ個人や家庭内での利用でも著作権法違反です。
ISBN978-4-86692-043-6